湖南大学出版社
图书出版基金资助项目

大学生中国特色社会主义理论体系教育链研究

徐瑞鸿 著

湖南大学出版社
·长沙·

内 容 简 介

本书以思想政治素质形成发展的知、情、意、信、行过程规律为理论依据，以大学生中国特色社会主义理论体系教育过程中的链式关系为研究对象，对改进大学生中国特色社会主义理论体系教育活动及其中间环节的针对性、实效性所涉及的系列问题进行了从宏观到微观、从历史到现实、从理论到实践的深入探讨。这对优化大学生中国特色社会主义理论体系教育过程具有一定的理论与实践意义。

图书在版编目（CIP）数据

大学生中国特色社会主义理论体系教育链研究/徐瑞鸿著. —长沙：湖南大学出版社，2021.5（2022.8 重印）
ISBN 978-7-5667-1906-5

Ⅰ.①大…　Ⅱ.①徐…　Ⅲ.①中国特色社会主义理论体系—研究
Ⅳ.①D610

中国版本图书馆 CIP 数据核字（2021）第 037594 号

大学生中国特色社会主义理论体系教育链研究
DAXUESHENG ZHONGGUO TESE SHEHUIZHUYI LILUN TIXI JIAOYULIAN YANJIU

著　　者：徐瑞鸿
责任编辑：刘湘琦
印　　装：河北文盛印刷有限公司
开　　本：787 mm×1092 mm　1/16　　印　　张：9.5　　字　　数：209 千字
版　　次：2021 年 5 月第 1 版　　印　　次：2022 年 8 月第 2 次印刷
书　　号：ISBN 978-7-5667-1906-5
定　　价：42.00 元

出 版 人：李文邦
出版发行：湖南大学出版社
社　　址：湖南·长沙·岳麓山　　邮　　编：410082
电　　话：0731-88822559（营销部），88823547（编辑室），88821006（出版部）
传　　真：0731-88822264（总编室）
网　　址：http://www.hnupress.com
电子邮箱：395405867@qq.com

前　言

从马克思主义实践与认识的观点来看，推进中国特色社会主义理论体系进入大学生头脑和心中的教育活动是由一系列具有特定教育目标的中间环节纵向呼应或横向连接构成的。如何通过对大学生中国特色社会主义理论体系教育活动的各个中间环节进行有序的设置、运行、调整、优化，整体最优地实现其既定的教育目标，是马克思主义理论教育研究与实践的热点、难点问题。在中央文件精神的正确引领与丰富的学科资源的坚实铺垫之下，马克思主义理论教育领域的理论研究者、实践教育者对此进行了积极的探索，取得了一定的成效，但仍然需要学者们以更加全面深入的视角，从理论与实践层面进一步予以研究与解决。

大学生中国特色社会主义理论体系教育链研究，以马克思主义理论入脑入心的知、情、意、行过程规律为基本依据，以大学生中国特色社会主义理论体系教育过程中教育活动及其中间环节构成的流程链与教育目标及其中间环节相互衔接构成的目标链之间的理论与现实关系、目标链的中间环节及其链式关系、流程链的构成及其中间环节之间的链式关系为主要研究对象，对改进大学生中国特色社会主义理论体系教育活动及其中间环节的针对性、实效性所涉及的一系列问题进行了从宏观到微观、从历史到现实、从理论到实践的深入探讨。

在考察古今中外思想家关于主流意识形态教育链的理论成果之后，把着眼点转移到研究大学生中国特色社会主义理论体系教育链相关问题上。对其内在规定性与存在依据进行把握，对其与外部事物发生联系时的基本功能予以阐释，对其所具有的基本类别进行界定。全书阐释了大学生中国特色社会主义理论体系教育链的结构与运行机制，并在实证研究的基础上，验证、考察与解析了这一教育链主要环节之间的相互关系，揭示了思想政治理论课教学链、日常思想政治教育链之于大学生对中国特色社会主义理论体系的认知、认同、坚信、践行的现实影响，为这一教育链的优化提出了科学建议。

大学生中国特色社会主义理论体系教育链研究是一个常说常新的问题，且本书的理论观点难免存在其局限性，因此在未来的研究中，要继续推动这一论题的理论研究向纵深发展。

目　次

第一章　大学生中国特色社会主义理论体系教育链的研究理据

2017年，中共中央、国务院印发的《关于加强和改进新形势下高校思想政治工作的意见》指出，“要强化思想理论教育和价值引领。把理想信念教育放在首位，切实抓好马克思列宁主义、毛泽东思想学习教育，广泛开展中国特色社会主义理论体系学习教育，深入学习习近平总书记系列重要讲话精神”①，这为新形势下强化大学生中国特色社会主义理论体系教育，推动大学生中国特色社会主义理论体系的认知体系向信仰体系转化，提供了政策指南。高度重视用中国特色社会主义理论体系武装大学生头脑，培养大学生具有理性逻辑的理论思维，帮助大学生形成深刻的理论认同、坚定的理论信仰，实现立德树人的育人目标，是中国共产党人保持其马克思主义理论教育优良传统和独特优势的时代延续，是新的历史时期高校思想政治工作与马克思主义理论学科建设的重要任务。与此相适应，从理论与实践层面探讨新形势下大学生中国特色社会主义理论体系教育如何走向系统与全面，充分发挥思想政治理论课这一主渠道的理论教育优势与日常思想政治教育主阵地的实践养成教育作用，通过教育活动有序衔接、合力生效的中间环节，在传授科学理论知识的同时唤起大学生思想的深层舞动、情感的正向生长、心灵的激荡震撼、信念的快速升华，成为我们在马克思主义理论学科建设中不可回避的一个重要问题。

一、意义追寻：理论价值与实践诉求

从马克思主义实践与认识的观点来看，推进中国特色社会主义理论体系进入大学生头脑和心中的教育活动是由一系列具有特定教育目标的中间环节纵向呼应或横向连接构成的。如何通过对大学生中国特色社会主义理论体系教育活动的各个中间环节进行有序的设置、运行、调整、优化，整体最优地实现其既定的教育目标，是马克思主义理论教育研究与实践的热点、难点问题。在中央文件精神的正确引领与丰富的学科资源的坚实铺垫之下，马克思主义理论教育领域的理论研究者、实践教育者对此进行了积极的探索，取得了一定的成效，但仍然存在着大学生中国特色社会主义理论体系教育活动的中间环节与教育目标的匹配度不高，环节设置不合理、不完整，环节衔接无序、协同深度不够等问题。这需要学者们以更加全面深入的视角，从理论与实践层面进一步予以研究

① 中共中央、国务院印发《关于加强和改进新形势下高校思想政治工作的意见》[EB/OL]. http://www.gov.cn/zhengce/2017-02/27/content_5171481.htm.

与解决。

（一）大学生中国特色社会主义理论体系教育链研究的理论价值

在理论探究上，“教育链”历经了从教育事业的诸多领域到思想政治教育领域的发展过程。“链”起初从语义学的“环环相扣的单位构成的具有连锁反应的整体性系统”引申为产业链、供应链、价值链、生态链、工程链、信息链等寓意化术语，后在教育领域也逐渐得以应用，如血防健康教育链、人才培养教育链、会计教育链、人力资源教育链、语文教育链等。近年来，思想政治教育领域也开始从这一视角对教育活动展开研究，如张勤基于人的成长的过程性、教育的层次性与一体性提出马克思主义体系教育链，刘社欣从思想政治教育合力视角提出家庭教育、学校教育、社会教育环环衔接的教育链，马建青从大学生思想政治素养螺旋上升的轨迹对思想政治教育链进行了相关界定等。就为什么以教育链这一视角为切入点进行思想政治教育研究这一问题，学者多认为其有助于促进教育过程各个环节的有效整合从而形成思想政治教育活动的最优合力。教育链的环节设置依据，环节与环节之间的相互配合、协同，是学者们关注的重点。就目前而言，教育链在思想政治教育领域研究的理论性成果多散见于少量的期刊之中，且带有一定的经验性、描述性特征，概念界定不够明朗，对大学生中国特色社会主义理论体系教育链的专门研究成果有待丰富，在研究方法上多定性研究，少定性研究与定量研究的结合，著作类文献等系统性、深入化的理论成果形式鲜有呈现。因此，大学生中国特色社会主义理论体系教育链研究的系统性展开对思想政治教育领域关于教育链研究的深化与发展具有重要意义，在一定程度上推进了从教育链的视角研究大学生中国特色社会主义理论体系教育活动及其中间环节与教育目标及其中间环节之间的理论与现实关系。大学生中国特色社会主义理论体系教育目标环节的科学设定、调整与实现的影响因素，大学生中国特色社会主义理论体系教育活动及其中间环节的整体性优化路径的学术之旅，对促进大学生中国特色社会主义理论体系教育有效性提升有一定的积极作用。

（二）大学生中国特色社会主义理论体系教育链研究的实践诉求

以马克思主义理论作为基本指导思想的中国共产党人，在唯物史观的指引下，始终关注社会意识对社会存在的重要影响、上层建筑对经济基础的反作用，把用科学理论武装青年摆在治国理政的重要位置。随着探索解决中国实际问题的理论的不断“成长”，大学生中国特色社会主义理论体系教育进行了卓有成效的实践，构建了基础深厚的学理性体系，积累了丰富有效的实践经验，为新形势下的大学生中国特色社会主义理论体系教育实践的展开，提供了有利的基础条件。但面对现实实践变动不居的新情况、新问题、新环境，大学生中国特色社会主义理论体系教育活动及其中间环节的针对性、实效性仍有待加强，大学生中国特色社会主义理论水平、理论信念仍有待提升与加强。据学者的相关调查显示，大学生群体整体上对中国特色社会主义理论体系的知晓度、认同度较高，但也存在着对部分理论问题认识模糊的现象，同时因个人的家庭环境、所学专业、政治面貌、思想政治理论课或其他学习途径等学习、成长的主体性现实条件的不同，大学生对中国特色社会主义理论体系的态度呈现出了差异性、层次性。[①] 另一项关于“90后”大学生理想信念的调查显示，部分大学生中国特色社会主义理想信念缺失，理想信念趋向功利化，[②] 这在一定程度上反映了大学生中国特色社会主义理论信念有待加强的事实。大学生对中国特色社会主义理论体系的态度与教育因素有诸多的关联，现有的调查统计信息，从一定侧面反映出大学生中国特色社会主义理论体系教育活动及其中间环节的弱效。近年来，从教育方式单一、教育层次性不强、教育内容与现实契合度不高等多个角度研究大学生中国特色社会主义理论体系教育困境的文献也可见一斑，这显示出从整体性的视角充分认识大学生中国特色社会主义理论素养的实际，整合大学生中国特色社会主义理论体系教育活动及其中间环节的教育合力、争取外部环境条件有效协助的重要价值。因此，从提升大学生中国特色社会主义理论素养的教育实践的现实困惑的角度分析，大学生中国特色社会主义理论体系教育链研究具有迫切的现实需求。

（三）大学生中国特色社会主义理论体系教育链研究的学科建设意义

马克思主义理论学科的研究方法是指在这一学科领域有效开展理论研究的方法，具体包含学科性方法、分析性方法、工具性方法等，[③] 其关乎马克思主义理论学科的发展走向。从某种角度上讲，研究方法的完善度和标识度是衡量学科独立性与发展进程中潜力的重要指标。不管在什么研究领域，对理论基础与研究方法的深化与拓展都是最伟大、最艰苦的事业。[④] 马克思主义理论学科研究成果丰硕，但理论研究所采用的方法大多限于传统类的经验总结、文献分析等定性研究方法，这极大地影响了理论性与应用性兼具的马克思主义学科的发展。就偏向于实践应用型的思想政治教育学科这个马克思主义理论学科的二级学科而言，据学者的相关调查研究发现，仅有5%左右的文献成果运用了定量研究方法与质性研究方法。[⑤]（当然，这是以往年份的数据，近年来，遵循逻辑—实证主义的定量研究与对小样本进行深入细致描述分析的质性研究方法在思想政治教育学科的应用逐渐增多，[⑥] 但仍然有待进一步拓展。）这一不足，直接制约着马克思主义理论学科基础理论研究水平的提升，影响着教育者对受教育者思想理论实际的及时全面把握，阻碍着教育方法针对性的提升、教育内容创新性的增强。运用定量研究方法，验证、分析与考察大学生中国特色社会主义理论体系教育链的主要环节之间的相互关系，分析思想政治理论课教学链、日常思想政治教育链之于大学生对中国特色社会主义理论体系的认知、认同、坚信、践行的现实影响，依据现存问题，探讨大学生中国特色社会主义理论体系教育链的优化建议，对马克思主义理论学科关于这一教育链的基础理论研究与定量分析研究的拓展具有现实意义。

---

① 张梦羽. 当代大学生对中国特色社会主义理论体系认同的现状及特点分析[J]. 学校党建与思想教育：高教版，2013(9)：39-41.

② 刘西华. “90后”大学生理想信念现状与教育对策研究：以S大学为例[D]. 济南：山东大学，2013.

③ 张雷声. 马克思主义理论学科的科研类型和方法[J]. 思想理论教育，2015(10)：32.

④ 陈振明，李德国. 走向规范化的中国公共管理学研究[J]. 东南学术，2009(2)：98-102.

⑤ 佘双好. 思想政治教育的科学研究现状、特点及发展趋势探析[J]. 思想理论教育导刊，2009(10)：85.

⑥ 张耀灿，等. 思想政治教育学前沿[M]. 北京：人民出版社，2006：238.

二、研究脉络：研究现状和发展态势

直接以“大学生中国特色社会主义理论体系教育链”为研究对象的成果较少，但由于“大学生中国特色社会主义理论体系教育”这一命题，伴随理论体系的发展创新而与时俱进，始终是马克思主义理论学科研究的重点问题。而这两个命题所关注的目标、原则、内容密切相关，且在中国特色社会主义事业伟大实践中的地位与作用相近。实质上，大学生中国特色社会主义理论体系教育的研究为其教育链的研究奠定了重要的基础，而教育链的研究与优化则是推动教育深化与发展的重要方式。因此，在文献的梳理过程中，对与这两个命题相关的重点问题的研究成果进行了归纳与整理。文献分析从国内研究现状、国外研究现状两个方面有序展开。

（一）大学生中国特色社会主义理论体系教育链的国内研究现状述评

第一，关于大学生中国特色社会主义理论体系教育的研究。学界从内涵、重要性、可行路径等几个方面对此展开了重点研究。就其内涵而言，学界普遍认为大学生中国特色社会主义理论体系教育中的“教育”主要是指马克思主义理论教育，而其教育内容不仅包括中国特色社会主义理论体系这一重点主题，还包含其与思想理论渊源的关系，即其在整个科学社会主义理论及其创新发展进程中的地位，其贯穿的科学社会主义的基本原则、精神实质等内容。因为中国特色社会主义理论体系是科学社会主义理论逻辑与中国经济社会发展历史逻辑的辩证统一，只有使教育具有整体性、历史性和具体性，才能让大学生从根本上掌握中国特色社会主义理论体系的来龙去脉，领悟其本质。如，李丹、迟海晟、马旭在《对大学生进行中国特色社会主义理论体系大众化教育的新探索》一文中便从教育内容、教育目的、教育性质三个方面对大学生中国特色社会主义理论体系教育的内涵做出了相关界定；① 张秋辉、王平在《在“概论”课教学中深化“三个自信”教育的思考》一文中，探讨了大学生“理论自信”教育的内涵，并指出理论与历史相统一的逻辑是大学生“三个自信”教育应坚持的重要原则。② 关于其重要性，学界的认识可概括为：提升中国特色社会主义理论的意识形态主导力，增强大学生对社会主义制度的价值认同，抵御西方敌对势力等各类思潮的渗透力，培养中国特色社会主义事业的可靠接班人等。如，万美容在《用中国特色社会主义理论体系武装教育青年的方法论思考》一文中对大学生中国特色社会主义理论体系教育的重要性进行了相关探讨。③ 在可行路径的探讨上，学界的相关研究阐述多从方法层面出发，大致可以从宏观和微观两个角度进行归纳：宏观层面的方法体系建构，提出了以思想政治理论教育、校园文化建设等实践活动、虚拟空间话语权建构、人才队伍建设、运行保障机制为一体的立体式教育模式，如韩柱的《高校加强中国特色社会主义理论体系教育的若干思考》；微观层面的某一方

① 李丹，迟海晟，马旭. 对大学生进行中国特色社会主义理论体系大众化教育的新探索[J]. 思想政治教育研究，2014(4)：92-95.

② 张秋辉，王平. 在“概论”课教学中深化“三个自信”教育的思考[J]. 思想理论教育导刊，2014(12)：83-86.

③ 万美容. 用中国特色社会主义理论体系武装教育青年的方法论思考[J]. 思想政治教育研究，2010(1)：16-18.

面的细致阐述包含对思想政治理论课教学中的中国特色社会主义理论体系“三进”工作的研究，对教学方法的改进研究，对教学研究的数据调查方法的阐述，如韩振峰的《中国特色社会主义理论体系大众化的几个基本问题》、杨开元的《中国特色社会主义理论体系教学原则探析》、岳鹏和戴钢书的《当代大学生社会主义观现状特点及强化社会主义观教育路径分析》都反映了上述研究成果。

第二，关于中国特色社会主义理论体系大众化的研究。这一理论与实践课题属于学界研究的热点问题，尤其是在党的十七大提出了推动中国特色社会主义理论体系大众化的要求，党的十八大、党的十九大深刻阐述了中国特色社会主义道路、理论、制度的内涵，以及在庆祝中国共产党成立95周年大会上提出了增强“四个自信”的号召之后，相关研究更呈现聚集之势，涵盖其内涵、必要性、原则、困境、途径及其新特点等方面。就“大众化”的内涵而言，学界的一般性观点认为，“大众化”是中国特色社会主义理论体系由理性凝练到生动具体、由深奥思辨到通俗易懂、由少数人所认知和理解到大多数人掌握并在实践中运用的过程。而学界关于中国特色社会主义理论体系大众化的必要性的阐述则主要从理论自身发展所具的开放性特征的本质要求、社会主义建设的现实需要、共同理想的凝聚力量、国民的科学思维水平和思想素质提升的诉求等几个方面展开。学界对中国特色社会主义理论体系大众化的原则的阐述主要包含以下五个层面：历史与现实相统一、理论与实践相吻合、与群众精神诉求相匹配、方式的通俗化和制度化、群众与干部教育层次化。在困境的研究上，学界的主要落脚点在社会思潮多元化、大众化教育方式单一、网络技术导致的可能性障碍、社会结构复杂化等几个方面。这方面的研究是大众化这一主题中研究空白区域较大的部分，文献资料相对较少，尤其是对新常态形势下的中国特色社会主义理论体系大众化的困境和突破点缺少相应研究。关于大众化途径这一主题，由于是基于现实对策的建议，因此研究成果颇多，但缺乏一定的针对性。宏观上，学界的研究大致从对大众化的理论内容、载体、传播方式的创新，接受对象的特征把握以及对大众化主导者素质提升等几个角度出发，做出了整体的建设性阐述。与此同时，亦有学者基于微观的角度建构大众化途径的具体模式，以期促进中国特色社会主义理论体系宣传教育模式的创新发展。与大众化的新特点相关的研究成果相对较少，但也有学者从文本载体的创新、语言载体的创新、活动载体的创新等方面做了具体的论述。[①] 反映上述研究成果的代表性文献有蒋国海的《论中国特色社会主义理论体系大众化》、郭红军的《中国特色社会主义理论体系大众化的多维审视》、佘双好等的《大众化 时代化 中国故事——中国特色社会主义理论体系普及路径》等。

第三，关于科学社会主义理论教育的历程及各个阶段特征的研究。大学生中国特色社会主义理论体系教育链实质上是科学社会主义理论教育在当代的一种具体表现形式，因此，必须对科学社会主义理论教育及其历程进行梳理，在总结其历史经验与规律的基础上展开本文的研究。学界重点追溯了马克思恩格斯的科学社会主义理论教育思想、列宁的科学社会主义理论教育、新中国成立以来的科学社会主义教育历程。在这一研究领

① 佘双好，等. 大众化 时代化 中国故事：中国特色社会主义理论体系普及路径[M]. 武汉：武汉大学出版社，2014：80-85.

域，石云霞的《马克思主义理论教育思想发展史研究（上下）》和《新中国成立以来中国共产党思想理论教育历史研究（上下）》这两部著作对十八大以前相关思想的阐述最为系统。也有部分学者就科学社会主义理论教育在某一时间阶段的具体表现进行了详细探讨，如李伟杰在《中国特色社会主义理论体系大众化的路径选择》一文中对十七大以来至十八大之前的中国特色社会主义理论体系大众化的基本情况进行了回顾。① 对十八大以来的中国特色社会主义理论体系教育的现状阐述尚属于学界研究的起步阶段，但也取得了丰富的成果。秦刚在《十八大以来中国特色社会主义理论体系的丰富和发展》一文中对十八大以来掌握意识形态领导权、话语权、管理权的思想与实践进行了凝练与概括。② 张秋辉在其博士论文《“三个自信”教育研究》中，则对“三个自信”教育的内涵、特征、定位进行了阐释，指出其是中国特色社会主义事业在新的历史节点所生成的社会主义教育新形式，这意味着中国特色社会主义理论教育需要立足新的历史节点，积极回应新问题，实现自身的新发展。③

第四，关于“中国特色社会主义理论自信”教育的研究。“理论自信”教育是当前大学生中国特色社会主义理论体系教育的重要主题，是当前形势下体现时代精神的新命题，是学界今后一段时间的重点研究对象。从现有成果来看，学界对“理论自信”的内涵和学理逻辑，“理论自信”教育的必要性、途径等问题进行了初步的研究。如，张国启在《论中国特色社会主义理论自信的三个逻辑视角》一文中把“理论自信”的学理逻辑划分为可提高理论的接受度的话语逻辑、呈现学理基础的历史逻辑和揭示生成本质联系与发展趋势的发展逻辑；④ 佘双好、冯茜在《理论自信的表现及其培养路径探究》一文中认为，“理论自信”是个人或团体对自身所提出的理论或理论体系的坚信不疑的态度，这种态度不仅表现为对理论的发展前景的坚定，还表现为对待理论的现存问题和与其他理论相互关系的科学认识。⑤ 对于“理论自信”教育的必要性，学者们则从“理论自信”与“道路自信”“制度自信”“文化自信”的关系、“理论自信”与“中国梦”的相互关系、“理论自信”所面临的现实挑战等几个方面进行了阐述。对于其教育的研究多散见于“理论自信”本身的研究过程中，现有的与“理论自信”教育直接相关的系统性的文献多与高校思想政治教育联系在一起。如，李海凤、官秀成在《大学生“中国特色社会主义理论自信”的教育策略选择》一文中从科学内涵的探清、“理论自信”教育面临挑战的调查、思想政治理论课教学改革、师资队伍建设和优化大学生成才环境等几个方面指出了高校进行大学生“理论自信”教育的方向；⑥ 顾海良的《高校思想政治理论课程建设研究》指出，高校思想政治理论课程建设的方方面面都应以理论自信为最高价值指向。中国特色社会主义理论体系和社会主义核心价值体系，是高校思想政治理论课教育教学的核心内容。

---

① 李伟杰. 中国特色社会主义理论体系大众化的路径选择[J]. 科学社会主义，2010(3)：50-52.

② 秦刚. 十八大以来中国特色社会主义理论体系的丰富和发展[J]. 党政研究，2014(5)：18-24.

③ 张秋辉. “三个自信”教育研究[D]. 长春：东北师范大学，2014.

④ 张国启. 论中国特色社会主义理论自信的三个逻辑视角[J]. 思想理论教育导刊，2015(2)：44-47.

⑤ 佘双好，冯茜. 理论自信的表现及其培养路径探究[J]. 学校党建与思想教育，2013(20)：8-12.

⑥ 李海凤，官秀成. 大学生“中国特色社会主义理论自信”的教育策略选择[J]. 广西社会科学，2015(1)：211-214.

在当代马克思主义理论教育上，我们不仅仅要做到自信，而且要做到自觉，做到以自觉为坚实基础的自信与以自信为坚实基础的自觉。①

第五，关于教育链的研究。虽然直接以“大学生中国特色社会主义理论体系教育链”为研究对象的成果鲜有呈现，但是学界对于教育链的内涵、建构、运行机制以及思想政治教育链已有所探究。教育链一词可见于教育事业的诸多不同领域，如血防健康教育链、高校人才培养教育链、会计教育链、政府部门人力资源教育链、语文教育链、终身教育链等。关于教育链的内涵界定，各个领域亦呈现出不同的特点。江喆在《刍议农村不同血防健康教育链的“四个度”》一文中提出的教育链是指环环相扣的介体及其功能发挥所构成的信息传播链条。② 陈志庆在《创建“四业”教育链人才培养模式的思考》一文中提出的教育链是指在教育教学过程中，以就业为整体性目标的四个相互联系、互相促进的环节构成的链条。③ 蔡洁在《会计教育链初探》一文中从系统论出发，认为教育链因教育作为一种系统而产生，教育作为庞大的系统有多种链式结构，因此教育链也因研究目的的不同而定义不同，教育链是一个非同寻常且具黏性的竞争单元，具有垂直整合的优势。④ 杜兴艳在《建构政府部门人力资源开发的教育链模型》一文中指出，教育链是在教育活动中通过对不同环节的控制为实现知识传输所形成的。教育对象、教育内容不同，教育链的结构也不同，可以分为直线式、立体网状式等形式。其对政府人力资源教育链的系统性、复杂性、动态性、周期性的描述为教育链属性的研究提供了一条由特殊到普遍的途径。⑤ 洪宗礼在《我的探索：构建语文教育“链”》一文中探讨了语文教育链，他认为语文教育链从宏观与微观上纵横交错地从多个维度透视了语文教育结构体及其内部规律和发展趋势，折射出了语文教育各要素之间相互依存与制约的联系、最佳结合点及其体系的建构逻辑，为我们提供了系统论、结构论及其内部要素动态关系的教育链研究视角。洪宗礼还提出了语文教育链建构的核心在于“人”，这为教育链的建构提出了最为核心的原则性要求。⑥ 虽然因研究对象不同，视角切入点不同，教育链的内涵各有特点，但都有一个共同的特征：围绕教育目标的实现的各个要素环环相扣、节节相连，呈现出整体性与层次性。在《教育链：基础素质教育与师范教育改革》一书中，陈恩泉基于对自然人教育及其规律探索的视角，对教育链进行了界定，指出，“链有大小，链的下属是环。链，即链链相连、环环相扣的意思，也指事务的系列关系。教育链由人性和理性两个主环组成”。⑦ 其从宏观的角度，指出了链是由环和环的相互作用构成的，链具有系列性、层次性与链接性，这为教育链的构建与发展指明了方向。窦尔翔在《教育金融制度创新》一书中基于以教育金融制度的创新来提升整个教育过程对人力资源培养实效的角度，提出了“教育成链”效应，他认为，人才甄别、教育决策、教育资源配

① 顾海良．高校思想政治理论课程建设研究[M]．北京：中国人民大学出版社，2016：54.
② 江喆．刍议农村不同血防健康教育链的“四个度”[J]．中国初级卫生保健，1994(10)：46-47.
③ 陈志庆．创建“四业”教育链人才培养模式的思考[J]．金融教学与研究，2011(3)：70-71.
④ 蔡洁．会计教育链初探[J]．财会通读，2010(4)：157-160.
⑤ 杜兴艳．建构政府部门人力资源开发的教育链模型[J]．绥化学院学报，2010(3)：57-59.
⑥ 洪宗礼．我的探索：构建语文教育“链”[J]．语文教学通讯：初中(B)，2009(1)：4-8.
⑦ 徐宏．教育链：基础素质教育与师范教育改革[M]．北京：中国经济出版社，2000：3.

置、教育实施、人才推介这不可或缺的五大环节的相互衔接、紧密关联，构成了一个完整的教育链，教育链中的五大环节需要均衡发展，环节与环节之间具有传导效应。① 他运用经济学的资源最大化配置的原理对教育链的概念、特点、形成机理展开相关论述，具有较强的现实应用意义。刘汉辉在《论可持续发展与终身教育》一文中，基于中国终身教育的研究指出了教育链的各个环节互为条件、互为依存的特征，同时指出了教育链的计划性、预测性，为教育链的界定提供了良好的思路。② 就目前而言，与教育链的建构相关的研究对教育链的具体模型的阐述甚少，但也有细致性与系统性的阐述，如杜兴艳的人力资源教育链模型设计，坚持以科学发展观和人力资本理论为指导思想，以政府人力资源为中心，以资金流、知识流、信息流的流通通道和流通过程为线索，构建了一个系统循环性的教育链模型。这一模型的构建，体现了以人为本的基本原则，也遵循了过程论的指导。同时，她也提出了要塑造教育链模型的运行机制，如保障机制、激励机制、协调机制与监控机制。③ 洪宗礼以教育目标即学生语文素养的形成过程为逻辑主线，以这一过程的具体程序为环节，以教育内容为节点，建构了语文的纵横结合的教育链。④ 这为我们提供了一个以过程为逻辑起点建构教育链模型的例子。

第六，关于思想政治教育链的研究。马克思主义理论学科的相关研究者从系统论、过程论、生态论等角度对思想政治教育链进行了初步探索，虽然研究文献并不多，但也有所涉猎。目前而言，马克思主义理论学科对教育链的研究主要集中在以下六个方面：一是以教育对象的思想品德形成发展规律为基点，提出教育链的各个环节要与人的思想行为变化过程轨迹相匹配。马建青在《尊重大学生思想规律 构建有效思想政治教育链》一文中，从高校大学生思想变化过程及规律入手，对这一问题进行了相关探讨。他认为“大学生思想素质的培育是一个螺旋上升的过程，有其轨迹可循，这一轨迹犹如一条环环相扣的链，存在着相互联系与作用的各个要素”，思想政治教育链是一个致力于因大学生思想变化轨迹的形成而建构的由要素、环节各得其所地形成合力的链条。⑤ 闫玉、杨雪在《高校青年马克思主义者培养的教育链条建构探究》一文中将思想政治教育活动中内在关联的教育环节与教育过程规律、教育的整体性特征、人的思想行为发展规律结合起来，提出培养高校青年马克思主义者需要建构由理论教育、实验训练、特殊指导、实践砥砺、自我修缮、网络交流、行为养成这几个环节内在相连构成的教育链，⑥ 具有较强的理论与实践意义。二是以系统论、过程论的观点对思想政治教育链的概念进行了界定，对其内在结构进行了整体性剖析。王宇航的《略论网络时代大学生思想政治与心理健康教育》，在设计理念、内容结构、实质、架构、属性等几个方面对思想政治教育链进行了较为系统的描述。他认为思想政治教育链以共同愿望、发展超越、系统思考、

---

① 窦尔翔. 教育金融制度创新[M]. 北京：清华大学出版社，2012.

② 刘汉辉. 论可持续发展与终身教育[J]. 函授教育：继续教育研究，2003(1)：22-25.

③ 杜兴艳. 建构政府部门人力资源开发的教育链模型[J]. 绥化学院学报，2010(3)：57-59.

④ 洪宗礼. 我的探索：构建语文教育“链”[J]. 语文教学通讯：初中(B)，2009(1)：4-8.

⑤ 马建青. 尊重大学生思想规律 构建有效思想政治教育链[J]. 长春师范大学学报：人文社会科学版，2015(3)：148-151.

⑥ 闫玉，杨雪. 高校青年马克思主义者培养的教育链条建构探究[J]. 郑州大学学报：哲学社会科学版，2015(6)：14-17.

关注个体为设计理念，以导向和基础环节、互动环节、分层环节、系统环节为内容结构，“链”的实质是系统，环节之间是相互合作的关系，每一个环节内由时空、分层、动态、系统组成的若干个子环节构成。他还认为广延性、动态性、层次性和系统性是思想政治教育链的基本属性。① 冯志祥在《心理、道德、行为：大学生的德育链》一文中提出了“链式德育链”的概念，他认为链式德育链由心理、道德、行为三个环环相扣的环节有序衔接而成，德育的内化作用将受教育者的心理与道德链接起来，德育的外化作用则把受教育者的道德与行为链接起来。② 可以看出，这一德育链是基于过程论的视角而建构的。三是从寻求思想政治教育合力最大化的角度出发，对思想政治教育需要寻求教育过程影响方向的一致性、协同性，最大化地实现学校、社会、家庭的教育力量的横向联动的观点进行阐述。刘社欣在《思想政治教育合力研究》中，从思想政治教育合力研究的视角指出，学校教育、家庭教育与社会教育虽然在大学生成长历程中的地位、作用和特点不同，但它们之间具有相互关联、互渗互容的关系，要使思想政治教育取得最优效果，必须加快三者的目标一体化进程，并形成环环衔接、有序关联、合力生效的教育链。③ 杨树虹在《校企合作、工学结合模式下思想政治教育的困惑与出路》一文中从系统论出发指出，必须把思想政治教育看成一个系统的教育链，寻求思想政治课老师与辅导员、学校与企业的合力。④ 四是从教育的阶段性、连续性的角度出发，认为马克思主义理论教育的各个阶段需要有效衔接、紧密关联，以实现马克思主义理论教育的纵向呼应。张勤在《提高高校马克思主义教育实效性》一文中基于人的成长的过程性、教育的层次性与一体性提出了由马克思主义教育的初始教育阶段、基础教育阶段、中等教育阶段、高等教育阶段的有序衔接、平稳过渡构成的马克思主义体系教育链。⑤ 张耀灿等的《思想政治教育学前沿》一书，在分析思想政治教育过程的层次性与一体性问题时指出，思想政治教育过程具有阶段性、层次性、一体性、连续性，各个不同阶段的思想政治教育虽各有其侧重，但需要相互衔接、有序关联，⑥ 这实际上描绘了思想政治教育活动的一种纵向链式结构。五是借助生态学或经济学的方法，从生态链、价值链的视角出发，分析思想政治教育活动内在因素的相互关系、思想政治教育活动与外部条件的相互关联，以期实现思想政治教育资源的最优配置，提高思想政治教育的实效。陈娟娟、戴钢书在《教育链：增强高校思想政治教育实效性的新视角》一文中，从加强高校思想政治教育实效性角度对“教育链”进行了定义，指出所谓教育链是指“基于教育供给与需求分析，以优化配置教育资源、最大化发挥教育效益为核心，教育主体、客体、目标、内容、方法与环境等要素与环节之间相互影响、相互作用、相互配合，从而构成的一个有机联系的整体”。⑦ 这一以生态学的生态链与经济学的价值链为借鉴展开的研究，视角

① 王宇航. 略论网络时代大学生思想政治与心理健康教育[J]. 前沿，2004(12)：184-187.

② 冯志祥. 心理、道德、行为：大学生的德育链[J]. 当代教育论坛：宏观教育研究，2004(11)：135.

③ 刘社欣. 思想政治教育合力研究[M]. 北京：人民出版社，2013：147.

④ 杨树虹. 校企合作、工学结合模式下思想政治教育的困惑与出路[J]. 学校党建与思想教育：上，2011(A11)：78-79.

⑤ 张勤. 提高高校马克思主义教育实效性[J]. 高校理论战线，2011(11)：27-29.

⑥ 张耀灿，等. 思想政治教育学前沿[M]. 北京：人民出版社，2006.

⑦ 陈娟娟，戴钢书. 教育链：增强高校思想政治教育实效性的新视角[J]. 教育理论与实践，2016(12)：27.

较为新颖。邱柏生、董雅华在《思想政治教育学新论》一书中运用生态学的视角，对思想政治教育活动进行了生态链式的阐述，他们认为“思想政治教育活动依纵向的前后承续生态关系和横向的周围牵制关系形成了思想政治教育的生态链式结构，其中任何一个环节因素的破损或断裂，都会引起整个生态环链的危机”。[①] 该书在宏观上从历时态角度探讨了个人政治社会化所经历的思想政治教育各阶段之间的内在衔接关系，从共时态角度研究了思想政治教育活动过程内在要素之间的协同与制约关系，在微观上从教育对象的层次出发分析了处于思想政治教育生态链上游态势的生态因子与居于下游态势的生态因子之间的关系，从表现形态出发探讨了理论教育与实践教育在思想政治教育活动中的有序关联，从操作领域出发剖析了学校、农村、企事业单位等不同领域的思想政治教育之间的有机联系。书中对思想政治教育生态链的阐释强调对思想政治教育活动中间环节的间接关系进行了细致研究，有助于我们从整体上加深对思想政治教育规律的认识。六是从提高高校思想政治理论课教学实效的角度出发，探索高校思想政治理论课教学环节或教学模式的创新发展。戴钢书等在《高校思想政治理论课实践教学论》中，阐述了在高校思想政治理论课教学活动立德树人过程中，由“观”“听”“访”“演”“帮”“思”等环节相互连接而成的实践教学过程，这实际上是教育链在高校思想政治理论课实践教学过程中的一种具体呈现。[②] 李梁在《构建教学体系的问题逻辑系统 深化高校思想政治理论课教学改革》一文中基于上海大学的思想政治理论课“项链模式”探讨“六个为什么”进高校思想政治理论课的问题逻辑体系建构时，阐述了建设高校思想政治理论课问题链数据中心，实现教材体系向教学体系转换，整合教学过程的相关问题。他所阐述的问题链数据中心承载了集合课程素材的教学资源链、以问题为表现形式的教学内容信息链与有助于教师教学与学生自主学习的教学问题链。[③] 这一运用在逻辑上层层相关的问题体系将高校思想政治理论课的教材体系转换为教学体系的做法实际上是思想政治教育链的一种表现形式。

（二）大学生中国特色社会主义理论体系教育链的国外研究现状述评

第一，关于中国特色社会主义理论体系的研究。与本文论题有直接性关联的国外学者的研究，主要集中在对中国特色社会主义理论体系的研究上，但一般在“中国模式”的研究中对中国特色社会主义理论体系进行探寻。近年来，其研究对象主要集中在中国特色社会主义制度，中国特色社会主义道路的内涵、特征、模式及其对西方资本主义国家发展模式的挑战上。对于十八大以来的理论创新与发展的研究多见于报纸、新闻报道之中，关注焦点多在于中国共产党治国理政的新动态，如全面深化改革，尤其是经济领域理论的创新和政治领域的反腐策略等。

第二，关于主流意识形态教育的研究。国外关于主流意识形态教育的研究虽然与大学生中国特色社会主义理论体系教育链研究无直接关联，但其在主流意识形态教育内容

① 邱柏生，董雅华. 思想政治教育学新论[M]. 上海：复旦大学出版社，2012：200.

② 戴钢书，等. 高校思想政治理论课实践教学论[M]. 北京：中国人民大学出版社，2015：243.

③ 李梁. 构建教学体系的问题逻辑系统 深化高校思想政治理论课教学改革：关于六个“为什么”进高校思想政治课的思考[J]. 思想理论教育，2010(13)：62-63.

的层次性、教育手段的显性和隐性相结合与教育合力的研究、对教育的认知规律的遵循、教育的程序性运行等方面取得的成果与经验，值得本文研究工作有针对性地进行借鉴。重视对青年的主流意识形态思想的灌输与文化价值理念的教育始终是西方资本主义国家维护本国统治的重要方式。西方资本主义国家的主流意识形态教育内容，依据教育对象的不同学习阶段而不同，表现出了较为鲜明的层次性，如美国、法国等国家在进行本国制度的优越性、公民的权利与义务等主流意识形态教育时，依据学生不同的学习阶段，开设不同的主流意识形态教育课程，低年级开设基础类的课程，高年级则开设与本专业相关的主流意识形态教育的课程。在教育方式上，西方资本主义社会坚持显性与隐性相结合的方式，尤其注重对渗透式的隐性教育方式的运用，如美国通过学校的各项典礼、仪式、校园民主活动对青年进行民主制度与思想灌输。[①] 在对青年进行主流意识形态教育中争取学校、社会、家庭的合力，已经得到了许多西方学者的认同，他们在“小政府、大社会”思想的指导下，积极动员各类社会力量、家长等教育资源对青年进行主流意识形态教育。西方学者对于主流意识形态教育遵循教育对象的认知发展规律的认识不断提高并在现代技术的推动下逐渐趋于成熟。在对教育对象的认知发展规律的研究基础上，西方学者提出了道德教育的相关理论，如道德发展阶段理论，美国学者劳伦斯·科尔伯格认为道德发展有一定的阶段性，只有根据道德发展不同阶段的不同特点，进行教育内容与形式的设计与实施，才能更好地进行道德教育。在对人类大脑的奥秘的探索的科学不断发展的条件之下，西方道德教育领域也开始探索运用认知神经科学、计算机科学、医学等相关学科的知识研究学生在道德教育活动中的脑神经活动，[②] 探索幼年、童年、青少年等不同成长阶段的学生在道德教育过程中的认知特点、学习规律、内化与外化规律，以在符合学生成长规律基础上寻求更好的促进学生认同资本主义主流意识形态的新方法。[③] 西方学者依据主流意识形态教育过程的循序渐进特征与学生的成长过程阶段提出了教育程序思想，如“暗示、问题、假设、推理、验证”的教学程序思想等，提倡公民教育、道德教育等教育实践活动依照实践的连续性与学生成长规律、认知规律依次展开。

由上述文献梳理可以看出，国内学者在对“中国特色社会主义理论体系教育”的内涵、原则、途径、历程、经验等的研究上取得了一定的成绩，对“教育链”的内涵、属性、建构方式、结构要素也有所探究，为本论题的研究提供了坚实的铺垫，国外学者的相关性探讨则为本文的研究提供了国际性的视角，对促进我们更好地讲明中国理论的民族性与独特性、掌握国际话语权在某种程度上具有一定的现实意义。从对有关研究现状的全面性梳理可知，学界对“大学生中国特色社会主义理论体系教育链”这一论题的系统性研究尚未有较大建树。本文的研究工作需要对以下几个方面的内容做出相应的探究

① 卡扎米亚斯，马西亚拉斯. 教育的传统与变革[M]. 福建师范大学教育系，等，译. 北京：文化教育出版社，1981：191.

② J. H. Park. Neuroscientific Challenges to Deontological Theory: Implications to Moral Education[J]. Journal of Ethics, 2011(82): 73-125.

③ A. N. Meltzoff, P. K. Kuhl, J. Movellan, T. J. Sejnowski. Foundations for a New Science of Learning[J]. Science, 2009(325): 284-288.

性论述：一是对十八大以来马克思主义理论教育思想的创新发展进行抽象与凝练；二是要对高校加强大学生中国特色社会主义理论体系教育的新形势、新情况进行较为清晰的调查、分析与阐述；三是基于帮助大学生树立中国特色社会主义理论信仰的教育目标，立足于新形势下的中国社会发展，对大学生中国特色社会主义理论体系教育实践活动及其中间环节的优化提出具有针对性、系统性的对策。

三、内涵阐释：链式关系在思想政治教育过程中的横向与纵向呈现

概念是思维的细胞。细胞出现问题，由细胞构成的组织就会出现问题，甚至全身都会出现问题。同样的，在概念方面出现问题，就会使由概念构成的结论、逻辑和阐述都出现问题，思想就不能保有其准确性了。[①] 因此，明确“链”“教育链”“大学生中国特色社会主义理论体系教育链”的概念是本研究展开的重要基石。

（一）“链”的概念

对“大学生中国特色社会主义理论体系教育链”的探析，首先始于对“链”的概念的关注。《辞海》中这样定义“链”：用金属环连接而成的长条，如表链、锁链；航海中计量较短距离的长度单位，1 链等于 0.1 海里，中国采用 185.2 米为 1 链。[②] 按照《辞海》的定义，“链”既是一种“单位元素”，也是一种“系统”，一种由多个单位元素依照彼此之间的关系连接而成的“系统”。链的英文表述为“chain”，根据《不列颠百科全书》的解释，英文中的“链”主要是指把一系列链环（一般为金属的）连成一体的挠性连接件，其一般用于系留、牵引、起重、搬运、输送和传动力等。[③] 那么，“链”在古代汉语词典中又是如何表述的呢？《说文解字》这样描述“链”，“铜属。从金，连声”[④]，意思是由金属制成的环环相扣的链。在古汉语中，链，就是用金属或小环状物连接而成的长条。在日常话语体系中，我们对“链”的使用大致可以分为以下几个方面：其一，用于描述机械传动，如自行车的链传动。其二，用于描述一系列具有关联性的事物的连锁反应，关联性越强，连锁反应越快。其三，用于描述事物之间的连接关系，如网络上的信息链接。其四，用于描述呈链状排列的生物，如链球菌、链珊瑚。其五，用于反映事物长期变化发展趋势及其显著程度是通过短期变动的积累而造就的数学中的环比指数的连乘积，如链式费雪价格指数。由此可以看出：“链”是由具有相关性的环环相扣的单位构成的具有连锁反应的整体性系统，每一个“环”的结构或控制，都会影响其他“环”和整个“链”的效应的发挥。具体而言，“链”具有以下几个基本特征。

第一，“链”具有由多个单位元素构成的系统结构。从构成来看，“链”是由多个单

---

① 金岳霖. 形式逻辑简明读本[M]. 北京：中国青年出版社，1979：7.

② 辞海编辑委员会. 辞海[M]. 上海：上海辞书出版社，2010：1142.

③ 美国不列颠百科全书公司. 不列颠百科全书：4 卷[M]. 中国大百科全书出版社不列颠百科全书编辑部，译. 北京：中国大百科全书出版社，2007：27.

④ 许慎. 说文解字[M]. 北京：中华书局，2013：702.

位元素构成的统一体，多个单位元素为共同实现这一统一体的整体功能发挥各自的作用或影响。如，连锁商店(chain store)便是由多个类型、用途、经营范围等相同的零售商店组成的，其通过集中统一领导制度与程序化的经营模式最大限度地降低经营成本，获取最大利润，实现整个连锁商店的最优效益。

第二，“链”具有有序性。从静态上看，“链”的基本单位元素为链节，链节与链节呈现有序排列与连接的链式形态，这是空间上的有序性表现，如，常用于机械传动的滚子链便是由销轴链节与滚子链节按照一定的空间顺序排列与连接而成的；从动态上看，“链”的运行呈现出一种有序化、程序化的状态，“链”中的各个环节的运行是依照一定的时间顺序有序展开的，这是时间上的有序性的表现。

第三，“链”处于合力生效的状态。从“链”的语义解释和现实应用中我们可以发现，“链”以为人的特定的实践活动尽可能地提供最大的支持性力量或最优条件而存在，“链”可以使单位元素之间产生纵向或横向的联动效应。如，《不列颠百科全书》将“链”定义为一般用于系留、牵引、起重、搬运、输送和传动力等的挠性连接件，从功用的角度出发，对“链”的合力生效状态进行了说明，而从我们日常生产生活中常使用的链传动中，我们可以看到“链”的各个环节之间的横向或纵向联动所产生的合力为我们特定的实践活动提供了有利条件。

第四，“链”的单位元素依据特定的联系而得以相互连接。链节依据一定的逻辑联系有序连接、平稳过渡是“链”的本质特征。如，《辞海》中对链珊瑚、链状络阴离子的描述具体说明了“链”的这一本质特征：链珊瑚依靠骸内横贯的许多床板与骸间有方形间隙的管相连，串结成链状体，链状络阴离子由一系列硅氧配位四面体以共同部分角顶氧的方式连接而成。

第五，“链”的单位元素之间具有传导效应。“链”中的链节一般是一个指向另一个的，链节之间进行能量或效用的传导，前一个链节产生相应的变化会引起后一个链节产生相应的变化或反应，前一个链节的有效运行为后一个链节的运行创造条件。如，在由研发、生产、销售等环节有序关联构成的企业的价值链中，每一个环节所进行的价值增值活动，都对下一个价值环节产生影响，对这些价值环节的优化与价值环节之间的关联的加强将对企业价值链整体优势的提高提供助力。

（二）“教育链”的概念

探讨“教育链”的概念，我们首先必须明确一点，那就是教育能否成链？按照现代教育学的观点，教育是“教育者按照一定的社会要求，传承社会文化、传递生产经验和社会生活经验，以影响人的身心发展为直接目的的社会活动，它与人的发展和社会的发展有本质的联系”[①]。从这一定义可以看出，教育是否收到其应有的成效，是以其是否能满足社会发展与个人发展诉求为标准的，这意味着教育是具有发展性的社会活动，是一个周而复始的长期过程。从宏观角度看，教育在人类社会发展规律的推动下经历了漫长的演进与发展阶段，人类社会的教育链随着具有继承性与创新性的历史链条的延伸与

① 夏瑞庆. 教育学[M]. 合肥：安徽大学出版社，2003：4.

发展而不断完善、完整。从微观角度看，教育需要依据人的身心发展的顺序性、阶段性与教育教学实践反映教与学的内在关系的客观规律而循序渐进地展开，这决定了教育具有“链”的结构特征：教育者在教育对象成长过程中的身心发展的不同阶段所展开的阶段性教育活动因有序衔接、平稳过渡而形成了具有层次性、梯度性的教育链；教育者依据教育对象的身心特点在教育的某一阶段开展的具体性的教育活动的中间环节的横向衔接或纵向呼应构成了具有联动性、整体性的教育链。教育成链的基本特征，使我们明确了教育链的概念，观察、研究教育的链式结构，从整体上审视教育的不同阶段、教育的中间环节及其关联的有效性，使教育的链式优化的实现具有了可能性与可为性。

由“链”的语义学基础与日常使用情况可知，教育链是由环环相扣、节节相连且相互依存与制约的教育要素或环节基于特定的联系连接而成的链式关系汇集而成的整体性的教育系统，这是基于广义的教育对教育链的界定。教育作为一个庞大的系统，因教育者、教育对象、教育目标、教育内容、教育手段、教育阶段等的不同而存在诸多不同种类的教育链，每一类教育链又由其下一层次的教育链构成。因此，因研究目的与研究对象的不同，教育链的定义也有广义与狭义、普遍与特殊之分，这一特点在本文对教育链的相关文献综述中得到了具体呈现。

由于本文的论题为“大学生中国特色社会主义理论体系教育链研究”，属于思想政治教育学科范畴，因此本文将以这一学科视角对教育链的概念进行界定与分析。“思想政治教育过程理论为科学确定思想政治教育内容、方针、原则、途径、方法提供了科学理论依据，而思想政治教育过程又与人的思想品德形成过程是统一、协同的”①，因此，从思想政治教育的角度出发，对教育链的概念进行科学认识，需要以思想品德形成发展过程规律为基本依据。人的思想品德形成发展过程是由外部因素的影响过程与内部知、情、意、行的思想矛盾运动过程组成的。而思想政治教育的主要目的则在于教育者通过教育这一外在因素促进受教育者内部的思想矛盾运动，使受教育者形成符合社会要求的思想政治素质。从这一思想政治素质形成发展过程及与之协同的思想政治教育过程出发，本文认为，教育链是由教育过程中各中间环节依据一定的逻辑联系承接与延续、协作与制约而形成的链式连接结构关系汇集而成的动态的历史性教育系统。在这一历史性教育系统中，教育者依据社会历史条件和教育对象身心结构的特点，通过对教育实践过程相互连接的中间环节的组织、运行、控制与调整，推动受教育者的知、情、意、行的思想政治素质形成发展过程运动，以在教育者与受教育者相互作用的教育过程中实现信息、情感、精神、能力等实质性内容的传输、内化、外显，从而达成依据客观条件预先存在与建构的由相互联系、相互作用的环节构成的满足社会进步与个人发展要求的教育目标。随着社会发展与受教育者的思想政治素质水平的提升，教育者的教育目的与受教育者的教育需要及其现实认识水平与行为能力的不断发展，教育链将不断翻转与延伸。教育链因教育者、教育对象、教育目标、教育内容等的不同，其结构、动力、运行、周期具有不同的表现形式，教育链的链形可分为直线式、立体网状式等多种类型。教育链要发挥具体实效，必然表现为各个环节相互连接的作用点与动力结构衔接点啮合的教育

① 陈万柏，张耀灿. 思想政治教育学原理[M]. 北京：高等教育出版社，2007：116.

链的运动过程。教育链的动力结构表现为外在层面的宏观动力与内在层面的微观动力。外在层面的宏观动力是指社会发展要求与教育链的矛盾，它从宏观上推动着教育链的形成、发展与运行。内在层面的微观动力是指教育者提出的教育目标与受教育者思想政治素质的现实状况之间的矛盾，它是教育链的内在动力。教育过程的中间环节相互连接的作用点与这一双重动力结构的衔接点相啮合，便会促进大学生思想政治素质的知、情、意、行的运动。教育链具有的基本特征或属性，谓之链性，一般包括实践性、开放性、关联性、层次性等。

以思想政治教育过程为切入点探讨教育链，我们需要从思想政治教育过程的合规律性、构成、形式、运行等视角对这一概念进行具体解读。从思想政治教育过程所依据的规律来看，“思想政治教育过程依照人的认知与成长规律可以分为基本方向一致、各有侧重的不同阶段，各个阶段的具体教育目标、教育内容等过程成分有其自身的特点”①，这些不同的思想政治教育阶段因思想政治教育过程的一体性而具有承续衔接关系，由此构成了具有联动效应的教育链；思想政治教育过程作为教育者依照一定的社会要求有计划、有组织地推动教育对象的知、情、意、行思想矛盾运动的教育活动过程，其每一阶段的教育过程依照教育活动规律和人的思想政治素质形成发展规律可以分为若干相互连接的中间环节，这些中间环节的有序衔接构成了具有联动效应的教育链。从内在的构成条件和过程成分来看，“教育者、受教育者和社会的思想品德规范要求是思想政治教育过程的构成条件，是思想政治教育活动开展的前提，由三个构成条件交互作用产生的教育目的、教育任务、教育内容、教育途径、教育方式以及教育效果是思想政治教育活动的要素，可称之为思想政治教育过程的构成成分。思想政治教育过程的构成条件的相互作用形成了思想政治教育过程的构成成分”②。而在思想政治教育过程的构成成分中，教育目的决定了教育内容的确定与编制，教育内容制约着教育方法的选择与应用，与此同时，教育方法影响着教育内容的传递效果，教育方法的变化也会影响教育内容的创新发展③，教育效果实际状态会促进教育者、受教育者的成长变化，从而在实践活动中促进社会思想政治品德要求的进一步发展，由此在思想政治教育过程的条件与成分之间形成了一个由相互依存与制约的要素或环节构成的教育链。从运行程序来看，思想政治教育过程由思想政治教育活动的准备、开展、强化三个阶段有序连接而成：准备阶段表现为教育者和受教育者建立关系、受教育者进行心理准备的过程；开展阶段表现为教育者向受教育者传导思想政治观念，提高受教育者的认识，引导受教育者实现从品德认识到行为转化、形成行为习惯的过程；强化阶段表现为教育者与受教育者对教育活动进行的阶段性或总结性评价，这是一个促进教育活动更好地展开，巩固受教育者在教育过程中的思想、行为转变效果的过程。④ 思想政治教育过程的运行程序构成的教育链，实际上是对教育者在尊重教育活动规律和受教育者思想政治素质形成发展规律的基础上如何促进受教育者对符合社会要求的思想政治品德规范进行内化、外化与强化的过程的一种反

① 张耀灿，等. 思想政治教育学前沿[M]. 北京：人民出版社，2006：241.

② 邱柏生，董雅华. 思想政治教育学新论[M]. 上海：复旦大学出版社，2012：129.

③ 邱柏生，董雅华. 思想政治教育学新论[M]. 上海：复旦大学出版社，2012：131.

④ 张耀灿，郑永廷，吴潜涛，等. 现代思想政治教育学[M]. 北京：人民出版社，2006：348-353.

映形式。从运作空间或领域来看，思想政治教育过程贯穿于不同空间或领域的思想政治教育活动之中，它们彼此之间具有一定的效能传导效应，能相互制约与合作，构成了网状的教育链，如，现实空间的思想政治教育与虚拟空间的思想政治教育的相互协作与制约，学校思想政治教育、企事业单位思想政治教育、社区思想政治教育等多领域的思想政治教育之间的横向衔接。从具体形式来看，思想政治教育过程可以分为理论教育与实践教育，理论教育侧重于思想理论素质的培养，而实践教育则重在实践养成作用的发挥，这二者及其中间环节的关联协同、有序衔接也是教育链在思想政治教育过程中的重要表现形态。为了保证研究的条理性，我们需要以某一角度为切入点对思想政治教育过程中形成的教育链进行梳理与归类。实际上，不同视角下的思想政治教育过程中的环环相扣、节节相连的环节构成的教育链都是对思想政治教育过程的具体反映，它们存在彼此交织与互容的紧密关系。如，以教育阶段的前后承续关系为依托的纵向联动教育链，在每一阶段亦包含以教育活动的中间环节的衔接关系为依托的教育链，与此同时，无论是由不同教育阶段的纵向联动构成的教育链还是由每一阶段的教育活动的中间环节的有序衔接、平稳过渡构成的教育链，其都与由思想政治教育过程的构成条件与过程成分的有序连接关系构成的教育链密切相连，蕴藏了思想政治教育过程运行程序视角下的教育链，归属于某种或某几种运作空间或领域中的思想政治教育链。

在以思想政治教育过程为切入点探讨教育链的概念的过程中，我们可以发现，不仅可以从整体上剖析思想政治教育过程的中间环节之间的连接关系，也可以分析某一阶段的思想政治教育过程的中间环节之间的连接关系，还可以研究某一运作空间中的思想政治教育活动的中间环节之间的连接关系。由此，从思想政治教育学科视角出发，本文认为，教育过程中各环节之间依据特定的联系所形成的链式连接关系是教育链的实质，这种链式连接关系所承载的教育链的各中间环节之间的联系形式大致可以分为两种：一是纵向的承接与延续关系，二是横向的协作与制约关系。①

（三）大学生中国特色社会主义理论体系教育链的概念

在以思想政治教育学科视角探讨教育链的概念的基础上，本文认为大学生中国特色社会主义理论体系教育链是指在大学生中国特色社会主义理论体系教育过程中，依据大学生知、情、意、行的思想政治素质形成发展过程规律，中国经济社会发展对大学生中国特色社会主义理论体系教育的现实要求，逻辑与历史相统一的中国特色社会主义理论体系的生成根据、内在本质、基本特征、思想精髓、逻辑结构等基本内容，大学生中国特色社会主义理论体系教育过程中教与学的内在关系，大学生身心发展规律，形成的由相互制约与依存的环环相扣、节节相连的环节及其相互作用构成的历史性的中国特色社会主义信仰教育系统。在这一历史性的中国特色社会主义信仰教育系统中，教育者以马克思主义的本质立场、核心观点、根本方法为指导，通过大学生中国特色社会主义理论体系教育活动的中间环节的有序衔接、合力生效，促进大学生对中国特色社会主义理论体系的科学认知、价值认同、信仰坚定与实际践行，力求实现中国特色社会主义理论体

① 邱柏生，董雅华. 思想政治教育学新论[M]. 上海：复旦大学出版社，2012：200.

系的教材体系向大学生的认知体系和信仰体系的有效转化。

1. 历史性的中国特色社会主义信仰教育系统

所谓系统，是指为实现共同目标而各司其职、各得其所、有序关联的多个要素构成的一个整体，是存在于一定的相互依存与制约关系之中并与外部事物相互作用的各组成要素的集合。[①] 系统具有多元性、相关性、一体性、整体性。[②] 多元性是指系统由多个要素构成；相关性是指系统的各个要素之间具有关联性或连接性；一体性是指多个要素的相互关联构成了一个统一体，当与外界相互作用时，是"一"而非"多"占主导性；[③] 整体性是指多个要素因实现最优实效的一个共同目标而相互关联。大学生中国特色社会主义理论体系教育链，作为一个由多个相互依存与制约的环节构成的统一体，呈现了系统所具有的特征，具备了有序秩序、稳定结构与整体效能，可称之为系统。而说这一系统具有历史性，是指其始终处于一个稳定与发展的辩证过程，随着历史条件的变化，作为教育内容的探索解答中国实际问题的理论的创新发展、社会实践的现实需要的变化、教育者与受教育者能力与诉求的变化、教育方式与手段的不断现代化等变化与发展的出现，大学生中国特色社会主义理论体系教育链，必然要进行历史性的调整与更新，贯穿具有时代精神的历史性内容与特征。如，在新媒体时代，大学生中国特色社会主义理论体系教育链中的日常思想政治教育链就要充分利用微信、微博等虚拟实践空间进行网络平台的中国特色社会主义理论体系教育实践活动，较之以报纸、期刊等纸质媒介为主的传统媒体时代，这一教育链便发生了新的历史性变化。说其是中国特色社会主义信仰教育系统，则是就这一教育链所包含的教育内容与所具备的根本功能而言的。中国特色社会主义理论体系是这一教育链的教育内容，其作为解决中国问题、反映中国实际的中国化马克思主义理论，既具有科学性理论品格，也具有其理想性品格，是一种科学的信仰对象。围绕这一教育内容所形成的大学生中国特色社会主义理论体系教育链，不仅仅是一种中国特色社会主义理论教育系统。从归宿意义上来说，它还是一种中国特色社会主义信仰教育系统。这一教育链的根本功能在于通过有序衔接、合力生效的大学生中国特色社会主义理论体系教育活动的中间环节，大学生建构对这一理论体系的相信与信奉状态，增强理论自信，树立理论信仰。因此，就这一教育链的根本功能而言，这一教育链属于一种呈现链式连接关系的中国特色社会主义信仰教育系统。

2. 以中国特色社会主义理论体系为教育内容

逻辑与历史相统一的中国特色社会主义理论体系是这一教育链的教育内容，教育内容的特殊性决定了这一教育链的独特性。中国特色社会主义理论体系既具有理论品格也具有理想品格，既是一种科学理论，也是一种兼具命题形态与物象形态的科学的信仰对象。命题形态是从认识论意义上对中国特色社会主义理论体系的解读，它是指这一理论体系作为一种反映马克思主义的世界观的知识体系或理论体系而存在的样态。而物象形态是指从价值内容的角度出发，这一理论体系作为一种理想目标性质的对象性存在物而存在的样态。这一理论体系作为一种科学的信仰对象，其物象形态存在的根据和自身性

① 蒋笃运. 德育系统论[M]. 郑州：郑州大学出版社，2007：3-4.

② 苗东升. 系统科学大学讲稿[M]. 北京：中国人民大学出版社，2007：14-15.

③ 苗东升. 系统科学大学讲稿[M]. 北京：中国人民大学出版社，2007：15-16.

质是由这一理论体系的命题形态来表述的，同时，其物象形态也是其命题形态的外在表现或对象性体现。① 这决定了大学生中国特色社会主义理论体系教育链的教育内容分为两个方面：一是中国特色社会主义理论体系的基本理论知识体系，二是共产主义信仰、中国特色社会主义信仰。第一方面的主要内容包括这一理论体系的形成发展及其历史根据与规律、这一理论体系在整个科学社会主义理论及其创新发展进程中的地位，这一理论体系的世界观与方法论，这一理论体系的内在本质与基本内容，这一理论体系集中反映的中国共产党对“三大规律”的深刻认识，这一理论体系与个人、社会发展的关系，这一理论体系所包含的价值取向等。中国特色社会主义理论体系形成发展于社会主义建设与改革的历史进程之中，以马克思列宁主义、毛泽东思想为思想基础，“凝结了几代中国共产党人带领人民不懈探索实践的智慧和心血，是马克思主义中国化的最新成果，是党最可贵的政治和精神财富，是全国各族人民团结奋斗的共同思想基础”②。这一理论体系是科学社会主义的理论逻辑与中国社会发展历史逻辑的辩证统一，其“连续成长”以马克思主义基本原理与中国具体实际相结合为主要方法，始终围绕探索解答社会主义建设与改革实践中的基本问题，充分体现了马克思主义关于理论形成发展的基本原则：理论形成发展的历史继承性与现实实践性。③ 这一理论体系以辩证唯物主义与历史唯物主义为哲学基础，实事求是贯穿于这一理论体系各个基本观点之中，夯实了“具有中国共产党人特色的马克思主义立场、观点和方法”④。中国特色社会主义理论逻辑是道路、理论、制度三者相统一的逻辑，是以社会主义建设与改革实践进程为具体依托的逻辑。在改革开放40多年的历史进程中，中国共产党坚持和发展了马克思列宁主义、毛泽东思想，在循序渐进地创造性探索和解答社会主义建设与改革的不同历史阶段所面临的基本问题的过程中，形成了邓小平理论、“三个代表”重要思想、科学发展观、习近平新时代中国特色社会主义思想等既相对独立又一脉相承、与时俱进的理论成果，形成了一系列反映中国特色社会主义的根本性质、价值追求、现实条件与发展规律的基本原理、具体观点和方法。中国共产党对党的执政规律、社会主义建设规律、人类社会发展规律认识的深化和发展是这一理论体系科学性的集中反映，是坚持“四个自信”的重要基础。⑤ “坚持以马克思主义为指导，核心要解决好为什么人的问题”⑥，中国特色社会主义理论体系的形成发展与实际运用始终与人民这一价值主体的利益诉求及其现实条件的动态性变化互为表里，坚持了以人民为中心的出发点，充分体现了理论为人民所用的合目的性，其与中国特色社会主义道路、制度有机统一于中国特色社会主义实践进程之中，体现了为社会主义建设服务的合规律性，阐释并引领了当代中国社会深刻变革和现实创新需求，集中反映了当代中国面临的具体问题，体现了理论为改造世界所用的合

① 刘建军. 马克思主义信仰论[M]. 北京：中国人民大学出版社，1998：81-82.

② 中国共产党第十七次全国代表大会文件汇编[M]. 北京：人民出版社，2007：11.

③ 张华. 论中国特色社会主义理论体系的逻辑结构[J]. 扬州大学学报：人文社会科学版，2011(6)：11.

④ 本书编写组. 毛泽东思想和中国特色社会主义理论体系概论[M]. 北京：高等教育出版社，2015：35.

⑤ 袁秉达. 中国特色社会主义理论体系科学性的时代特征[J]. 科学社会主义，2016(4)：23-24.

⑥ 习近平在哲学社会科学工作座谈会上的讲话[EB/OL]. (2016-05-18). http：//news. xinhuanet. com/ttgg/2016-05/18/c_ 1118891128_ 3. htm.

价值性，承载了为人类不断做出新的贡献的历史使命，体现了面向世界、关怀人类的理论品质，① 是“马克思主义的价值立场、社会主义价值追求与全人类价值取向的高度统一”②。第二方面的主要内容包括共产主义信仰、中国特色社会主义共同理想等。共产主义远大理想、中国特色社会主义共同理想及其阶段性目标是中国特色社会主义理论体系的物象形态表现，对大学生进行科学的理想信念教育，使大学生在对命题形态的中国特色社会主义理论体系的相关知识的深刻认识、理性认同的基础上建构马克思主义理论思维，科学探寻共产主义远大理想、中国特色社会主义共同理想的历史根据、历史必然性以及二者之间的内在联系，坚定对中国共产党领导的信心、坚定“四个自信”、坚定实现中华民族伟大复兴的中国梦的信心是大学生中国特色社会主义理论体系教育过程的重要内容。这一理论体系的命题形态和物象形态所指向的两个层面的教育内容是相互关联的，前者是后者的理论基础与科学呈现，后者渗透于前者并外化于前者，是前者的现实归宿，共同形成了大学生中国特色社会主义理论体系教育链的整体性的教育内容。大学生中国特色社会主义理论体系教育链的流程链中的环环相扣的环节及其连接关系的设计、运行、控制与调整，要根据其教育内容的命题形态与物象形态的属性进行。如，针对中国特色社会主义理论体系的形成与发展根据，我们需要在将其细分为中国近代以来的历史背景与实践基础、每一历史阶段的社会性质、主要矛盾与现实问题、由社会主要矛盾所推动的从新民主主义革命阶段到改革开放时期的实践活动的历史轨迹等相互衔接的几个部分的基础上，依据大学生知、情、意、行的思想政治素质发展过程规律，在思想政治理论课中设计理论讲解、讨辩激思、实地考察等相互连接的流程链，促进其对这一内容进行科学确证、对中国特色社会主义理论体系与社会主义制度产生积极的情感态度。当然，这只是用具体性的内容进行的举例性阐释，对于依据中国特色社会主义理论体系这一独特性教育内容而形成的大学生中国特色社会主义理论体系教育链的整体性结构将在下文中进行完整性的具体诠释。

3. 环环相扣、节节相连的链式关系

大学生中国特色社会主义理论体系教育链的各个环节间环环相扣、节节相连的依存与制约的连接关系，是其区别于其他历史性的中国特色社会主义信仰教育系统的一个实质性标识。这一教育链由其目标链、流程链构成，流程链是实现目标链的重要通道。目标链由认知、认同、坚信、践行几个环节有序衔接而成。流程链由思想政治理论课教学链、日常思想政治教育链两个“主环”构成。以通过教学活动及其相互衔接的中间环节的有序配合、关联协同对大学生进行系统性的理论教育为侧重点的思想政治理论课教学链，着重于大学生的中国特色社会主义理论素养的学理性培养，而以高校教育—管理—服务中的实践教育环节为主要教育途径的日常思想政治教育链侧重于对大学生进行共产主义信仰、中国特色社会主义共同理想信念等的实践养成教育，二者之间是理论教育与实践教育的统一、互渗关系，通过有效衔接而产生的深度协调、交流与合作，促进大学生中国特色社会主义理论体系教育链的目标链是在一个整体最优的状态。当然，这并不

① 李冉. 如何认识中国特色社会主义理论体系的科学性[J]. 毛泽东邓小平理论研究，2016(8)：58-59.

② 袁秉达. 中国特色社会主义理论体系科学性的时代特征[J]. 科学社会主义，2016(4)：23.

是说前者没有实践教育，在其实践教学的过程中，也存在着对大学生进行中国特色社会主义共同理想、共产主义信仰等的实践体验教育。大学生中国特色社会主义理论体系教育链的流程链的这两个“主环”，又是由多个环环相扣、节节相连的环节构成的链。简而言之，不同层次、不同种类的链式关系的存在是大学生中国特色社会主义理论体系教育链的实质性特征。

4. 链式传动过程

传动过程是指大学生中国特色社会主义理论体系教育链要保持其整体最优状态，必然表现为各个中间环节相互连接的作用点与传动力结构衔接点啮合的链传动形式。大学生中国特色社会主义理论体系教育链的动力由外在宏观动力与内在微观动力[①]组成。外在宏观动力为中国特色社会主义的经济、政治、文化、社会、生态等实践发展要求与这一教育链的矛盾，其从外部推动着这一教育链的形成、发展与运行。内在微观动力为教育者提出的教育目标与大学生中国特色社会主义理论素养现状之间的矛盾，是这一教育链形成、发展与运行的内在动力，其要素包括教育者提出的教育目标，教育者的需求与能力，大学生的需求与能力，大学生对中国特色社会主义理论体系的认识、认同、坚信、践行等思想政治品质的现实状况等。这一微观动力随着教育链的运行过程对大学生的中国特色社会主义理论素养的不断提升，大学生对这一教育链的教育目标的认识、认同、内化与外化的不断推进，教育者提出的教育目标逐渐成为大学生发自内心的需求后，便转化为大学生自身对于认识、认同、坚信、践行中国特色社会主义理论体系的诉求与其现实的思想政治品质状况之间的矛盾。这一微观动力的内在转化，为大学生中国特色社会主义理论体系教育链的发展、运行提供了发挥受教育者的积极性、主动性的持久性动力，进一步保证了这一教育链的整体最优状态。从动力结构的分析中，我们可以发现，大学生中国特色社会主义理论体系教育链的形成、发展与运行除了要始终关注社会发展的诉求，还要充分调动作为受教育者的大学生对认知、认同、坚信、践行中国特色社会主义理论体系的内在需求。这一教育链的各个中间环节相互连接的作用点与动力结构衔接点啮合的链传动过程，是在实质意义上推动大学生中国特色社会主义理论素养的巩固与提高的知、情、意、行的思想矛盾运动的动态过程。

---

① 范树成. 德育过程论[D]. 长春：东北师范大学，2004.

第二章　大学生中国特色社会主义理论体系教育链的思想资源

自阶级诞生以来，古今中外的思想领域关于主流意识形态教育的理论成果颇丰，部分相关论述中包含了主流意识形态教育链的思想意蕴。对其进行科学的整理、分析、鉴别、综合，可为大学生中国特色社会主义理论体系教育链研究提供弥足珍贵的思想史资源。

一、马克思主义经典作家与中国共产党人对主流意识形态教育链的思想贡献

马克思主义经典作家与中国共产党人并没有对马克思主义主流意识形态教育链进行过直接性的理论叙述。但他们关于马克思主义主流意识形态教育的目的、内容、方法的理论描述，呈现出了教育链的基本轮廓。

（一）马克思主义主流意识形态教育目的链思想

马克思主义主流意识形态教育目的链是一个围绕社会现实问题与无产阶级、人民群众历史使命的变化发展而不断延伸的链条。其主要由马克思恩格斯理论思维下的主流意识形态教育目的链、列宁理论思维下的主流意识形态教育目的链、中国共产党人理论思维下的主流意识形态教育目的链构成。

无产阶级阶级意识自觉性的提高、促进无产阶级马克思主义信仰的树立、人的自由全面发展的实现的有序关联、有序衔接，是马克思恩格斯理论思维下的主流意识形态教育目的链的具体性呈现。无产阶级阶级意识自觉的形成与提升是马克思恩格斯理论思维下的主流意识形态教育目的链的第一个主环。马克思恩格斯从无产阶级的历史使命出发，认为：促进无产阶级的整体的阶级意识自觉，使其从自在阶级转化为自为阶级，认清资本主义社会凸显的资本与劳动关系的内在矛盾及其演变态势，以历史辩证的眼光，分析资本主义制度与社会所倡导的自由、人权、博爱等观念意识与无产阶级自身所处的现实实际的差异，团结一致地与资本主义私有制及其虚假的思想观念实行彻底的决裂与斗争，打破资产阶级意识形态的蒙蔽与束缚，实现思想解放，是无产阶级革命实践取得胜利的关键。虽然无产阶级的阶级意识自觉性的形成与提升离不开发展着的资本主义生产力这一支柱性条件，但对无产阶级加强马克思主义理论教育，是无产阶级阶级意识的自觉性形成与提升不可缺失的重要条件。马克思指出：“共产党一分钟也不忽略教育工

人尽可能明确地意识到资产阶级和无产阶级的敌对的对立。”[①]马克思恩格斯理论思维下的主流意识形态教育目的链的第二个主环是帮助无产阶级树立马克思主义信仰。马克思恩格斯认为，要通过促进无产阶级对马克思主义理论知识及其理性逻辑的科学性还原、对马克思主义理论所聚焦的无产阶级的生存与发展等价值实现问题的情感性接受与认同、对马克思主义理论的实际运用来帮助无产阶级树立马克思主义信仰。科学的深入性认识与理解是无产阶级的马克思主义信仰区别于宗教信仰的重要基础，情感上的认同与接受是无产阶级坚持实践这一科学信仰的精神动力。无产阶级对马克思主义的深刻理解、价值认同的最终归宿在其实践性的行为表现上。马克思恩格斯理论思维下的主流意识形态教育目的链的第三个主环为人的自由全面发展的实现。马克思恩格斯强调，在无产阶级中进行马克思主义理论教育，可以促进无产阶级认同本阶级的阶级意识、价值追求、目标信念，从而在无产阶级运动中凝聚人心，为无产阶级的解放与人的自由而全面发展做全面铺垫、打下坚实基础。

增强工人运动自觉性、培育共产主义新人、保证革命与建设顺利等环节的相互关联、有序过渡，是列宁理论思维下的主流意识形态教育目的链的具体呈现。增强工人运动自觉性是列宁理论思维下的主流意识形态教育目的链的第一个主环。列宁结合世界无产阶级运动的历史，在对社会主义理论在无产阶级群众中传播的问题进行阐述时指出，这是“马克思主义理论由深奥到通俗、由少数人理解到多数人理解的理论普及过程，而且也是指马克思主义理论由少数人运用到多数人运用的实践开展过程”[②]，而且这个过程并非自发性的。列宁在论述社会主义理论传播的一般性规律与对“自发论”进行批判的基础上，强调了“灌输论”的实际应用对于增强工人运动自觉的必要性。列宁认为，仅仅依靠无产阶级先锋队是不可能取得革命的胜利的，社会民主党人应“到居民的一切阶级中去进行自己的宣传和鼓动”[③]，强调把社会主义意识形态灌输给工人阶级，以使“工人阶级超越因为社会分工和生活条件造成的视野与认识的局限性，将单个人的工人与工厂主的经济斗争的个体意识、工联主义意识上升为阶级斗争、政治斗争的群体性意识”[④]，而且这项马克思主义理论教育工作不论是在政治停滞时期还是在革命如火如荼的时期，都要始终进行。培育共产主义新人是列宁理论思维下的主流意识形态教育目的链中的第二个主环。列宁认为，要想在俄国建成社会主义，不能仅仅依靠老一代人，必须培养接受现代教育且具有高度阶级觉悟的共产主义的建设者和接班人。他指出，“青年团和所有想走共产主义的青年都应该学习共产主义”[⑤]。保证革命与建设顺利是列宁理论思维下的主流意识形态教育目的链中的第三个主环。列宁认为，十月革命胜利以后，资产阶级不仅会采取暴力进行反抗，还会采取具有隐蔽性的思想斗争方式威胁无产

① 马克思，恩格斯．马克思恩格斯选集：第1卷[M]．北京：人民出版社，1995：306.

② 孙来斌．马克思主义“灌输论”的当代视界：“列宁的灌输理论及其当代价值研究”课题成果介绍[J]．思想政治教育研究，2015(6)：136-137.

③ 列宁．列宁全集：第6卷[M]．北京：人民出版社，1986：83.

④ 孙来斌．马克思主义“灌输论”的当代视界：“列宁的灌输理论及其当代价值研究”课题成果介绍[J]，思想政治教育研究，2015(6)：136.

⑤ 列宁．列宁全集：第39卷[M]．北京：人民出版社，1986：294.

阶级政权，因此，为保证革命的最终胜利，需要培养广大群众的对资产阶级意识形态进行思想反抗的自觉性意识。同时，列宁指出，必须使广大群众掌握社会主义的科学理论，并用这一科学理论指导俄国的社会主义建设实践。除此之外，列宁认为，马克思主义理论教育在俄国具体的社会主义建设中，还承担着对小资产阶级的利己主义意识进行积极的改造、引导人民群众科学建构新思想的任务。

实现独立解放、推动经济建设、凝聚精神动力、加强党的建设、巩固群众基础等环节的相互关联、相互衔接是中国共产党人理论思维下的主流意识形态教育目的链的具体呈现。毛泽东认为，中国革命与建设具体实践所面对的现实问题始终是我们如何进行马克思主义理论教育的中心依据。须指出的是，虽然各个不同历史阶段的马克思主义理论教育的任务有所区别，但它们的基本方向具有一致性，相互之间具有关联性、衔接性、过渡性。马克思主义主流意识形态教育在革命时期围绕政治斗争而进行，为实现民族独立和人民解放而动员群众、凝聚力量，在建设时期，则主要服务于经济建设，毛泽东在社会主义建设阶段指出“政治工作是一切经济工作的生命线”①。邓小平在肯定与继承“马克思主义理论教育是社会主义工作生命线”这一思想观点的基础上，结合中国社会主义建设进程，强调马克思主义主流意识形态教育是中国共产党的“真正优势”，明确了其在社会主义建设中提供方向保证与精神动力、促进社会风尚健康向上的作用。邓小平指出：“教育人民坚持四项基本原则，这就为我们事业的健康发展从根本上提供了保证。”②江泽民在对社会主义建设与改革进程进行整体性考察的基础上，认为马克思主义主流意识形态教育在党的建设的加强、国家和谐稳定的维护、社会主义建设的方向保证等几个方面具有重要的现实价值。江泽民指出：“马克思主义是我们立党立国的根本指导思想，是全国各族人民团结奋斗的共同理论基础。”③他认为，在面对文化霸权、政治干扰等不断涌现的国际形势与新矛盾、新问题不断出现的国内情势下，马克思主义主流意识形态教育为我们党的各项工作提供了科学性、前瞻性的指导，也为成功抵御西方敌对势力的图谋不轨构筑了思想防线。胡锦涛在党情、世情、国情深刻变化的时代条件下，对巩固与强化马克思主义的主流意识形态的指导地位、推进中国特色社会主义理论体系教育活动的有效统筹开展、推动中国社会持续发展的思想建设事业做了重要的指示。党的十八大以来，在对中国社会主义建设正反两方面经验进行历史性总结的基础上，面对中国社会意识形态领域复杂的新形势，在新的历史条件下，习近平从社会主义意识形态理论发展的角度出发，以“围绕中心、服务大局”为基本指向，以坚持维护人民利益为重心，对马克思主义理论教育在推动经济工作、维护党的执政基础与群众基础、实现“两个巩固”、引导舆论生态等方面的极其重要的战略性的现实意义做了说明。习近平认为从经济基础与上层建筑的关系可以看出，“既不能因中心工作而忽视意识形态工作，也不能使意识形态工作游离于中心工作”④。他认为物质生活条件的不断提升，是党的群众基础与执政基础得以巩固与加强的基础性条件，但除了物质保障，精神文化

① 毛泽东．毛泽东选集：第1卷[M]．北京：人民出版社，1991：97.
② 邓小平．邓小平文选：第3卷[M]．北京：人民出版社，1993：146-147.
③ 江泽民．江泽民文选：第3卷[M]．北京：人民出版社，2006：282.
④ 习近平．胸怀大局 把握大势 着眼大事 努力把宣传思想工作做得更好[N]．人民日报，2013-08-21(01).

生活水平的不断提高、精神力量的增强，仍然是稳固党的群众基础与执政基石的一个支柱性条件，他强调："党的群众基础和执政基础包含物质和精神两方面。精神上丧失群众基础，最后也要出问题。"①习近平对于实现"两个巩固"、增强中国特色社会主义的"四个自信"的重要性做了精辟阐述，他强调："要深入开展中国特色社会主义宣传教育，把全国各族人民团结和凝聚在中国特色社会主义伟大旗帜之下。"②由于社会转型时期的利益分化，加上新媒体等网络媒介对人们生产生活方式的影响，我国的舆论生态呈现复杂化态势，习近平指出，当前马克思主义主流意识形态教育工作的重中之重就是抓好网上舆论工作，推动舆论生态发展保持积极态势。

（二）马克思主义主流意识形态教育内容链思想

马克思主义经典作家与中国共产党人理论思维下的马克思主义主流意识形态教育内容链是历史与逻辑的统一，其形成发展相伴相随于无产阶级运动、社会主义革命与建设的光辉历程。

反映无产阶级革命阶级意识的思想理论是马克思恩格斯时期的马克思主义主流意识形态教育的重点内容，这一内容的多个相互连接的单元构成了这一时期的马克思主义主流意识形态教育的内容链。马克思恩格斯认为无产阶级要想取得革命的胜利，必须具有阶级自觉意识，而这种阶级自觉意识，就是"对促进无产阶级认清资本主义社会的根本性矛盾、透视资本主义意识形态的虚假性与明确无产阶级自身的历史使命的共产主义思想的理论自觉"③。这一共产主义思想理论以共产主义理想信念为核心命题，以实现无产阶级解放与人的自由全面发展为主要价值追求，以科学地认识世界、改造世界的世界观与方法论为基本内容，具有理论的彻底性与说服力。马克思恩格斯明确点明了在工人阶级中进行这一共产主义学说的教育与宣传的显著意义。马克思指出："工人们所具备的一个成功因素就是人数众多，但是只有当群众组织起来并为知识所指导时，人数众多才能起决定胜负作用。"④恩格斯在分析共产主义在德国有着良好发展势头的原因时谈道："现在我们已经有几十个有才干的作家向成千个渴望知道有关这方面的一切的人宣传新的学说。"⑤除了共产主义思想学说这一基本的教育内容，"政治素养、业务技能，党内团结与统一、战略与策略灵活性"⑥等方面的内容也是马克思恩格斯所认定的马克思主义主流意识形态教育内容。列宁理论思维下的马克思主义主流意识形态教育内容链是随着俄国革命与建设进程的不断深入而形成的。这一内容链由无产阶级革命意识与阶级意识理论、关于帝国主义的理论、马克思主义经济理论等内容要素有序连接而成。十月革命胜利以前，列宁认为马克思主义主流意识形态教育的重点内容在于无产阶级革命意识理论、科学社会主义理论，而在十月革命胜利以后，列宁基于社会主义建设的需要，认为在这一阶

① 习近平. 胸怀大局 把握大势 着眼大事 努力把宣传思想工作做得更好[N]. 人民日报，2013-08-21(01).
② 习近平. 习近平谈治国理政[M]. 北京：外文出版社，2014：154.
③ 石云霞. 马克思主义理论教育思想发展史：上[M]. 北京：中国社会科学出版社，2012：191.
④ 马克思，恩格斯. 马克思恩格斯选集：第2卷[M]. 北京：人民出版社，1995：606-607.
⑤ 马克思，恩格斯. 马克思恩格斯全集：第1卷[M]. 北京：人民出版社，1956：570.
⑥ 石云霞. 马克思主义理论教育思想发展史：上[M]. 北京：中国社会科学出版社，2012：354-355.

段，马克思主义的经济理论是马克思主义主流意识形态教育的重点内容。

中国共产党人在中国革命、建设与改革的不同历史阶段所创造的一脉相承、与时俱进的中国化马克思主义理论有序过渡、相互关联、紧密衔接，构成了中国共产党人理论思维下的马克思主义主流意识形态教育内容链。其以系统的马克思主义基本理论为基础，以马克思主义哲学为重点，以不断发展着的中国化马克思主义为核心。毛泽东认为，马克思主义主流意识形态教育的重点内容包括两个方面：一是基础文化知识。在当时人民群众受教育水平较低的特殊时代背景之下，毛泽东认为，基础文化知识的掌握是受教育者理解马克思主义理论的基本条件。二是中国化马克思主义理论、中共党史等理论成果。毛泽东指出，对人民群众进行马克思主义理论教育，要在以分析和探索解决中国具体实际问题为价值指向的条件下，引导群众研读马克思主义经典著作，重点学习马克思主义哲学。在改革开放新时期，邓小平认为，马克思主义主流意识形态教育的主要内容包括马列主义、毛泽东思想。同时，邓小平理论也是这一时期马克思主义理论教育的重点内容。江泽民认为，对人民群众除了要进行马克思主义基本理论的教育，还要进行以探索解答群众心之所系的现实问题为核心主题的最新理论成果的教育。同时，他还强调要重点对青年进行爱国主义、集体主义、社会主义的教育。胡锦涛在对党的理论进行创新发展的基础上，提出要对人民群众进行科学发展观、社会主义和谐社会理论、社会主义核心价值体系的教育。习近平认为，马克思主义基本理论是马克思主义主流意识形态的主要教育内容，中国特色社会主义理论体系为这一主要教育内容的核心，对人民群众进行马克思主义基本理论教育，要注重对这一理论的时代内涵进行具体的阐释。同时，习近平指出，要大力加强对人民群众进行中国优秀传统文化教育与社会主义核心价值观教育。

马克思主义理论是一个历史整体，在阶段上、结构上、成因上都表现出了整体性特点。① 马克思主义理论的创立与发展，具有阶段性特征，可以划分为不同的历史时期，如马克思主义基本理论的创立时期、中国化马克思主义理论的创新发展时期。每一具体的历史时期又可以细分为更为具体的历史阶段，如，中国共产党在循序渐进地创造性地探索和解答社会主义建设与改革的不同历史阶段所面临的基本问题的过程中，形成了邓小平理论、“三个代表”重要思想、科学发展观、习近平新时代中国特色社会主义思想等既相对独立又一脉相承、与时俱进的理论成果。马克思主义理论形成发展的“不同历史阶段之间具有衔接性、连贯性、一致性，前一个阶段总是后一个阶段的必要前提，后一个阶段是前一个阶段发展的必然趋势”②。马克思主义理论的理想性与科学性统一的特征，使得其内在结构的三个主要组成部分之间具有紧密的逻辑关联，呈现出不可分离的整体性。科学社会主义是对无产阶级、人民群众的理想与价值追求的历史描述，而马克思主义哲学、政治经济学则是对这一理想与价值追求的必然性的科学确证。马克思主义理论除了是一种科学的世界观，更是一种符合历史条件的可实践的理想追求。马克思主义理论的创立与发展是一个传承与创新的整体性过程，既包括对基本原理的坚守，也

---

① 郝敬之. 整体马克思：修订版[M]. 北京：人民出版社，2012：398.

② 郝敬之. 整体马克思：修订版[M]. 北京：人民出版社，2012：416.

包括对时代内涵与现实条件的具体阐明。从逻辑性与历史性相统一的马克思主义主流意识形态教育内容链可以看出，在大学生中国特色社会主义理论体系教育过程的中间环节，既要对大学生进行最新理论成果的教育，也要帮助大学生系统把握这一理论体系的思想基础，引导大学生从纵向与横向分析这一理论体系各组成部分之间的一致性、连贯性、衔接性，以整体的、历史的观点看待与对待中国特色社会主义理论体系。

（三）马克思主义主流意识形态教育方法链思想

马克思主义经典作家与中国共产党人理论思维下的不同历史阶段的马克思主义主流意识形态教育方法链的具体呈现具有一脉相承的特点。

理论教育法、实践教育法、自我教育法、错误思潮的批判、写作与宣传、榜样与典型作用的发挥等的有效衔接是马克思主义经典作家理论思维下的马克思主义主流意识形态教育方法链的具体呈现。理论教育法是指在理论层面对无产阶级进行马克思主义理论教育的方法。马克思恩格斯认为，运用理论教育法对无产阶级进行马克思主义理论教育时要注重理论与实践的统一，要以分析与解决无产阶级的具体实际问题为核心任务。马克思恩格斯点明，马克思主义理论教育不能空洞，必须聚焦群众实际的生产生活关切，从实践中来，又反过来指导实践。马克思恩格斯认为马克思主义理论来自对无产阶级革命与实践的总结，所以马克思主义理论教育要以涵养实际的现实土壤为基础。他们指出，无产阶级实践活动的理论原理不是思想家纯粹思维的全部写照，而是对“现存的阶级斗争、我们眼前的历史运动的真实关系的一般表述”①。理论教育法植根于现实，是对马克思主义理论随着无产阶级实践的动态变化而不断发展的特质的遵循。教育内容逻辑与历史相统一的特质，要求教育者与受教育者以历史的实践的思维方式，看待与对待马克思主义理论，摆脱理论的教条主义与僵化思想。实践教育法是指无产阶级在生产劳动实践、无产阶级运动等具体实践过程中不断提升自身的马克思主义理论素养的方法。马克思恩格斯认为，马克思主义主流意识形态教育的根本目的在于解决现实问题，无产阶级只有在具体的社会实践中，运用马克思主义理论科学分析现实问题、有效解决现实问题，才能全面与深入地掌握马克思主义理论。马克思恩格斯所提倡的主流意识形态实践教育法，是在他们的科学实践观的基础上形成的。他们认为实践是认识的来源，实践产生了认识的需要，并为人的认识提供了可能，实践是检验认识真理性的唯一标准。马克思恩格斯认为对无产阶级进行马克思主义主流意识形态的教育，除了运用必要的灌输类教育方法以外，还需要无产阶级在革命实践中进行自我教育。只有这样，无产阶级才能真正掌握科学的理论知识、培养具有理性逻辑的科学信仰。马克思恩格斯认为工人阶级主动性的发挥对于其自身思想解放的实现十分关键，他们在书信中写道：“在创立国际时，我们明确地制定了一个战斗口号：工人阶级的解放应当是工人阶级自己的事情。”②同时，须指出的是，马克思恩格斯教育与自我教育相结合的原则性论断，还包含对教育者本身的要求，即教育者要想成为一个好的马克思主义理论教育者，还需要不断

① 马克思，恩格斯. 马克思恩格斯选集：第1卷[M]. 北京：人民出版社，1995：285.

② 马克思，恩格斯. 马克思恩格斯选集：第3卷[M]. 北京：人民出版社，1995：685.

进行自我提高。马克思恩格斯为持续有效实施马克思主义理论教育活动，创作了一大批经典著作。为了在工人阶级中更为广泛地传播马克思主义理论，马克思恩格斯始终积极争取著作的出版与发表，并采取通俗易懂的阐述，使工人阶级更易理解与接受，如，恩格斯为宣传《资本论》，撰写了许多书评，并以通俗的语言阐述了马克思的经济理论观点。① 马克思恩格斯在用马克思主义理论教育工人群众的过程中，十分注重以唯物史观的立场、观点、方法对工人阶级政党、工人阶级中的各种错误思潮进行批判与辩驳，以此减少或阻挡错误思潮的腐蚀与纷扰，提高工人群众对马克思主义理论的科学认识水平，促进无产阶级先进理论的深入发展，以为无产阶级的革命实践提供全面有效的指导，实现"在批判旧世界中发现新世界"②的目的。这种批判不仅包括理论批判，也蕴含着对资本主义制度与意识形态的政治性剖析与批判。马克思恩格斯在对工人阶级进行马克思主义理论教育过程中，不仅身体力行、以身示范，还培养了一批作为无产阶级学习榜样的无产阶级优秀理论家与实践者，如李卜克内西、拉法格等。除了对优秀无产阶级理论家与实践者进行培养，树立榜样典范，发挥其激励与示范作用，马克思恩格斯还十分重视对工人运动反面典型的总结与分析，如，马克思在谈到德国工人运动时指出，"必须承认，德国进行社会革命的能力是典型的，可是它对于政治革命的无能也是典型的"③。列宁的马克思主义主流意识形态教育的根本方法在于理论联系实际。针对理论联系实际的基本方法，他提出了坚持马克思主义理论的整体性、坚持马克思主义理论教育与现实生活相契合等具体性方法。这几个方法相互关联、有效衔接，形成了列宁理论思维下的马克思主义主流意识形态教育方法链。列宁认为，教育者与受教育者要用科学的整体性态度对待马克思主义，系统把握马克思主义的世界观、方法论。他强调，马克思主义的整体性还体现在其与历史逻辑的统一上，马克思主义理论是在人类历史进程中批判性地吸收以往全部文明的基础上发展起来的，教育者要把马克思主义看成是一个动态与静态相结合的整体，把马克思主义随历史发展而不断创新发展的开放性贯穿于教育过程中。他认为，马克思主义不是"一种故步自封、僵化不变的学说"④，马克思主义理论教育要以现实的历史结构为条件，教育者要根据教育对象的实际情况确定相应的教育方法，善于运用生活中的实际事例进行理论的阐述与本质的剖析，全面而不是片面地分析现实问题。⑤

中国共产党人的理论思维所呈现的马克思主义主流意识形态教育方法链由密切联系群众的方法、创新性方法等要素连接而成。其中，密切联系群众的方法由实际情况的调查、契合中国实际的通俗化方法、层次性方法组成。创新性方法由创新性内容、方式、话语、机制等环环相扣的要素组成。毛泽东认为马克思主义主流意识形态教育必须坚持理论联系实际、紧密联系群众、在实践中应用与发展理论的方法。毛泽东在中国革命与建设具体实践中，结合战争形势、农村实际情况调查、党的理论创造等多方面的情况，

① 高凤敏. 马克思恩格斯道德教育思想研究[D]. 济南：山东师范大学，2012.
② 马克思，恩格斯. 马克思恩格斯选集：第2卷[M]. 北京：人民出版社，1995：112.
③ 马克思，恩格斯. 马克思恩格斯全集：第1卷[M]. 北京：人民出版社，1995：484.
④ 列宁. 列宁全集：第23卷[M]. 北京：人民出版社，1990：41.
⑤ 吴远，曹芸. 列宁的马克思主义理论教育思想及其现实意义[J]，江海学刊，2010(3)：218.

多次明确提出与阐明“理论联系实际”这一马克思主义主流意识形态教育的根本方法。在坚持“理论联系实际”这一根本方法的基础上，毛泽东在批判教条主义、本本主义的过程中，强调了坚持实际调查在马克思主义主流意识形态教育中的重要性，并指出马克思主义理论教育要与群众保持紧密联系，运用群众的实际生活经验开展教育活动，关心群众的生活实际问题。毛泽东的马克思主义主流意识形态教育的具体性方法主要包括：整风学习、批评与自我批评、启发教育法、渗透式方法、从挫折中总结经验的方法、契合中国实际的通俗化方法、马克思主义理论的研习等。整风学习是中国共产党多次进行的、富有成效的马克思主义主流意识形态教育活动，一般包括学习、讨论、检查、总结等几个流程。毛泽东谈道，整风是“一个普遍的马克思主义的教育运动”①。毛泽东认为批评与自我批评是党塑造优良作风、人民进行自我教育的重要途径。毛泽东反对强制性的注入式教育法，提倡启发教育法，他主张要在党与人民的马克思主义主流意识形态教育中应用讨论、说理、民主等方法。毛泽东指出，在对人民群众进行马克思主义理论教育的过程中，教育者应充分尊重受教育者，采取渗透式的、隐性的教育方式，摒弃生硬的教育方式。毛泽东还指出，经验的总结，对于中国革命与建设取得成功具有重要作用，不仅要总结正面经验，还要善于从失败中吸取经验教训。他认为，用马克思主义的观点对实践经验进行重点性的总结与分析，对于党和人民具有重要的教育意义。他主张把马克思主义的观点、方法与中国人民的生活实际相结合，采用符合中国国情的通俗化语言，进行马克思主义理论教育。邓小平结合新的时代条件与社会主义具体实践，提出了物质利益与精神鼓励相结合、灌输与自我灌输相结合等相互关联、有序衔接的马克思主义主流意识形态教育方法。邓小平认为，马克思主义理论教育不能只讲精神鼓励，还需要解决群众的实际问题，关注群众的物质利益，坚持精神鼓励为主、物质利益为辅的原则。他指出：“群众从事实上感觉到党和社会主义好，这样，理想纪律教育，共产主义思想教育和爱国主义教育，才会有效。”②邓小平指明，要坚持把马克思主义理论灌输给人民群众，以培养人民群众的社会主义意识，但同时，人民群众也要自觉对这一主流意识形态进行自我教育与消化。他认为，受教育者的知识、思想水平与个人能力等的差异决定了教育者要分层次地进行马克思主义主流意识形态教育。邓小平在基础性方法之下，提出了以理服人、榜样示范、言传身教、写作与宣传等马克思主义主流意识形态教育的具体方法。江泽民指出，马克思主义主流意识形态教育，要坚持创新性方法，把马克思主义教育同人民群众的思想特点、现实要求、实践实际相结合，“在继承和发扬优良传统的基础上，在内容、形式、方法、手段、机制等方面努力进行创新和改进，特别要在增强时代感，加强针对性、实效性、主动性上下功夫”③。胡锦涛在马克思主义理论研究与工程建设的推进、马克思主义理论学习与创新的加强、“两个课堂相统一”等方面阐述了他的马克思主义主流意识形态教育原则与方法的思想。他指出，要加强党员干部对马克思主义理论的学习，并引导他们对中国特色社会主义实践经验进行总结、凝练，促进创新性理论的形成。他强调要推进马克思主义理论研究与工程建设，加强学科

---

① 毛泽东. 毛泽东文集：第7卷[M]. 北京：人民出版社，1999：275.

② 邓小平. 邓小平文选：第3卷[M]. 北京：人民出版社，1993：144-145.

③ 江泽民. 江泽民文选：第3卷[M]. 北京：人民出版社，2006：86.

体系、教材体系建设，积极实现中国特色社会主义理论体系在高校的“三进”工作。在此基础上，他强调，大学生的马克思主义理论教育，要讲究理论课堂与社会实践课堂的结合。习近平在以问题意识为导向推进理论创新发展、以着眼未来为指向培养优秀人才、以传播中国声音推进话语体系的创新、以实际情势为依据把握好“时、度、效”等几个方面，阐述了他所主张的马克思主义主流意识形态教育方法。习近平认为，中国哲学社会科学应以中国正在做的事情和实际问题为导向，提出新的理论、观点，马克思主义主流意识形态教育作为中国哲学社会科学的重要组成部分，理应坚持这一原则。习近平强调，要着力培养一批优秀的马克思主义理论家，促进马克思主义人才队伍种类齐全、结构合理。习近平多次强调，要用中国风格的话语解读中国的社会主义实践，提出了“四个讲清楚”，并指出，我们要“着力打造融通中外的新概念新范畴新表述，讲好中国故事，传播好中国声音”①。习近平认为，马克思主义理论教育要“把握好时、度、效”②，根据现实情况，“因势而谋、应势而动、顺势而为”③。

在马克思主义经典作家与中国共产党人的马克思主义主流意识形态教育方法链思想的指导下，本文认为大学生中国特色社会主义理论体系教育链之流程链的建构、发展与完善需要做到以下几点：其一，在大学生中国特色社会主义理论体系教育活动中间环节的教育教学方法选择与教育教学内容编制上要注重联系大学生的现实生活实际与理论素养实际。其二，要加强对中国特色社会主义理论体系的研究。在对大学生进行理论教育时要以时代的眼光对这一理论体系的创新发展成果进行阐释与挖掘，减少或消除大学生对中国特色社会主义理论体系的模糊认识，使大学生认清这一理论体系为什么而来、从何处来、向何处发展，明确自身的历史使命与责任担当。其三，在坚持一元主导、多元并存的文化发展方针的基础上，要加强对试图挑战社会主义主流意识形态主导地位的反马克思主义、非马克思主义等错误思潮进行有理有据的批判。在思想政治理论课教学链、日常思想政治教育链中，教育者要引导大学生对西方资本主义所崇尚的文化价值观念进行全面剖析，帮助其认清资本主义的本质，增强“四个自信”。其四，积极发挥榜样示范作用。在大学生中国特色社会主义理论体系教育活动的中间环节，要积极发挥学生干部、优秀党员的示范引领作用。其五，要及时、全面地掌握大学生这一教育对象的接受习惯所具有的新特点。在系统地培养大学生的中国特色社会主义理论素养的思想政治理论课教学链、日常思想政治教育链中，提升教育者灵活性地使用大学生乐于接受的教育教学话语与方法进行教育教学实践的能力。

二、中国传统主流意识形态教育链思想资源

蕴含在中国传统德教与修身文化中的主流意识形态教育链思想资源，具有民族性，

① 习近平. 意识形态工作是党的一项极端重要的工作[EB/OL]. (2013-08-20). http://news.xinhuanet.com/politics/2013-08/20/c_117021464_2.htm.

② 习近平. 意识形态工作是党的一项极端重要的工作[EB/OL]. (2013-08-20). http://news.xinhuanet.com/politics/2013-08/20/c_117021464_2.htm.

③ 习近平. 习近平谈治国理政[M]. 北京：外文出版社，2014：153.

以批判、继承与发展的观点梳理这一丰富的思想文化历史遗产，对大学生中国特色社会主义理论体系教育链研究的展开具有重要的现实意义。中国古代思想家讲究“知德结合”“文以载道”，强调为学过程的循序渐进，以整体性的眼光分析了德教与修身过程，探究了德教与修身过程环节的逻辑次序，他们主要从道德教育目标环节与教学过程环节两个角度阐述了由层次丰富、递替相关、有序衔接的中间环节构成的主流意识形态教育链。中国古代思想家基于人的理想人格塑造的过程性、阶段性特点，对德教活动的教育目标环节进行了有序的设置，如，孟子基于由低到高的道德境界提出了道德教育“目标链”，朱熹表达了“问学如登塔，逐一层登将去”①的道德教育目标环节有序递进的思想。中国古代思想家基于教学过程的阶段性与连续性、道德认识不断提高的时序性机理对教学过程的中间环节及其内在关系进行了总结与描述，从“以学论教”的视角对教学过程中的知与行、学与思、教与学等主要范畴进行了诸多的深入探讨，如孔子提出的“学、思、习、行”的教学过程环节思想、王廷相提出的“习、悟、过、疑”的教学过程环节思想等。当然，中国传统德教与修身文化中的主流意识形态教育链思想资源还有其他层面的表现，如宋明新儒学提出的“致知、用敬、践履”的道德修身过程环节思想、《大学》里所描述的修身过程环节思想等。

（一）“学、思、习、行”的教学过程环节思想

孔子将教学二字结合使用，依据自身在德教活动中的教学实践经验提出了“学、思、习、行”的教学过程环节思想。孔子认为，“学”“思”“习”“行”这几个主要环节或阶段的有序关联、相互作用、交叉递进构成了德教活动的教学过程。在孔子“以学论教”的观念中，“学”既是人获得知识、提高道德境界的基本方式，也是德教诲人的前提条件，② 为形成理想人格，学生需要学习以“仁、义、礼、智、信”等为主要内容的纲常伦理。“学”是指“好学多问”。孔子提出：“敏而好学，不耻下问。”③他认为：学与问是“学”的两个核心要素，学不仅可以通过阅读书本获取知识而实现，还可以通过自身的实际经验而实现，即间接经验的“学”和直接经验的“学”；学生要基于自身的疑惑向教师提出问题，实现教学相长。“学”与“思”是不可分离的两个教学环节，二者需要有机结合起来，谓之“学而不思则罔，思而不学则殆”④。孔子指出：学生需要在“思”这一环节对其在“学”的过程中所获得的书本知识或“闻见之学”进行整理、分析，以消除自身对所学知识的疑惑；同时，如果只“思”不学，则也不可能对“仁、义、礼、智、信”获得真正的认识，“学”为“思”提供基础条件，“思”对“学”加以升华。在孔子“以学论教”的观念中，“习”是将所学知识加以巩固并获取新的知识的重要环节，他提出了“学而时习之”“温故而知新”的教学原理。同时，孔子认为，“习”也有行为层面的意思，即在练习中获得知识。在孔子的教学思想中，“行”是学习的最高阶段，是教学过程的核心环节，“行”既是“学”“思”“习”检验与落实的方法，也是“学”“思”“习”不断深入发展的条件。他

① 《朱子语类·卷十三》。
② 孙培青，任钟印. 中外教育比较史纲：古代卷[M]. 济南：山东教育出版社，1997：334.
③ 《论语·公冶长》。
④ 《论语·为政》。

指出，“行”是人的道德修养的真实体现，人只有在行为中落实道德修养、体现言行相符，才代表其真正具有相应的道德认识与品格。值得注意的是，孔子所提出的“行”仅限于对道德认识的落实，未包含其他的实践意义。孔子在“学”“思”“习”“行”的教学过程环节思想中将学与习、知与行结合在一起，系统性地观照了德教过程中教与学的内在机理与运行时序，虽然具有历史与阶级局限性，但这一思想也有其值得挖掘的精华。

（二）“善、信、美、大、圣、神”的教育目标环节思想

人的理想人格的养成、道德境界的不断提升，是中国古代德教活动的基本目标。“在中国传统德教理论中，作为最高的德教目标出现的理想人格是‘圣人’。”①孟子认为，在道德教育中，“德性水平的提升需要经历一定的存心养性的过程”②，因此，道德教育要坚持循序渐进的原则。他指出，“人皆可以为尧舜”，“涂人之百姓”在成为“圣人”的过程中需要经历善、信、美、大、圣、神几个有序过渡、相互关联的阶段。这实际上是孟子对德教活动过程中所要实现的前后继替、相互关联的教育目标的系统性阐释。③ 他对这一道德教育的“目标链”进行了如下描述：“可欲之谓善，有诸己之谓信，充实之谓美，充实而有光辉之谓大，大而化之之谓圣，圣而不可知之之谓神。”④孟子对“善、信、美、大、圣、神”这一道德教育目标链的阐述以性善论为逻辑基点，他认为人有存在于内在深处的向善之心，仁、义、礼、智、信统一于这一善性之中，⑤ 人的道德修养的提高过程就是人探求内心的善性、恢复“良知”“良能”的过程。“可欲之谓善”中的“善”是指人的本性，并不是指蕴含善的标准的伦理规范或体现“善性”的行为实践、品德修养等。“可欲之谓善”中的“可欲”是指“人性之‘动’”。⑥ 人的“善”的本性是人的道德境界不断提高的发端。人虽有“善”性，但若要将其变为实实在在的美德，还需要通过对人的“善”性进行不断的培养，使人经过对“善”的循序渐进的认识、体悟、践履，养成其理想人格。“有诸己之谓信”指仁、义、礼、智、信的“善性”真实地存在于内心之中的人可称为“信人”。人在“善”“信”的基础上，对“善”进行不断的认识、体悟、发展、扩充，可以使“善性”实实在在充实于体内，而后自然而然呈现出“美”的状态。人的本性在不断充实“善”之后，由内而外地自觉散发出德性，称为“大”。在“大”的基础上，人的道德的境界若能达到不经意间便可感化他人的水平，则能称为“圣”。“神”是孟子所认为的人的道德修养的至高境界。“善、信、美、大、圣、神”几个不同的道德境界的有序过渡与相互衔接构成的道德教育目标链，在一定程度上体现了孟子对于道德教育目标实现的过程性、阶段性、有序性的认识，对于人的道德境界不断提升的有序可循的规律的关注与思考，虽然具有唯心主义先验论的局限，但仍然闪烁着思想智慧之光。孟子在对道德教育目标实现所具有的过程性、阶段性的认识基础上提出了“存心、寡欲、养

---

① 沈壮海. 思想政治教育的文化视野[M]. 北京：人民出版社，2005：100.

② 杜林杰. 论孟子的道德境界观[J]. 晋中学院学报，2011(6)：51.

③ 沈壮海. 思想政治教育的文化视野[M]. 北京：人民出版社，2005：101-102.

④ 《孟子·尽心下》。

⑤ 李利，刘丰. 孟子内圣之道探赜[J]. 兰州大学学报：社会科学版，2011(2)：36.

⑥ 杜林杰. 论孟子的道德境界观[J]. 晋中学院学报，2011(6)：51.

气、砺志、知耻、改过、思诚、自反、忠恕"①等相互关联的道德修身方法。

（三）"闻、见、知、行"的教学过程环节思想

荀子推崇"学而知之""化性起伪"的教学观，提出了具有朴素唯物主义色彩的"闻、见、知、行"的教学过程环节思想。荀子指出："不闻不若闻之，闻之不若见之，见之不若知之，知之不若行之，学至于行而止矣。"②他认为，在教学过程中，"行"是至关重要的环节，人们通过感官的"闻"或"见"所获得的对事物的具体印象、认识是"知"的重要基础，"知"是人们在"闻""见"基础上经过思考、整理与分析获得的理性学识，"知"必须向"行"进行转换，"知"若不向"行"转换，"知"将不能向全面性、综合性方向发展，"行"是"知"的真实展现，人们的"知行不一致"将引致"知"不具有任何实际意义。荀子指出："闻之而不见，虽博必谬；见之而不知，虽识必妄；知之而不行，虽敦必困。"③荀子关于教学过程中"闻""见""知""行"关系的论述，实际上是他在教学实践中对教学过程内在"链"式结构的思考。荀子依据"闻、见、知、行"的教学过程论，对教学过程的具体组织方式进行了相应的阐释，④ 他指出："君子之学也，入乎耳，著乎心，布乎四体，形乎动静。"⑤他认为，人的道德修养可以通过自身后天的努力而不断提高，人在求取学问的过程中，不仅要耳闻目见、用心牢记、仔细思考以使自身对所求之学问的认识由浅入深，还需要将道德修养体现在行为举止等具体的实际表现上，以实现从认识到行为的转变。"入乎耳""著乎心""布乎四体""形乎动静"展现了一个由环环相扣、交织递进的教学环节构成的教学链，它既观照了教学过程相互关联、有序递进的中间环节，也呈现了人的道德认知向道德行为转换的循序渐进过程。荀子这一朴素唯物主义的教学过程环节思想，关注人在学习上的主观能动性，强调人对知识的思考或获取需要建立在"闻""见"等学习活动的基础上，突出了人的思维过程的重要性，强调"知行一致"的必要性，具有可供继承与发展的思想精华。

（四）"致知、用敬、践履"的修身过程环节思想

宋明新儒学提出了以"致知、用敬、践履"为主要环节的自律性修身过程思想，以促进民众对于最高文化价值"天理"的自觉学习与践行。宋明新儒学认为"万物之理"已存于人的内部，但是由于被各种私欲所牵制，这些"理"就好像珍珠掩藏于浊水之中未能清楚地显现出来，而自律性的修身过程则能使人充分意识到"理"的存在。"致知""用敬""践履"三个环节在修身过程中相互依存、相互制约、逐一递进。"致知"是指用"格物顿悟"的手法使人深刻知悉、理解"理"。宋明新儒学认为，知晓"理"之后，还必须辅之"用敬"，"若不用敬，则格物只是一种智能练习"，⑥ 不能持之以恒地实现深刻涵养

① 陈兴安. 孟子德育思想及其现代启示[J]. 湖南师范大学教育科学学报，2006(1)：55-56.
② 《荀子·儒效》。
③ 《荀子·儒效》。
④ 周德昌. 中国古代教育思想的批判继承[M]. 北京：教育科学出版社，1982：53.
⑤ 《荀子·劝学》。
⑥ 冯友兰. 中国哲学简史[M]. 北京：北京大学出版社，2013：289.

“理”的实效，谓之“识得此理，以诚敬之”，在知晓、涵养“理”之后，还需“躬行践履”，只有回归于日常道德行为实践，才能使人们真正认识“理”，并将“理”表现于行为之上。宋明新儒学提倡的“致知”“用敬”“践履”的修身过程，具有环环相扣的教育链的意蕴。虽然这一思想具有主观唯心主义的弊病，但其以过程的观点整体性地分析道德修身活动的主要环节的思想智慧具有一定的启示意义。

（五）“习、悟、过、疑”的教学过程环节思想

明代思想家王廷相提出了“习、悟、过、疑”的教学过程环节思想。王廷相反对以吾心之知“正”事物之理的主观唯心论，主张以物正物，恢复事物的真实情况、本来面目，以便更加深刻地认识事物。① 他认为，人们对事物的认识是由“习、悟、过、疑”所得，“习”“悟”“过”“疑”这四个环节的相互关联、有序衔接构成了一个完整的教与学的过程。他指出：“因习而知，因悟而知，因过而知，因疑而知，皆人道之知也。”②“习”是指见、闻、行等把握事物真实状态的学习活动。王廷相否定唯心主义所主张的“德性之知”，认为知识不是上天赋予的，任何人都需要通过见闻之知等积习活动来获取对事物的本质的认识。王廷相的教学过程环节思想蕴含了感性认识与理性认识相结合的哲学意蕴，“悟”这一思考过程将人在“习”这一环节所获得的见闻之知等感官认识上升为理性认识。他认为，“习”是“悟”的基础，“悟”深化“习”，二者是相互依存、不可分离的关系。他指出：“圣贤之所以为知者，不过思与见闻之会而已。”③王廷相之所以强调感性认识上升为理性认识的重要性，是因为他认为见闻之知或者先贤之学并非绝对正确的，也可能会包含不符合实际的虚妄之知，因此，在教学过程中，除了要重视“习”这一获取“知”的基础环节，还要观照“思”这一对感性认识进行比较参照、过滤提炼、去伪存真的环节。王廷相重视具体的实践经验对于“知”的意义，认为虽然“习”可以把握感性认识，“悟”可以使人认识事物的本质，但是如果不经过真实具体的实践，人所获得的“知”不能全面及时地应对事物的多种变化，这样的“知”其实际应用价值会大打折扣。因此，他把“过”这一在具体的物质的感性活动中获得实际经验的过程④作为教学过程的一个重要环节。“疑”是指“对过失和疑虑进行梳理、总结，并在提出问题、解决问题之中得到知识的过程”⑤，这一环节是对所学知识进行思考、分析与整理的过程。王廷相的教学过程环节思想强调见闻等感官认识与实际经验在教学中的重要性，阐述了心、神、思与人的认识的关系，这在当时的历史条件下，体现了社会与思想的进步。

（六）“学、问、思、辨、行”的教学过程环节思想

“学、问、思、辨、行”的教学过程环节思想最早在《礼记 · 中庸》中得以完整表达：

① 蒙培元. 理学的演变：从朱熹到王夫之戴震[M]. 福州：福建人民出版社，1984：418.
② 《雅述 · 上篇》。
③ 《雅述 · 上篇》。
④ 蒙培元. 理学的演变：从朱熹到王夫之戴震[M]. 福州：福建人民出版社，1984：424.
⑤ 周德昌. 中国古代教育思想的批判继承[M]. 北京：教育科学出版社，1982：58.

"博学之，审问之，慎思之，明辨之，笃行之。"[①]《礼记·中庸》中的这段思想智慧基于中国传统的德教活动对教学过程的主要环节进行了较为全面、科学、有序的设置与安排，[②] 构建了一个较为系统的关于教与学的环节链。"学、问、思、辨、行"是一个序列过程或者说是为学的几个递进阶段，它们内在统一、相连互动。[③] 按照《礼记·中庸》对"学、问、思、辨、行"等教学环节要求的阐述，"博学"是指学生要对世间万物进行广博的学习，学会所应学习的内容，探索学问与学问之间相互贯通之处并掌握相应的学习方法；"审问"是指学生对所学内容的本质要进行仔细的考察、详细的探求与询问，以使自身能深入知晓、深刻理解学习内容；"慎思"是指学生对所要学习内容进行细致的思考，以求认识准确、完整，这里的"思"就是学生把所学内容与自己的修养结合起来的过程；[④] "明辨"是指抛开私欲之弊端对所学内容进行深刻明晰的分析、辨别，以使自身认识所学内容的本质；"笃行"是指真诚地持之以恒地践行、体认"善"，以实现知行合一的实效。"学、问、思、辨、行"的教学过程环节思想提出以后，其在中国传统社会得到了较多的注解与发展，如王阳明、王夫之依照所处历史时期的德教与修身过程和自身的教学观点对其做了相应阐释与发展。阳明心学将"学、问、思、辨、行"阐释为："以求能其事而言谓之学，以求解其惑而言谓之问，以求通其说而言谓之思，以求精其察而言谓之辨，以求履其实而言谓之行。盖析其功而言则有五，合其事而言则一而已。"[⑤]王阳明认为"宇宙是一个精神的整体，其中只有一个世界，就是我们自己经验到的这个具体的世界"[⑥]，因此学生如果要成为摒弃私欲而以天地万物为一体的"大人"，则应广博地学习多方面的内容，掌握万物之理。博览圣贤书、在处理日常事务中多加体验、在心中多加探求是王阳明所推崇的学习方式。[⑦] 他认为学生对阐述纲常伦理的圣贤书中"天理"的认识、理解，是学习圣贤之学的重要途径，但学生在阅读与品味圣贤书中所蕴含的"天理"时，要对圣贤书中的观点加以辨别，不能对其一概信之，谓之"求六经之实于吾心"。王阳明认为学习是一个在处理日常事务的实际经验中辨别是非、学习天理的日积月累的过程，知行是合一的。[⑧] 他说道："尽天下之学，无有不行而可以言学者，则学之始固已即是行矣。"[⑨]王阳明主张"心即理"，认为人要理解与把握天理，必须通过反观自己的内心意识寻找善恶的缘由，探究真假的区别，体认内心本来就有的仁义礼智信等良知。他说道："今必曰穷天下之理，而不反求诸其心，则凡所谓善恶之机、真妄之辨者，舍吾心之良知，亦将何所致其体察乎？"[⑩]在阳明心学中，"问"是指通过仔

① 《礼记·中庸》。
② 黄济．教育哲学通论[M]．太原：山西教育出版社，1998：128.
③ 胡海波，等．中国管理学原理[M]．北京：经济管理出版社，2013：171.
④ 王峥嵘，文若愚．中庸大全集[M]．北京：中国华侨出版社，2013：373.
⑤ 王阳明．传习录[M]．郑州：中州古籍出版社，2008：170.
⑥ 冯友兰．中国哲学简史[M]．北京：北京大学出版社，2013：293.
⑦ 杨道宇．教学阶段再认识：以事为本的学问思辨行 兼论王阳明与杜威教学过程思想的异同[J]．现代大学教育，2015(2)：66.
⑧ 冯友兰．中国哲学简史[M]．北京：北京大学出版社，2013：297.
⑨ 王阳明．传习录[M]．郑州：中州古籍出版社，2008：170.
⑩ 王阳明．传习录[M]．郑州：中州古籍出版社，2008：171.

细询问解除心中的疑惑，“问”的主要目的在于知晓事物之理。王阳明认为，学生在探求万物之理的过程中，不能没有疑惑的存在，产生疑惑就必须通过“问”来获取答案，以求获得真正的天理。他否定儒家经典学说的绝对权威，认为学生在学习圣人之学的过程中，要依据真正的天理对圣人之学进行审视，寻找疑问，获取真知。王阳明还认为，学生在学习、体认天理的过程中，心中的疑惑在“问”这一环节得到解释之后，还需要经过自身的仔细思考才能进一步掌握天理的要旨；“思”是教与学的过程中必不可少的一个环节。“辨”在阳明心学中的意思是明晰、分辨善恶的不同，“辨”是探究天理的重要环节。王阳明认为，知行合一是穷尽天理的重要方法，人体认天理的成果主要表现在其“行”上。阳明心学中的“学”“问”“思”“辨”“行”这几个环节以培养学生成为圣人的教学目标为核心，其在德教过程中相互关联、相互促进，如“学”中有“问”“思”“辨”“行”，“行”中有“学”“问”“思”“辨”。这一学说的“心与理是本体，知行并进是方法”①的基本观点在教学过程中的具体演绎，具有主观唯心主义先验论色彩。王夫之对“学、问、思、辨、行”的注解则具有一定的唯物主义色彩。王夫之认为，德教活动中的教学过程由“学、问、思、辨、行”等主要环节构成，“学”“问”“思”“辨”为“行”的有效落实奠定基础，“行”是“学”“问”“思”“辨”的真正目的与基本来源。王夫之对“学”与“思”、“知”与“行”的关系进行了较为深入的阐释，他认为学习与思考在相互促进中扩充与深化人的知识，学问越广博，思考得也就越深远，思考对学习大有帮助，在思考中产生的疑惑会促进人更加勤奋地学习。他指出：“致知之途有二：曰学，曰思。……学非有碍于思，而学愈博则思愈远；思正有功于学，而思之困则学必勤。”②王夫之所阐释的“知与行”的关系与阳明心学中带有主观唯心主义色彩的“知行并进”有较大区别。王夫之认为，“知”的来源在于人们对客观事物的感官认识与仔细思考，而不是对心中之理的探究，“行”为先，“知”为后，“行可以兼知，知不可兼行”，“知”不仅要知道事物的概念，还应把握其真实之形态与效用，“行”是“知”的来源，有“行”才有真知，在“行”中学习到的知识，才是实际应用所需要的知识。王夫之对这几个教学环节各自的功用进行了阐述，他指出：“问以审之，学以证之，思以反求之，则实在而终得乎名，体定而伸其用。”③王夫之认为“学”“问”“思”“辨”“行”是相互依存与制约的关系，由这几个主要环节构成的教学过程具有循环往复的特征。中国传统文化中“学、问、思、辨、行”的教学过程环节思想体现了中国古代思想家对于德教活动中教与学、知与行、学与问、学与思等教学过程的中间环节所包含的基本问题的系统性思考与整体性运作，抛开其历史性局限，其中的精华部分具有资鉴之作用。

三、西方主流意识形态教育链思想资源

西方教育思想史中对主流意识形态教育链的直接性描述较为缺乏，但其思想家基于系统的观点、认知规律、学习心理的程序性所提出的教学过程思想与教育过程的阶段

① 王阳明. 传习录[M]. 郑州：中州古籍出版社，2008：172.

② 《四书训义·卷六》。

③ 王夫之.《姜斋文集》校注[M]. 湘潭：湘潭大学出版社，2013：3.

性、连续性思想对本文的研究具有一定的借鉴意义。西方主流意识形态教育链思想资源主要蕴藏于西方的公民教育、道德教育、政治教育思想之中。西方思想家对公民教育、道德教育、政治教育过程中的教学活动依照时间的连续性及有序开展的动态性进行了描述，对主流意识形态教育过程的层次性、一体性等特征进行了较为深入的阐释。需要说明的是，西方教育思想家所提出的教学过程阶段思想，在我国诸多教育学文献中的称谓并不一致，大致来说有以下几种名称：教学过程理论、教学程序思想、教学过程阶段理论、教学过程环节思想、教学过程模式等，鉴于西方教育思想家把教学过程按照时间的连续性分为多个步骤、环节或阶段，教学活动依照这些步骤、环节或阶段进行程序化、形式化运作的特点，本文把描述教学过程的思想称为教学程序思想。

（一）“模仿、接受、练习”的教学程序思想

古罗马时期的教育家昆体良以培养集才识、美德于一身的善说家或者雄辩家、政治人为公民教育的主要目的。昆体良的公民教育思想中对后世影响最大的是他基于自身从教经验总结的系统教学理论。他提出了“模仿、接受（理论的指导）、练习”[①]这一教学程序思想，认为教学过程中有序递进的环节需要符合人的认识规律，以推动学生进行由浅入深、由简及繁、由易到难的循序渐进的学习。[②] 昆体良认为，模仿是教学过程的第一个环节，模仿能力是人具有学习能力、可以接受教育的一个标志，模仿是为了让学生在可以接受教育的最初阶段向正确的行为观念学习，以抵制环境中的恶劣影响。昆体良指出：“因为经常模仿就会变成习惯。”[③]接受理论的指导是昆体良提出的“三阶段教学法”的第二个环节，这一环节是学生在模仿这一环节的基础上进行的进一步学习，旨在促进学生通过学校教学活动中理论知识的学习成为一个合格的公民。昆体良认为练习是教学过程中最为重要的环节，练习旨在促进学生将理论知识加以应用、复习，以巩固所学知识，提高记忆能力。[④] 昆体良依据学生学习能力与学习程序设置有序递进的教学环节的观念为西方思想家认识公民教育过程的阶段性、有序性提供了思想基础。

（二）“感觉、记忆、理解、练习”的教学程序思想

中世纪末近代初期的西方教育思想家夸美纽斯，批判中世纪以宗教为主的主流意识形态教育，倡导从宗教中独立出来的资产阶级德育。他认为道德教育要遵循人的自然本性，指出道德教育要坚持量力原则、从易到难的循序渐进原则。他强调道德教育的直观感受性，认为感官是获得一切知识的起点，教学活动是一个发挥感官作用的教学过程，以此为基点，他提出了“感觉、记忆、理解、练习”[⑤]的教学程序思想。夸美纽斯认为，在教学过程中引导学生运用感官对事物进行观察、感觉并获取相应的知识，是教学过程的起始环节。他提倡学生在教学活动中尽量通过感官获取对事物的多种认识，若在教学

① 黄甫全，王本陆．现代教学论学程：修订版［M］．北京：教育科学出版社，2003：73.
② 孙培青，任钟印．中外教育比较史纲：古代卷［M］．济南：山东教育出版社，1997：338.
③ 昆体良．昆体良教育论著选［M］．任钟印，译．北京：人民教育出版社，2001：25.
④ 王松泉．阅读教育学［M］．沈阳：辽宁大学出版社，1992：75.
⑤ 关甦霞．教学论教程［M］．西安：陕西师范大学出版社，1987：118.

过程中，学生不能接触到实际事物，教师可运用能代替实际事物的具体直观的材料进行教学。在描述“感觉”在教学过程中的具体作用时，他还对大脑运用神经系统处理感官知识的机理进行了一定的探索，他认为大脑可以将感官所接受到的知识进行加工，他把大脑称之为“思想的工厂”[①]。“记忆”是夸美纽斯教学程序思想的第二个核心要素，他认为，学生在教学过程中通过感官获取知识后，需要通过记忆对知识进行系统的存储，以使自身能对知识进行具体应用。他认为，教师应积极运用提问、讨论等方法促进学生运用记忆巩固所学知识。在夸美纽斯看来，“理解”是学生将感官认识与记忆中的知识通过分析、综合等思维过程进行消化与领悟的环节，这是学生对事物形成特定的“概念”与对事物获得全面的本质认识的过程，也是学生对事物能进行正确判断的前提。夸美纽斯认为，要培养学生对知识的理解能力，教师要依据人的自然本性运用与学生的年龄特征和接受能力相匹配的教学程序向学生由浅入深地讲授教学内容。“练习”在夸美纽斯的教学程序思想中的意思是运用知识的行为。他认为，运用知识的练习行为，可以使学生巩固所学知识，培养学生遵循道德规范的自觉性、主动性，德行的实现是行为，按照教诲去行动才能真正形成德行和虔诚。[②] 夸美纽斯的教学程序思想虽然没有完全摆脱宗教神学色彩，也缺乏对感官认识、理性思维过程的全面科学的认识，更没有明确自觉地认识到学习心理程序对教学过程的影响，但其所包含的对教学过程环节进行序列设置的论点蕴含了对学生学习认识规律的间接性关注，这对主流意识形态教育教学过程中间环节结构关系的研究具有一定的借鉴意义。

（三）“观察事物、摄取材料、整理加工、明确概念、描述、定名、分类”的教学程序思想

道德教育思想是裴斯泰洛齐教育思想的核心组成部分，他提倡积极遵循自然秩序的要素式道德教育。裴斯泰洛齐以教育心理学化的观点为基础，认为教学过程由“观察事物、摄取材料、整理加工、明确概念、描述、定名、分类”[③]等环节有序关联而成。裴斯泰洛齐从人的心理根源出发，认为人们通过感官获取对外部世界的经验认识，这是人的学习心理的起始点，因此“观察事物”是教学开展的第一个环节，感官知识是学生在学习过程中所要获取的基础知识，教学的首要任务在于采用符合学生心理规律的教学语言、教学方法帮助学生形成对外界事物清晰明确的感官印象。他认为，感官印象会使人产生相应的经验直觉，而后经过大脑思维的记忆、加工与整理，形成明确的观念，从而使人可以对事物进行语言描述、解释与判断，并形成相应的道德情感与做出相应的行为表现。他指出：“对大自然的感性认识是人类教学的唯一基础，因为它是人类知识的唯一真实基础。儿童的学习过程始于对外界事物的观察，观察过程由模糊的印象逐步构成明确的印象，然后再加以描述、定名、分类。”[④]虽然裴斯泰洛齐的道德教育思想具有神学色彩，教学程序思想具有其历史局限性，但他在前人的基础上将教学直观原则进行了

① 黄永刚. 夸美纽斯教学过程理论的心理学意义[J]. 天津师范大学学报：社会科学版，1991(1)：29.
② 高峰. 西方思想政治教育史[M]. 北京：首都师范大学出版社，2015：113.
③ 罗正华. 比较教学论[M]. 长春：吉林教育出版社，1992：272.
④ 张祖忻. 美国教育技术的理论及其演变[M]. 上海：上海外语教育出版社，1994：36.

运用与发展，将感官经验哲学与教育心理学进行了初步结合，这对教育者依据人的学习心理提升教育教学过程环节设置的系统性、时序性具有一定的启示性意义，这也是本文研究所应梳理的相关思想资源。

（四）“明了、联合、系统、方法”的教学程序思想

近代西方教育思想家赫尔巴特把道德作为教育的核心内容，把培养学生成为有道德的人作为教育的最高目标。他指出：“使绝对明确、绝对纯洁的正义与善的观念成为意志的真正对象，以使性格的内在的、真正的成分——个性的核心——按照这些观念来决定性格本身，放弃其他所有的意向，这是德育的目标，而不是其他。”[①]赫尔巴特主张通过对教师教学行为的合理设置对教与学的次序进行有效控制，他据其对学生学习心理机制的把握，认为学生新旧观念动态变化实质上是学生在教学过程中的心理轨迹，并提出了由“明了、联合、系统、方法”[②]四个有序关联的阶段构成的教学程序，即四阶段教学法。“明了”是赫尔巴特四阶段教学法中的第一个阶段，它是教师运用直观性原则讲解教学内容以使学生集中学习注意力钻研新事物并对新事物产生清晰印象与理解的教学过程。他认为，“明了”对应着“注意”这一学生学习的心理状态。“联合”在赫尔巴特的教学程序思想中的意思是教师运用谈话等教学方式引发学生的心理期待以促进学生新旧观念之间的有序交汇、整理、同化，使学生对所学知识进一步领悟的过程。他认为，“联合”这一教学过程阶段所对应的学生的学习心理状态是“期待”。赫尔巴特认为学生在教学过程中将所学知识与已有知识或经验进行融合、同化之后，还需要老师指导他们探寻新旧知识之间的系统性联系与规律，把握知识之间的贯通性，并在摸清知识重点的基础上获取知识性概念与原则，他把教学中的这一过程称之为“系统”，“系统”所对应的学生学习的心理状态是“探究”，学生需要通过“审思”把握知识之间的关系，形成系统性的知识结构。“方法”是学生对所学知识进行独立思考与实际应用的过程，这一教学过程阶段对应的学生学习的心理状态是“行为”。赫尔巴特认为在道德教育中，通过教学对学生进行道德观念的讲授是学生形成道德意志并用意志催生道德行为的核心条件。赫尔巴特的四阶段教学法强调教学过程中的教学环节是一个接着一个的，教师对这些环节需同等关注并依次完成，[③] 这实质上是对教学过程环节内在关系的描述，虽然这个教学方法具有机械性、形式化的局限且其所依据的心理学基础的科学性有所欠缺，但它讲究教学程序依据学生掌握知识的心理顺序进行有序设置的论点，强调直观教学、分析教学与综合教学方法结合的思想，对主流意识形态教育链的研究具有思想启迪价值。

（五）“暗示、问题、假设、推理、验证”的教学程序思想

19 世纪末 20 世纪初的美国教育思想家杜威对运用道德教育解决社会失范的现实问题进行了阐释。他主张把民主主义作为促进个人和社会共同发展所要坚持的信仰。他把民主主义道德教育的基础分为经验与社会两个相互衔接的方面。杜威反对直接性的道德

---

① 赫尔巴特. 普通教育学. 教育学讲授纲要[M]. 李其龙，译. 北京：人民教育出版社，2002：43.

② 张建文，童贤成. 思想政治(品德)课程与教学概论[M]. 北京：人民出版社，2013：155.

③ 滕大春，戴本博. 外国教育通史[M]. 济南：山东教育出版社，1993：320.

教育方法，认为道德教育要以从经验中学习的方式进行，即“从做中学”，以使教育与社会发展紧密相关。杜威强调，在道德教育中，教育者要引导受教育者在民主生活实践中主动积极地对民主价值进行深刻的反思、探究，以此促进受教育者对民主的认同与实践。他指出：“威胁着学校工作的巨大危险，是缺乏养成渗透一切的社会精神的条件，这是有效的道德训练的大敌。”①他认为教学过程实质上是一个在引导学生解决问题的过程中对学生的直接经验进行意义挖掘与提升的过程，为此他提出了“暗示、问题、假设、推理、验证”②的教学程序，即“五步教学法”。“暗示”是一种情境创设即教师给学生提供一个问题情境。“问题”即是引导学生发现解决情境中的问题的困难所在。“假设”即为提出解决问题的设想。“推理”是引导学生论证这一解决问题的设想是否成立。“验证”即是在生活的实际经验中检验解决问题的假设是否成立。杜威强调教育过程需要遵循教育对象的心理结构，他指出：“如果对于个人的心理结构和活动缺乏深入的观察，教育的过程将变成偶然性的、独断的。”③杜威基于对教育对象心理结构与教育过程的关联的研究，认为，这五个教学环节在教学过程中的顺序不是始终不变的，教师需要依据学生的学习能力与心理状态对教学过程环节进行合理转换。他强调教学程序的设置需要以学生的心理成长规律为依据，以学生的生活经验为依托，以使学生在教学过程中掌握学习的方法、提高自主学习的能力。杜威的教学程序思想论述了教学过程环节的有序过渡或合乎规律的跳跃，强调学校教学与学生生活经验的紧密衔接，关注学生学习心理规律，以上这些发挥了以社会生活标准进行全方面阐释的学校各门学科在道德教育中的作用，是本文研究所应关注与探究的思想资源。

（六）教育过程的阶段性、一体化思想

西方教育思想家除了对教学过程环节进行了探讨，提出了诸多对后世产生较大影响的教学程序思想以外，还在其公民教育、道德教育、政治教育的思想创造过程中对教育过程的阶段性、层次性、一体化进行了较为详细的论述，体现了他们对教育过程有序性的关注与探究，这具体表现在他们对主流意识形态教育过程中的教育目标、教育内容、教育方法的探讨上。以下，本文以具有代表性的西方教育思想家的观点为线索进行相关论述。柏拉图认为公民教育是一个由相互衔接的教育阶段构成的终身教育过程，他的公民教育阶段学说依据公民的不同年龄段把公民教育过程分为早期教育阶段、初等教育阶段、中等教育阶段、军事训练阶段、培育抽象思维能力的阶段、学习辩证法的阶段、从事哲学研究与国家管理的阶段。④ 柏拉图指出，公民教育的不同阶段各自对应着相应的教育目标、教育内容、教育方法。如，在儿童时期的早期教育阶段，主要通过做游戏、听音乐、体操训练等来培养儿童正直、善良、正义的道德品质；在少年时期的初等教育

① 约翰·杜威．民主主义与教育[M]．王承绪，译．北京：人民教育出版社，1990：375.

② 刘群，张迎春，吴云志．高校思想政治理论课教育教学研究[M]．长春：吉林大学出版社，2007：173.

③ 华东师范大学教育系，杭州大学教育系．现代西方资产阶级教育思想流派论著选[M]．北京：人民教育出版社，1980：4.

④ 高萍，李永．刍议柏拉图的教育思想[J]．西安社会科学，2009(3)：158.

阶段，受教育者主要通过学习音乐、体育来陶冶情操、增强体质。[①] 亚里士多德继承与发展了柏拉图的公民教育阶段学说，进一步阐明了公民教育过程的层次性、一体性。他认为人的灵魂发展历经身体、本能、理性三个有序过渡的阶段，公民教育也应根据这三个阶段进行划分，每一阶段须对应不同的教育内容，采用不同的教育方法。如，他在谈到对儿童的公民教育时，指出“既然在教育方面，习惯先于理性，身体先于思想”，就“应首先培养儿童身体锻炼方面的能力”。[②] 昆体良继承了古希腊的文教传统，把善说家的教育过程分为识字教育、文法教育、修辞术教育[③]三个相互关联的阶段，每个阶段所对应的教育对象、教育内容、教育方法都不一样，这些连续性的教育阶段就是一个循序渐进的教育过程。卢梭的道德教育思想关注人的价值实现，但他并不认为人可以脱离社会，他指出，社会对人的要求也是德育所追求的目标。卢梭认为，道德教育需要遵循人的身心成长规律，他将公民教育分为婴儿、童年、少年、青年四个阶段，每一阶段有其对应的教育内容与教育方法。如，儿童时期，接受经验性感官教育，少年时期，则接受劳动教育。同时他主张教育者要依据每个受教育者的不同特点进行因材施教。劳伦斯·科尔伯格在其道德认知发展理论中对人的道德判断能力与逻辑思维水平的相互关联进行了说明。[④] 他把人的道德判断能力发展过程分为六个阶段，认为道德教育就是要充分利用各种条件与方法循序渐进地促进人的道德判断能力由低阶段向高阶段发展。劳伦斯·科尔伯格认为，在道德教育中，教育者要依据受教育者现有的道德判断能力与逻辑思维水平编制教育内容，创造条件让学生思考、讨论高于其现有道德判断能力与逻辑思维水平一个阶段的道德两难问题，使学生在道德推理中认识更高层次的道德标准。劳伦斯·科尔伯格的道德发展阶段理论中所探讨的道德发展的各个阶段是一个具有连续性的整体，每一阶段对应着相应的教育内容、教育方法，它们之间是相互关联、相互连接的关系。西方教育思想家把公民教育、道德教育、政治教育中的教育过程分为不同的教育阶段，每一教育阶段的教育目标相对明确，教育内容与学生的年龄、思维资质、学习能力特征相匹配，体现出了他们对教育过程层次性特征的关注，且这些不同的教育阶段相互之间有序关联，具有一致的最高目标，体现出了他们对教育过程一体化的把握。西方教育思想家对公民教育、道德教育、政治教育的教育过程的阶段性、层次性、一体化特征的具体探讨，强调教育内容、教育目标安排的次序性与衔接性，教育过程遵循学生的成长规律，虽然具有其明确的政治指向局限性，且在全面性、科学性上有待提升，但在一定意义上，他们对主流意识形态教育过程的不同阶段所对应的教育目标、教育内容的划分及其相互之间的有序连接关系的探讨为本文提供了可供借鉴的思想理念。

本章以述评的方式对大学生中国特色社会主义理论体系教育链的主要思想源流进行了历史性回溯。自阶级与国家诞生以来，主流意识形态教育链以其特有方式呈现于中外思想家理论思维之下，蕴含于中外主流意识形态教育实践之中。

马克思主义经典作家与中国共产党人以唯物史观为基本依据对马克思主义主流意识

---

① 高萍，李永. 刍议柏拉图的教育思想[J]. 西安社会科学，2009(3)：158.

② 亚里士多德. 政治学[M]. 颜一，秦典华，译. 北京：中国人民大学出版社，2003：271.

③ 黄汉林. 昆体良与罗马文教传统：《善说术原理》简述[J]. 重庆大学学报：社会科学版，2011(3)：19.

④ 陈志明. 劳伦斯·科尔伯格“道德发展阶段论”述要[J]. 全球教育展望，1980(1)：20.

形态教育链的思想，为大学生中国特色社会主义理论体系教育链的系统性探析提供了基本理论指导。马克思主义主流意识形态教育链思想形成、发展于马克思主义理论实践与创新的过程之中。所体现的强烈的问题与使命意识，以及对理论联系实践、密切联系群众、实践的历史思维与创新方法的坚持，为大学生中国特色社会主义理论体系教育链的建构、运行、控制、调整，指明了正确方向。

中国传统思想文化对主流意识形态教育链在维护阶级统治、培养人的政治与道德信仰上的作用给予了充分的诠释。主流意识形态教育链的思想与实践在中国传统社会的不同历史阶段，都以其特有的强势姿态贯穿于社会与个人的生产生活实践中。中国传统德教与修身文化中“为学有序”“以教论学”的教学过程环节观、修身过程环节思想、教育目标环节思想表达了在教育教学过程中所应遵循的循序渐进的时序观念，强调了“知行合一”在教育教学过程中的重要性，探讨了道德教学过程中的主要范畴，抛开中国传统主流意识形态教育链思想资源的唯心主义历史性弊端与经验性局限，对其超越时域局限的合理内核的挖掘与现代转换，有助于增强大学生中国特色社会主义理论体系教育活动中间环节的现实感染力。

西方教育思想家的教学程序思想基于自然本性、学习心理程序将教学环节按照时间连续性进行有序排列，诠释了主流意识形态教育教学过程的连贯性、系统性、时序性。他们根据教育对象的年龄、资质、思维能力等的不同，把公民教育、道德教育、政治教育等主流意识形态教育过程划分为不同的阶段，每一阶段对应相应的教育内容、教育方法、教育目标，每一阶段的教育内容、教育方法、教育目标递替相关、有序衔接，具体地呈现了主流意识形态教育过程的阶段性、连续性、一体性、层次性。西方思想家所提倡的环环相扣的启发性主流意识形态教育教学环节，在一定程度上体现了他们对受教育者主体性的尊重。虽然西方主流意识形态教育链思想存在着世界观、方法论的局限性，但其中的精华部分仍值得我们借鉴。

第三章　大学生中国特色社会主义理论体系教育链的特征、功能与分类

对反映本文论题独特性含义的学理性概述，是本文研究展开的重要基石。但仅限于在含义上对大学生中国特色社会主义理论体系教育链进行范围的限定与本质性的分析还是不够全面与深刻的，还需要对其内在规定性与存在依据进行具体把握，对其与外部事物发生联系时所具有的基本功能予以阐释，对其基本类别进行分析，这样才能使我们进一步对这一教育链形成更为科学的、深入的认识。

一、大学生中国特色社会主义理论体系教育链的基本特征

特征是对事物的内在规定性和主要存在依据的描述与反映。大学生中国特色社会主义理论体系教育链的特征，是科学认识和把握这一教育链的重要标识。这一教育链的特征主要包括实践性特征、整体性特征、关联性特征和动态性特征。

（一）实践性特征

大学生中国特色社会主义理论体系教育链的实践性表现在两个方面：一是，这一教育链源自中国特色社会主义实践并服务于中国特色社会主义实践；二是，这一教育链与培育大学生中国特色社会主义理论素养的现实的、具体的教育实践紧密关联是其整体效能发挥与提高的重要影响因素。

中国特色社会主义理论体系是“反映中国国情、探索解决中国问题、阐明当代中国发展的话语体系”①。这一理论体系的形成与发展，始终追随于中国特色社会主义的实践步伐，“围绕着中国特色社会主义实际问题及相关的世界问题而展开”②。实践性是其根本属性，其既来源于中国实践，也旨在指导中国实践。大学生中国特色社会主义理论体系教育链是在大学生中普及这一理论体系的历史性教育系统，是根据这一理论体系所反映的中国社会实践的实际形势、现实条件及实践诉求而形成与不断发展的。其在坚持马克思主义的立场、观点、方法的基础上，帮助大学生以中国化马克思主义理论的最新成果及时有效地探索解答中国特色社会主义实践中出现的社会与个人现实问题，因此，实践性是这一教育链的重要特征。在当前中国社会面临全面建成小康社会的时代任务的形势下，这一教育链，要以帮助大学生认识、理解“四个全面”战略思想、“五大发展理

① 秦刚. 中国特色社会主义理论体系研究[M]. 北京：中共中央党校出版社，2014：2.
② 秦刚. 中国特色社会主义理论体系研究[M]. 北京：中共中央党校出版社，2014：2.

念”等党的最新理论成果为目标，促进大学生明确自身的历史使命，并以科学的方法论认清实践条件、进行理性实践。而对于大学生关心的就业、教育、医疗等关乎个人发展的日常生活实践主题，这一教育链要以十八大以来党围绕全面深化改革所总结与创造的价值指南、理论成果、政策主张为教育内容，为大学生分析与解决现实问题提供认识论与方法论指导。

大学生中国特色社会主义理论体系教育链对体现中国人民价值追求的中国实践的具体的、现实的意义，表现在其对大学生的中国特色社会主义理论素养的提高、理论信仰的培育上。这一现实意义主要通过其与培育大学生中国特色社会主义理论信仰的现实的教育实践的紧密结合而实现。首先，这一教育链要充分整合实践对大学生思想行为变化的正向性作用。“无论何人要认识什么事物，除了同那个事物接触，即生活于(实践于)那个事物的环境中，是没法子解决的。”①大学生思想发展变化的根源在于实践行为体验与效果对其认识、情感、意志等的影响与改变。大学生中国特色社会主义理论体系教育链要充分整合思想政治理论课教学链中具有体验性质的实践教学环节与贴近大学生日常期待的日常思想政治教育链的中间环节的实践养成教育的功能，要防止大学生完全沉浸于理论思辨的王国，而要让大学生在深入社会实际，深刻把握国情、民意的实践活动中，对其所学到的系统性的反映中国实际、探索解答中国问题的社会主义理论知识进行感觉体认、价值把握与理性分析，从而给大学生的中国特色社会主义理论信仰的牢固树立插上美丽的翅膀。其次，因这一教育链的理论形成与发展主要源于实践形态，其理论研究者与实践工作者，可以不断从反复的实践中总结与发展理论认识，降低其在现实运行中的盲目性。在思想政治理论教学链中，教师可以创建师生互动沟通平台，鼓励大学生在平台中对教学的中间环节给出意见反馈，结合自身思想变化实际对教学实效给出真实性的具体描述，结合自身诉求对教学的改进提出建议。教师可通过对在系统地讲授中国特色社会主义理论体系的教学过程中大学生的认知体系向信仰体系转化的过程阶段、所具有的规律特征与所授内容、教学结构、教学方法等关系的研究，理性总结教学的基础经验与客观规律，推动这一教育链的系统性理论研究与实际运行的科学化进程。在日常思想政治教育链中，教育者也可以利用大数据技术或网络平台等介体或工具搜集大学生日常实践活动数据与反馈信息，并对这些数据与信息进行具体的、细致的分析，探寻日常思想政治教育链的中间环节之于大学生对中国特色社会主义理论体系的认知、认同、坚信、践行的现实作用与影响，找准其中的关键性问题，整体性地提升这一教育链的现实效能。

（二）整体性特征

大学生中国特色社会主义理论体系教育链的整体性主要表现在两个方面：一是，以中国特色社会主义理论体系为教育内容是这一教育链区别于其他教育链的重要标识，因此，这一教育链应坚持其理论体系所具备的整体性；二是，这一教育链作为中国特色社会主义信仰教育系统，其具有系统所具备的整体性特点，整体地存在并运行，整体地发

① 毛泽东. 毛泽东选集：第1卷[M]. 北京：人民出版社，1991：286-287.

挥着其对大学生进行马克思主义信仰、中国特色社会主义信仰教育的功能。后一个层面的整体性的存在对于保障前一个层面的整体性的存在具有重要作用。

整体性是马克思主义理论的本质特征，马克思主义理论的整体性除了体现在世界观、方法论一以贯之的内在逻辑与完备的整体框架上，还体现在其发展历程的各个阶段的连接与统一上。[①] 阐述中国具体实践、以破解中国建设与发展所面临的基本问题为主要追求的中国特色社会主义理论体系，既在内在逻辑与框架结构上坚持了整体性，也在其形成与发展的各个不同阶段的连续性成长上体现了整体性。其以马克思列宁主义、毛泽东思想为指导，以发展为主题，在坚持马克思主义的科学实践观的前提下，以中国的具体实践为理论展开逻辑起点，把以人为本当作出发点、落脚点，以实事求是为思想精髓，形成了包括社会主义初级阶段理论、社会主义本质理论等在内的逻辑与历史相统一、科学与价值相统一的整体性内容结构。其内在组成部分之间表现出了鲜明的承接性，如，“三步走”发展战略与“四个全面”战略布局之间便体现了关于建设小康社会、全面建设小康社会、全面建成小康社会的理论连续成长性。大学生中国特色社会主义理论体系教育链的流程链在帮助大学生树立对这一兼具命题形态与物象形态的理论体系的信仰时，要促使大学生认识这一理论体系的本质立场、核心观点、根本方法，既要对大学生进行这一理论体系所包含的世界观的教育，也要在此基础上，引导大学生在实践中努力追求这一理论体系的物象形态的实现，深化大学生对这一理论体系的价值体验，促进大学生以实践的历史的思维方式对这一理论体系进行整体性的把握与践行。

大学生中国特色社会主义理论体系教育链的整体性除了包含这一教育链对在中国社会主义建设实践中形成发展的中国特色社会主义理论体系这一教育内容的整体性的坚持与应用层面的具体性意涵，还包含系统论的意义。这一教育链的各个层次的环节的合乎规律的设置、运行与调整以这一教育链的整体性目标与结构为依据，呈现了这一教育链与外界相互作用过程中的一体性占主导、多环节协同合作的整体性样态。无论是这一教育链的形成、发展，还是其功能的实现，都是以系统的方式表现的。离开大学生中国特色社会主义理论体系教育链这一系统，各个环节也将失去其在这一系统中的意义与生命力。同时，这一教育链的各个环节的变动、调整、运行也会使得其他环节受到相应的影响，产生连锁反应。如，在这一教育链的目标链中，大学生对中国特色社会主义理论体系的本质立场、核心观点、根本方法的理性认知，会影响其对这一理论体系的情感态度、价值判断、实际践行的认知等，同时，其实际践行也会加深大学生对这一理论体系的认知、认同与坚信。

（三）关联性特征

大学生中国特色社会主义理论体系教育链的关联性，可分为环节与整体的关联性、环节与环节之间的关联性、整体与环境的关联性。前两个关联性，在其结构中得以显现，后一个关联性则是一种内外部关联的表现，体现了这一教育链的特定范围（边界）

---

① 郝敬之. 整体马克思[M]. 北京：人民出版社，2002：418.

与开放性。①

环节与整体的关联性，是指各环节的次序、位置、组织等是由这一教育链的整体性目标与结构所决定的，具有稳定性，整体与环节通过这一教育链的结构与层次相互关联、相互作用。从大学生中国特色社会主义理论体系教育链的两个主要环节中，我们就可以看出这一特点。促进大学生具有的中国特色社会主义理论体系的认知体系向信仰体系的有效转化是这一教育链的整体性目的。依据马克思主义进入人的头脑与心中的思想变化发展过程，我们可以把这一整体性目的分解为大学生对中国特色社会主义理论体系的认知环节、认同环节、坚信环节、践行环节四个环节，它们相互连接、有序过渡构成了这一教育链的目标链。而此目标链又主要通过思想政治理论课教学链的理论教育与日常思想政治教育链的实践养成教育实现，因此，二者又构成了这一教育链的流程链的两个主环。它们处于同一层次，有机衔接、相互渗透。同时，每一主环由多个环环相扣、节节相连的环节构成，同时又是由多个相互制约与依存的要素构成的统一体。在彼此相互协调、交流与合作中，它们共同实现着促进大学生具有的中国特色社会主义理论体系的认知体系向信仰体系转化的功能目标。这一教育链的思想政治理论课教学链通过其理论素养的厘清、内容的创新、理论的传输、思考的激发、实践的体验等中间环节的有效关联与协同，实现其理论教育功能。这一教育链的日常思想政治教育链，重在以其相互连接的实践养成教育环节对大学生进行理论信仰的培育。其主要通过校内实践教育、校外社会实践教育、虚拟社会实践教育等几个环节的连接与协同发挥其相应的功能。大学生中国特色社会主义理论体系教育链依靠其目标链、流程链的相互衔接、相互作用实现其整体性的建构，并通过目标链、流程链把这两个主环的下一层次的环节联结起来，从而把这一教育链中各个层次的各个环节所能发挥的作用进行整合。大学生中国特色社会主义理论体系教育链通过相互依存与制约的连接关系，实现其自身的整体性效能。

环节与环节之间的关联性，是指大学生中国特色社会主义理论体系教育链的各环节之间存在着合乎规律的有序性的环环相扣、节节相连的关系。这种稳定有序的关联与作用，使得这一教育链的整体性结构得以形成。“关系是结构的核心，是系统有序化的前提和系统稳定化的结果，系统在本质上是关系的会集，每个事物的整体的性质无法从这一事物以外的其他事物中探究，而是由这一事物的内部各个部分互相制约与依存的关系来说明与确证。”②大学生中国特色社会主义理论体系教育链的中间环节之间的关系可以分为多种类型，各个环节在这一整体之中都与其他环节存在着相互制约与依存的关系。如，其目标链与流程链之间是目标与途径的关系，而流程链所包含的两个主环即思想政治理论课教学链与日常思想政治教育链，从其层次结构来看，属于并列关系，但按照这二者之间的相互衔接、相互作用的关系来看，属于连锁关系、理论教育与实践教育的互补互动关系。

整体与环境的关联性，是指大学生中国特色社会主义理论体系教育链这一历史性的中国特色社会主义信仰教育系统与外部环境相互作用所产生的联系。系统论认为，环境

---

① 孙其昂. 思想政治教育学前沿研究[M]. 北京：人民出版社，2013：295.

② 熊建生. 思想政治教育内容结构论[M]. 北京：中国社会科学出版社，2012：5.

独立地存在于系统的控制之外，环境对系统的运行产生着深刻的影响。与此同时，系统也对环境的发展与变迁产生相应的作用。输入与输出是对系统与环境之间的关系的主要描述。① 就大学生中国特色社会主义理论体系教育链这一历史性的中国特色社会主义信仰教育系统而言，其外部环境可以分为社会环境、校园环境、家庭环境等。这一教育链及其所包含的各个层次的各个环节在与这些外部环境通过输入、输出相互联系时，要善于接受外部的评价与反馈，也要积极争取外部条件的支持与协助，在评价与反馈中不断调整与完善，在支持与协助中不断提升这一教育链的整体有效性。

（四）动态性特征

大学生中国特色社会主义理论体系教育链的动态性特征具有两方面的含义：一是这一教育链不是一个抽象凝固、静止不变的整体，而是一个稳定与发展并存的辩证统一的历史性系统；二是这一教育链是一个运动的整体，其实效性的发挥，在于各个环节与动力结构相互啮合的动态循环过程。

习近平强调，宣传思想工作的“关键是要提高质量和水平，把握好时、度、效，增强吸引力和感染力”②。这里的“时”是一个历史范畴，是对思想政治教育工作动态性的概括性的描述。大学生中国特色社会主义理论体系教育链，作为马克思主义理论宣传教育理论研究与实践展开的构成部分，必然具备这一特性。这一教育链是在现实的历史条件下存在与运行的，具有相应的时代内涵，带有其所在历史阶段的时代印记，是对所在历史阶段环境下成长的大学生进行中国特色社会主义信仰教育的历史性系统。历史始终大步向前，这一教育链也必然与社会历史变迁相伴相生。党的十八大以来，在全面建成小康社会的历史需要与续写时代华章的自觉追求下，新一届中央领导集体围绕中国实践所面对的现实问题，总结实践经验，不断进行探索与创新，形成了一系列的新判断、新观点、新思想，推动了中国特色社会主义理论体系的创新发展，并使社会主义理论始终保有其科学性。这为大学生中国特色社会主义理论体系教育链提供了明确的现实定位与指明了最新发展方向。中国特色社会主义理论体系的创新发展，使得这一教育链的教育内容要随之更新，在保持命题形态与物象形态的基本内容不变的情况下，要在其各自的下一层次将最新的内容贯穿进来。如，教师在思想政治理论课教学链中对大学生进行有关中国特色社会主义理论体系与社会、个人发展的关系的内容的讲解时，除了从社会主义本质理论所内隐的历史真理论与历史价值论等方面向大学生解释这一理论体系“为什么提出”“如何提出”“效果如何”以外，还需以全面建成小康社会的提出背景、主要任务、主要内容或“中国梦”所包含的国家富强、民族振兴、人民幸福等方面的内容为基础，结合大学生所处实际和思想状况，引领当代大学生探寻这一理论体系与社会、个人发展的关系，使其自觉地明确并践履个人使命与责任。在对教育内容进行创新的同时，教育方法要与教育内容相匹配，并合理性地带有时代新气息。在保证这一教育链主流意识形态属性的前提下，教育者在教育活动的中间环节中要充分运用大学生乐于接受的新

① 孙其昂. 思想政治教育学前沿研究[M]. 北京：人民出版社，2013：300.

② 习近平. 习近平谈治国理政[M]. 北京：外文出版社，2014：155.

方式、新载体、新话语。

大学生中国特色社会主义理论体系教育链是在外在宏观动力与内在微观动力的推动下不断发展、运动的。其整体最优状态的保持，在于其各个环节与其动力结构的相互衔接。社会发展诉求、时代任务与这一教育链的矛盾，推动着其不断发展与运行，这一动态过程在前一方面的动态性中得以呈现，而后一个方面的动态性则与其微观动力结构紧密相关。这一教育链的微观动力由两个部分组成：一是教育者对大学生提出的教育目标与大学生认知、认同、坚信、践行中国特色社会主义理论体系的现实状况之间的矛盾；二是在这一教育链的运行过程中，大学生对认知、认同、坚信、践行中国特色社会主义理论体系的自觉性诉求与自身现实的思想政治素质水平之间的矛盾。基于这两个层次的矛盾动力，我们可以看出，这一教育链的运行围绕着大学生的思想发展过程与问题，呈现出一个具有阶段性、周期性的循环往复的动态过程。与此同时，由于人处于复杂多样、变动不居的社会关系与社会环境之中，反映现实的思想也具有复杂多变性，这使得大学生对中国特色社会主义理论体系的认知、认同、坚信、践行的形成与发展并不是“毕其功于一役”的过程，而是会因思想发展的阶段性、有序性、渐进性、反复性而呈现出长期性、复杂性、连续性的特征。从而，这一教育链的发展与运行也是一个根据大学生实际思想状况的运动变化，而调整、运动与延伸的动态过程。在这一教育链的思想政治理论课教学链的运行中，教师通过思想厘清、内容创新、理论传输、思考激发、教学评价等相互衔接的教学环节，对大学生进行颇有成效的中国特色社会主义共同理想信念教育，使大学生对这一理想信念产生深刻的认识、积极的情感、自觉的行为，但大学生会受到来自学习生活中存在的消极影响的干扰，如西方自由主义思潮、消费主义等带来的意识形态的渗透与纷扰。在这种纷扰下，大学生有可能会对所学理论知识与社会主义信仰产生怀疑，此时，就需要发挥日常思想政治教育链的后续性的实践养成教育对理论教育的巩固性作用，使教育者在追踪大学生思想实际的基础上，及时灵活地采取关怀性、体验性的教育方式对大学生的思想疑惑进行化解，以保证大学生中国特色社会主义理论体系教育链处于整体最优状态。

二、大学生中国特色社会主义理论体系教育链的基本功能

功能是指由本质属性所决定的事物的作用与效果，一般在具有特定结构的事物或系统与外部环境相互作用中表现出来。大学生中国特色社会主义理论体系教育链的基本功能不仅表现为它对中国特色社会主义实践的保证功能，还体现为它在大学生中国特色社会主义理论体系教育活动中的整合功能，同时，它对大学生个人发展具有导向功能。

（一）保证功能

大学生中国特色社会主义理论体系教育链在帮助大学生掌握马克思主义的世界观、方法论及其在中国的实际应用的价值、方式、发展等教育内容的过程中，对大学生树立马克思主义信仰、坚定中国特色社会主义共同理想信念、增强对中国特色社会主义现代化建设事业的信心具有重要意义，发挥了其在中国特色社会主义实践中凝聚大学生政

治、思想共识，统一大学生实践行为，培养合格的社会主义接班人的保证功能。这一保证功能具有时代感与针对性，在不同的历史阶段，其在解决实际问题的过程中具有不同的现实作用，在当前的时代条件下，主要体现在以下两个方面：一是引导大学生深入理解与理性推行全面深化改革的战略决策，确保改革的顺利进行；二是帮助大学生正确剖析西方资本主义意识形态霸权主义的实质，在大学生群体中实现“两个巩固”。

破除现有制度弊端、打破固有利益藩篱的全面深化改革“涉及生产关系与上层建筑的一系列相互联系的环节和方面”①，具体在中国特色社会主义的经济、政治、文化等多个领域、多个方面有序展开，是在新的历史条件下推进中国社会前进的核心动力。然而在利益调整、矛盾解决与对外开放的改革过程中，思想困惑与社会问题纷至沓来。在这一时代环境中成长的大学生，自然免不了产生思想上的疑惑与不解，若不对作为中国特色社会主义建设者与接班人的大学生进行正确的引导与教育，其大有可能会出现思想偏见与行动错误，以致影响全面深化改革。随着扩大市场配置资源权限的经济体制转型，利益日趋分众化、碎片化，一部分大学生呈现出以自我利益为中心的思想行为特征，他们对社会发展客观条件与必然趋势认识不清，对在全面深化改革中与自我利益相关的政策与制度调整并不接受。这减缓了他们在改革中跨越固有藩篱的步伐。与此同时，一部分大学生对于社会主义市场经济属性的理解产生了偏差，以致盲目崇拜西方社会发展模式与接受西方个人利益至上的意识形态。这影响了大学生群体对中国特色社会主义制度、道路、理论的自信的建立与增强，部分大学生呈现出理想信念缺失的现象。面子观念、拜金主义、投机主义等炫耀化、符号化、抽象化欲望肆虐于大学生的学习与生活之中，模糊了大学生对中国特色社会主义框架内资本逻辑的核心价值意义的科学认识。某学者进行的一项调查显示，大部分大学生对中国特色社会主义道路是认同的，但也有小部分大学生对这一关乎民族复兴的重大抉择认识模糊，如“38%的大学生认为‘只要生产力高度发展，人民生活富裕，走什么路都无所谓’”②。虽然这只是小范围内的抽样调查，但也从一定侧面反映了在全面深化改革的时代条件下大学生思想问题的现实存在。大学生中国特色社会主义理论体系教育链作为一个历史性的中国特色社会主义信仰教育系统，旨在通过其流程链培养大学生的中国特色社会主义理论素养，增强大学生的理论自觉、理论自信。这可以促进大学生以社会主义基本矛盾理论、改革是社会主义社会发展的直接动力理论等为理论依据正确认识与分析全面深化改革的现实原因，以实践的历史思维认识全面深化改革的现实条件，以人民是历史主体的观点分析全面深化改革的出发点与落脚点，深刻理解全面深化改革的政策内涵，自觉把握自身所担负的历史责任，规范自身行为。这对确保全面深化改革顺利进行具有重要意义。

大学生对马克思主义主流意识形态指导地位与中国特色社会主义道路、理论、制度的模糊认识等思想问题的出现，在一定程度上，源自西方意识形态霸权主义渗透的影响。西方国家企图在其与社会主义国家的相互交往过程中，采用直接或间接的意识形态的传输方式，逐渐地侵蚀、动摇和改变社会主义国家的主流意识形态的指导地位，使马

① 林泰. 唯物史观通论[M]. 北京：高等教育出版社，2001：147.

② 姜鑫，魏来. 高校“两课”教学增强大学生道路自信的研究[J]. 现代教育科学，2015(3)：25.

克思主义的主导地位被资产阶级意识形态取而代之，[①] 进而对中国的建设与发展造成消极影响。其文化产品的大规模输出、网络媒介等文化价值观念的渗透，对在信息时代成长的当代大学生产生了不可忽视的消极影响。许多大学生的日常娱乐生活都与之密切相关，在不知不觉中对西方鼓吹的“民主”“博爱”等文化价值观念产生了认同。而在大学生中国特色社会主义理论体系教育链中，教师处在思想政治理论课教学链的中间环节，对资本主义主流意识形态的历史局限性的分析、对资本主义制度与社会主义制度的趋同论的驳斥、对社会主义核心价值体系的真实性意义的阐述与解析，可以帮助大学生认识资本与权力联姻的现代化危害，领悟中国特色社会主义实践消灭资本特权、建立以人民为主体的真正意义上的平等的人权体系的实质，逐渐破除大学生对西方意识形态的盲目崇拜。同时，教育者在这一教育链的日常思想政治教育链的校内实践教育环节、校外社会实践教育环节、虚拟社会实践教育环节，让大学生深入了解中国国情与民意，在科学实践、正向体验、理性思辨中树立马克思主义信仰、中国特色社会主义共同理想信念，可以帮助大学生建构属于中国青年的精神家园，从而在大学生群体中实现“两个巩固”。

（二）整合功能

大学生中国特色社会主义理论体系教育链作为一种历史性的中国特色社会主义信仰教育系统，通过其各个层次的各个环节的相互依存与制约的连接关系，实现其自身的整体性存在与运行，这实际上是以教育链这一系统的形式对大学生中国特色社会主义理论体系教育过程内部各环节及其连接关系的整合。一般意义上的马克思主义理论教育的整合，包括“对内整合”与“对外整合”两个方面。[②] “对内整合”是指马克思主义理论教育作为一个系统对内部各个环节及其连接关系的整合与优化。“对外整合”是指马克思主义理论教育与社会其他子系统之间相互交流、协同与合作，共同协调社会不同因素的矛盾、冲突、纠纷，促进社会成为享有共识的均衡的统一体系的社会整合。[③] 大学生中国特色社会主义理论体系教育链的“对外整合”体现在其保证功能上。而大学生中国特色社会主义理论体系教育链在教育过程中的整合应属于对系统结构进行的“对内整合”。其所发挥的整合功能具体表现在系统的整体协调与各环节的有序衔接、交融互渗、相辅相成上。

大学生中国特色社会主义理论体系教育链通过其目标链、流程链的有效连接，把大学生中国特色社会主义理论体系教育过程中的教育目标、教育内容、教育途径、教育方法等各个相互关联的要素有效整合在一起，形成了其特定的整体性结构。各环节相互协调的整体性结构，在教育者与受教育者之间良好地实现了中国特色社会主义理论体系的基础知识与其所承载的精神、情感、意志、信仰等实质性内容的传递与转化。这一教育链的系统内部各环节相互协调的结构是稳定性与动态性的辩证统一，会随着时代变迁，在解决现实问题的过程中，实现与时俱进的创新发展，从而实现大学生中国特色社会主

① 田改伟. 挑战与应对：邓小平意识形态安全思想研究[M]. 北京：中国社会科学出版社，2008：28.

② 叶方兴. 国内思想政治教育整合研究的回顾与前瞻[J]. 思想政治教育研究，2013(1)：41.

③ 张耀灿，马奇柯. 论思想政治教育的整合机制[J]. 学校党建与思想教育，2005(4)：29.

义理论体系教育过程的整体协调。整体上的全面协调，必然会对系统内部各个要素的考量与优化起到重要的作用。大学生中国特色社会主义理论体系教育链作为一个有序性结构，从整体上把握了其各个环节的内部优化与有序衔接，实现了大学生中国特色社会主义理论体系教育过程的中间环节的相互配合、交融互渗、相辅相成。这一教育链的目标链是在遵循大学生中国特色社会主义信仰形成与发展的基础上形成的。它从整体上把大学生中国特色社会主义理论体系教育过程的阶段性目标连接起来，实现了目标环节相互衔接、有序过渡的整合效应。这一教育链的流程链与这一教育链的目标链，从理论教育与实践养成相统一的角度，整合了大学生中国特色社会主义理论体系教育活动的中间环节，提升了这一教育过程中的教育活动对教育目的的促成效果。这一教育链的流程链整合了大学生中国特色社会主义理论体系教育实践的主渠道与主阵地，促进了二者更加密切的协调、交流与合作，避免或减轻了二者长期各自为政的弊端，从而整合了大学生中国特色社会主义理论体系教育过程的现实资源。大学生中国特色社会主义理论体系教育过程中的教育内容、教育方法等要素也以整体性方式有效融入了流程链之中。因目标链、流程链各个环节的整体性规划，教育方法更具有针对性、时效性，教育内容在基本框架之内更具有创新性、感染性，教育内容与教育方法之间的相互匹配、有效契合处于一种更为科学有序的状态。具备独特的整体性结构的大学生中国特色社会主义理论体系教育链，不仅从系统的角度全面整合、协调了大学生中国特色社会主义理论体系教育过程的诸多要素与资源，还更好地对这一教育过程中间环节本身进行了优化，实现了促进这一教育实践整体最优的整合作用。这一教育链的存在与运行，让大学生接受了系统性的中国特色社会主义理论体系教育。这有助于大学生将其从其他单一性的教育渠道中获得的片面化、碎片化的理论认识，感性化的情感与经验化的体悟整合成系统的理性化的理论素养、理论信念。

（三）导向功能

作为一种历史性中国特色社会主义信仰教育系统的大学生中国特色社会主义理论体系教育链的运行，实质上是把社会主导的价值观念转化为大学生个体思想政治观念，帮助大学生按照社会所期望的方向发展的过程。[①] 因此，这一教育链对大学生的个人发展具有导向功能。这一导向功能具体体现在其对大学生理想信念的正确树立与生活目标的合理确定上。

大学生中国特色社会主义理论体系教育链围绕着中国特色社会主义理论体系这一教育内容而存在。这一教育内容兼具命题形态和物象形态。它既对马克思主义的本质立场、核心观点、根本方法在中国实践中的具体应用进行了科学凝练，也承载着共产主义的远大目标、中国特色社会主义共同理想目标与其阶段性表现，呈现了中国人民在当今时代的价值理想与价值实现。这一教育链的存在与运行，对大学生系统掌握这一教育内容的学理基础，培养科学的理论思维与理论自觉，并在日常学习、生活实践中运用这一中国化马克思主义的理性逻辑分析问题、解决问题具有重要意义。在大学生掌握这一科

---

① 骆郁廷. 高校思想政治理论课程论[M]. 武汉：武汉大学出版社，2006：48.

学理论的同时，必将树立这一理论所蕴含的中国特色社会主义共同理想。这一理想信念的导向作用，将会影响大学生在实践中追求个人发展的实际行为，使其人生轨迹沿着积极向上的方向发展。党的十八大以来，习近平多次强调要加强对青年的理想信念教育。他指出："理想指引人生方向，信念决定事业成败。没有理想信念就会导致精神上'缺钙'，中国梦是全国各族人民的共同理想，也是青年一代应该牢固树立的远大理想。中国特色社会主义是我们党带领人民历经千辛万苦找到的实现中国梦的正确道路，也是广大青年应该牢固树立的人生信念。广大青年要坚持用邓小平理论、'三个代表'重要思想、科学发展观武装头脑，把理想信念建立在对科学理论的理性认同上，建立在对历史规律的正确认识上，建立在对基本国情的准确把握上，不断增强道路自信、理论自信、制度自信，增强对坚持党的领导的信念，永远跟着党高高举起中国特色社会主义伟大旗帜。"①从习近平同志的这段指示中，我们可以发现，大学生对中国特色社会主义理论体系的认同，是其牢固树立实现中华民族伟大复兴的理想信念、增强对中国特色社会主义事业的信心的重要基础。大学生中国特色社会主义理论水平的提升、共同理想信念的树立对在凝聚共识、统一行动中团结青年群体具有重要效用，还对大学生个人发展发挥重要导向作用。这一导向作用具体体现在以下三个方面：其一，保障大学生思想认识的科学性。共同理想信念、"四个自信"等中国特色社会主义信仰，给大学生树立了正确认识自身与所处现实条件的世界观，保证了自身思想认识在各个成长阶段的科学性、稳定性，避免或减少精神世界迷失与实际行为沉沦的风险。如，"实事求是"作为中国特色社会主义理论体系的思想精髓，就可以指导大学生在学习与生活中以现实情况与客观条件为基础，不盲目跟风。其二，为大学生提供一个具有统摄性地位的价值观念。作为在一定历史条件下从事生产生活的人类独有的一种精神形态的价值观念，是所在历史条件下的人们关于基础价值的信念、信仰、理想的体系。② 这就是说，信念、信仰、理想等精神形态是价值观念的基本内容与表现形式。信念从现实出发，解决人的价值判断问题，信仰则是人的最高信念，为人提供价值定向，使人的精神生活形成一个完整的导向，而理想则是以信仰为基础的价值目标体系，是对主体所追求的价值成果的具体描述、选择与期待。③ 符合客观规律的理性价值观念系统的建构与稳固离不开科学的信念、信仰、理想的重要影响。在大学生纷繁复杂的现实生活中，"中国梦""四个自信"等中国特色社会主义信仰可以帮助大学生抵制不良价值观的消极影响，对大学生整合不同层次的价值观念具有重要作用。这为大学生提供了一个有序的精神世界。其三，为大学生合理确立现实生活目标提供了定向与导航。理性有序的价值观念系统为大学生依据现实条件，合理确定自身的生活目标，提升幸福感，促进身心健康，提供了依据与动力。生活目标是指人在为了实现自我的生存与发展的实践活动中，"所欲达成或维持的状态"④。依据现实条件而合理确定的生活目标，能使人有方向性地把握知识、情感与

① 习近平. 在同各界优秀青年代表座谈时的讲话[N]. 人民日报，2013-05-05(2).

② 李德顺. 价值论：一种主体性的研究 第3版[M]. 北京：中国人民大学出版社，2013：137.

③ 李德顺. 价值论：一种主体性的研究 第3版[M]. 北京：中国人民大学出版社，2013：139-144.

④ 陈舜文. 生活目标、成就动机取向与追求目标之情绪、归因与行为的关联：以台湾大学生为例[EB/OL]. www. issp. sinica. edu. tw/psychology.

意志，科学控制与调整生活轨迹，在持久有力的现实目标实现行为中，形成有序的生活秩序，扩宽个人发展与价值实现的空间。

三、大学生中国特色社会主义理论体系教育链的基本分类

分类是为了把大学生中国特色社会主义理论体系教育链各子链按照一定的尺度规整到一起，又按照不同的属性、特点将它们进行区分，从而使马克思主义理论教育领域的理论研究者与实践工作者对这一教育链形成更为深入的认识。

（一）总链与分链

就大学生中国特色社会主义理论体系教育链的结构层次而言，这一教育链有总链与分链之分。大学生中国特色社会主义理论体系教育链这一整体，可称之为总链，而其所包含的下一层次的目标链、流程链则为其分链。而流程链由思想政治理论课教学链与日常思想政治教育链构成，这二者也属于其分链。“总”是对这一教育链的整体性描述与反映，着眼于这一教育链的宏观性质与全面性质的规划、调整与运行。而“分”则是对于这一整体的构成部分的解析，聚焦于这一教育链的环节与细节。总链规定了分链之间的相互关联性，规定了分链在总链中的地位与作用，因总链的宏观视野的存在，分链的针对性、实效性得以提升。分链及其相互之间关系，构成了总链的结构，是总链实现与发挥其基本功能的基础。

（二）目标链与流程链

就大学生中国特色社会主义理论体系教育链的基本结构而言，这一教育链有目标链与流程链之分。这一教育链是指在大学生中国特色社会主义理论体系教育过程中，依据大学生知、情、意、行的思想政治素质形成发展过程规律与中国特色社会主义理论体系的生成根据、内在本质、基本特征、逻辑结构、思想精髓等基本内容，所形成的由相互制约与依存的环环相扣、节节相连的环节构成的历史性的中国特色社会主义信仰教育系统。大学生中国特色社会主义理论体系教育过程是一个具有特定教育目的的教育活动过程。这一过程的教育目的由多个教育目标组成，它们之间相互衔接、有序过渡，形成了大学生中国特色社会主义理论体系教育链的目标链。这一过程的教育活动，由多个与教育目的相匹配的中间环节构成，它们之间先后衔接、相互呼应，形成了大学生中国特色社会主义理论体系教育链的流程链。流程链与目标链在大学生中国特色社会主义理论体系教育链这一整体性结构中是影响与被影响的关系，处于同一层次，相互衔接，相互作用。

（三）理论教育链与实践教育链

因教育方法的不同，大学生中国特色社会主义理论体系教育链有理论教育链与实践教育链之分。在教育者运用理论教育方法系统性地将中国特色社会主义理论体系的学理知识传递给大学生的过程中，形成的由环环相扣、节节相连的环节构成的教育链属于理

论教育链。教育者在理论教育链中，从理论层面对大学生进行中国特色社会主义理论体系的教育，促进大学生掌握这一理论体系所蕴含的马克思主义的本质立场、核心观点、根本方法，“全面理解与把握党的基本理论、基本路线、基本纲领、基本经验以及重大方针政策”①，理解、接受、认同这一科学的理论体系。发挥系统的理论教育功能、使大学生在对理论的学理性基础形成深刻认识的基础上对理论产生认同的理论教育链是大学生中国特色社会主义理论体系教育链的流程链中至关重要的部分。中国特色社会主义理论体系是一个拥有严整的世界观的科学理论体系，包含丰富的知识内容。大学生若不对这一理论体系的学理基础与逻辑结构进行全面的、系统的学习、钻研与理解，将难以把握其精神实质，难以以整体的视角运用这一理论体系所蕴含的马克思主义的本质立场、核心观点、根本方法以分析与解决现实问题，甚至有可能会陷入断章取义的教条主义泥潭。接受系统的理论教育是大学生形成理论自觉、增强理论自信、树立理论信仰的必要途径。由此，理论教育链之于大学生中国特色社会主义理论体系教育链的流程链的重要性便可见一斑。在教育者运用实践教育方法，引导大学生在实践活动中深入理解中国特色社会主义理论体系的过程中所形成的由环环相扣、节节相连的环节构成的教育链属于实践教育链。在这一实践教育链中，教育者需要结合中国特色社会主义实践的历史经验与现实问题，引导大学生深入中国社会现实，考察国情、民意，并从社会现实问题出发，运用中国特色社会主义理论体系解释事实、解决问题，从而使大学生在实践活动的真实体验、价值判断、理性综合中，把握这一理论体系创造性的实践品性，认清中国特色社会主义实践的现实条件，培养实践的历史思维，促进自身的思想解放，增强实践理性与实践能力。理论教育链与实践教育链在大学生中国特色社会主义理论体系教育链中，相辅相成、互补互促、缺一不可。

（四）思想政治理论课教学链与日常思想政治教育链

因教育渠道的不同，大学生中国特色社会主义理论体系教育链有思想政治理论课教学链与日常思想政治教育链之分。二者在大学生中国特色社会主义理论体系教育链的流程链中相互衔接、有序过渡、互补互促。思想政治理论课教学链是流程链的核心环节，而日常思想政治教育链则以其实践养成方式对思想政治理论课教学链中大学生的理论素养培育效能进行巩固与强化。

大学生思想政治教育分为两个重要方面：一是作为主渠道的思想政治理论教育，二是作为主阵地的大学生日常思想政治教育。这一观点由教育部原部长周济在 2006 年上海召开的全国高校辅导员建设会议上以“切实推进高校辅导员队伍建设 为加强大学生思想政治教育提供坚强的组织保证”为题的讲话中首先提出，后得到学界的普遍认可。一般认为，在这一论题的讨论中，学界将日常思想政治教育的概念等同于思想政治理论课的概念。② 思想政治理论课通过教学活动承担着系统的马克思主义理论教育与思想品德教育的任务，而日常思想政治教育则主要通过高校日常的教育、管理、服务活动对大学

① 胡子克. 马克思主义理论教育概论[M]. 北京：人民出版社，2005：220.

② 郑自立. 当代中国马克思主义大众化视阈中的大学生思想政治教育研究[D]. 长沙：湖南师范大学，2011.

生进行思想、政治、道德的实践养成教育。二者在大学生思想政治教育工作中是相辅相成的关系。由于大学生思想政治教育与大学生马克思主义理论教育的概念并不完全一致，那对于大学生马克思主义理论教育来说，思想政治理论课与大学生日常思想政治教育在大学生思想政治教育中的地位与作用，是否还是一样呢？本文认为，促进大学生掌握系统的理论知识、培育大学生理性思维的思想政治理论课与发挥实践养成教育作用的大学生日常思想政治教育依然是大学生马克思主义理论教育的两个重要方面。虽然以理论思维的培养、理论自觉的增强为侧重点的大学生马克思主义理论教育的主要任务在于使大学生在全面掌握马克思主义理论学理知识与基本精髓的基础上树立理论信仰，但这一高层次的教育任务的实现也离不开大学生在现实生活与实践行为中应用马克思主义理论以实现马克思主义理论教育中日常思想政治教育的实践养成作用的引导。中国特色社会主义理论体系这一教育内容是反映社会现实、反映中国实践的理论，这一理论需要在实践中得到证实、得到发展，因为只有让大学生在实践中真实体验这一理论的优越性，才能使这一理论真正被大学生理解、接受与认同。但值得注意的是，高校思想政治理论课是大学生马克思主义理论教育最重要、最核心的途径。这是由马克思主义理论教育是对大学生进行马克思主义信仰的学理基础的教育的本质属性所决定的。① 在大学生中国特色社会主义理论体系教育过程中，要把思想政治理论课的理论教育基础性作用与大学生日常思想政治教育的实践养成作用有机结合起来，使大学生理论学习与现实实践相结合，建构与个人学习、生活实际相结合的理论知识体系、理论信仰体系。

从大学生学习中国特色社会主义理论体系的思想政治理论课来看，它是用这一中国化马克思主义理论武装大学生，构建大学生精神家园的一个教与学的活动过程。它既要帮助大学生全面深入地掌握这一理论体系的命题形态的知识，坚持马克思主义的本质立场、核心观点、根本方法，也要促进大学生树立中国特色社会主义理论信仰，坚定中国特色社会主义共同理想信念，增强“四个自信”，坚持中国共产党的领导。大学生这一思想政治理论课的学习过程是一个完整的知、情、意、行的思想政治素质形成与发展过程。在这一思想政治理论课教与学的过程中，“教学目的、教学活动和教学结果是构成它的三种过程性基本要素”②。教学活动是教师依照大学生的知、情、意、行的学习过程规律促进大学生的中国特色社会主义理论素养这一教学目的成为现实的过程。这一过程由多个相互衔接与有序过渡的中间环节构成。它们之间的环环相扣、节节相连使得思想政治理论课教学链得以形成。它是大学生中国特色社会主义理论体系教育链的流程链的核心环节。

学界对于大学生日常思想政治教育含义的界定，主要包括以下三种代表性观点：一是把大学生日常思想政治教育看作是在思想政治理论课这一教育渠道之外的且与大学生的日常生活学习密切关联的思想政治教育。③ 二是把大学生日常思想政治教育看作是以从事学生工作的辅导员和班主任等高校学生工作人员为主体，以学生管理与学生服务为

① 刘建军. 信仰教育：马克思主义思想理论教育的本质内容[J]. 中国人民大学学报，2000(4)：17.

② 骆郁廷. 高校思想政治理论课程论[M]. 武汉：武汉大学出版社，2006：144.

③ 陈跃. 大学生日常思想政治教育存在的问题及对策思考[J]. 学校党建与思想教育：高教版，2007(10)：59.

途径的思想政治教育活动，具体包括党团建设、校园文化建设、班级与年级活动等。① 三是把大学生日常思想政治教育看作是平日经常进行的、渗透在大学生日常学习和生活之中的、对大学生全面发展和健康成长起着潜移默化作用的思想政治教育活动，它贯穿于高校教育、管理、服务的全过程，包括党团活动，辅导员与班主任组织开展的班级、社团等日常思想政治教育活动、建设，心理健康教育，社会实践，校园文化建设等。② 第一类观点，对于大学生日常思想政治教育的范围界定相对宽泛，在第二类与第三类观点中，大学生日常思想政治教育的边界相对明确。与第三类相比，第二类所界定的大学生日常思想政治教育没有包括大学生的校外社会实践与虚拟社会实践活动。本文采用第三种观点，把大学生网络平台的虚拟社会实践教育与校外社会实践教育归置于大学生日常思想政治教育的所属范围之中。在大学生中国特色社会主义理论体系教育过程中，大学生日常思想政治教育是对大学生理论素养的提升具有重要帮助的教育实践活动，承担着促进大学生认知、认同、坚信、践行这一理论体系的实践养成教育的任务。本文把大学生日常思想政治教育过程中的教育实践活动按空间域划分为校内实践、校外社会实践、虚拟社会实践三个主要环节，把由这三个环节有序衔接构成的教育链，称为日常思想政治教育链。

本章从特征、功能、分类这三个角度对大学生中国特色社会主义理论体系教育链进行了进一步的界定与分析，为以系统思维从教育链这一系统论视角对大学生中国特色社会主义理论体系教育过程中的环环相扣、节节相连的环节与关系进行科学认识与深刻把握做好理论性铺垫。这一章以大学生中国特色社会主义理论体系教育链的概念为基础，将这一教育链置于历史唯物主义与辩证唯物主义的视域下进行理论探讨，认为这一教育链具有实践性、整体性、关联性、动态性的主要特征，其在当前中国特色社会主义实践中具有在大学生群体中凝聚改革共识，实现“两个巩固”的保证功能，其从全面协调与内部优化两个方面对培育大学生理论素养、增强大学生理论自觉以及理论自信的教育过程发挥着整合作用，其对于大学生个人发展的导向功能体现在帮助大学生树立正确的理想信念并确立合理有序的生活目标上。同时，这一章从总链与分链、目标链与流程链、理论教育链与实践教育链、思想政治理论课教学链与日常思想政治教育链几个方面对大学生中国特色社会主义教育链的基本分类进行了探讨，更为详细地阐释了这一教育链的独特之处。

---

① 胡巍. 学生思想政治教育路径研究[D]. 吉林：东北师范大学，2015.

② 骆郁廷，储著斌. 大学生日常思想政治教育的力量整合[J]. 学校党建与思想教育：高教版，2010(10)：8-12.

第四章 大学生中国特色社会主义理论体系教育链的结构与运行

“当我们通过思维来考察自然界或人类历史或我们自己的精神活动的时候，首先呈现在我们眼前的，是一幅由种种联系和相互作用无穷无尽地交织起来的画面。”①对事物具体联系的分析是我们认识事物本质与规律的基本方式。对大学生中国特色社会主义理论体系教育链的各个层次的环节及它们之间的相互关系的探讨，是以整体性的方式对这一教育链的深层次描述展开的。

一、大学生中国特色社会主义理论体系教育链结构分析的理论逻辑

大学生中国特色社会主义理论体系教育链是在大学生中国特色社会主义理论体系教育过程中由环环相扣、节节相连的环节构成的历史性中国特色社会主义信仰教育系统。这一教育链的根本功能在于使反映中国实际、探索解答中国问题的中国特色社会主义理论体系进入大学生的头脑和心中，促进大学生理论自觉、理论自信的形成，帮助大学生树立对这一理论体系的信仰，坚定中国特色社会主义共同理想信念。在马克思主义理论教育的理论研究与实践形态中，马克思主义理论进入大学生头脑和心中的过程既是一个由纵向呼应或横向连接的中间环节构成的教育活动过程，也是一个复杂的知、情、意、行的思想、心理变化与发展的过程。因此，大学生中国特色社会主义理论体系教育过程中环环相扣、节节相连的链式连接关系，始终围绕着马克思主义理论入脑入心的知、情、意、行的思想政治素质形成发展过程规律展开与延伸。对其进行结构分析，要以对知、情、意、行的思想政治过程规律的遵循为科学基础。马克思主义、中国古代教育思想、西方教育思想都对信仰教育过程所要遵循的这一思想发展过程规律做了相应的阐述，为本章的研究提供了学理依据。

（一）坚持马克思主义关于“知、情、意、行”的思想理论的指导

“马克思主义是一种理论，人们对这种理论的相信和信奉就是马克思主义信仰。”②马克思主义信仰是“由知、情、意、行的思想要素所构成的综合体系”③。“知”是指马克

① 马克思，恩格斯. 马克思恩格斯文集：第9卷[M]. 北京：人民出版社，2009：23.

② 刘建军. 马克思主义信仰论[M]. 北京：中国人民大学出版社，1998：21.

③ 石云霞. 马克思主义理论教育思想发展史研究：上[M]. 北京：中国社会科学出版社，2012：204.

思主义信仰者对马克思主义理论的生成根据、内在本质、基本特征、逻辑结构、思想精髓等基本内容的深入理解，对马克思主义理论与人、社会关系的科学把握，对马克思主义理论所坚持的价值标准的准确认识。“知”对马克思主义信仰者知晓、思辨、认同马克思主义理论生成的必然性、真实性、科学性具有重要意义，为马克思主义信仰者提供选择马克思主义信仰的理论依据、内在标尺与基本方法，影响马克思主义信仰者对这一信仰对象的评价判断、情感体验、行为意向。马克思就曾对马克思主义理论知识之于工人阶级的思想的统一、行动的团结一致、自发状态向自为状态转换的积极作用做了阐释。他写道：“工人们所具备的一个成功因素就是人数众多，但是只有当群众组织起来并为知识所指导时，人数众多才能起决定胜负作用。”①使马克思主义理论在马克思主义信仰者的头脑与内心脱离美丽神话的虚幻性、抽象性，为马克思主义信仰的形成与发展提供具有理性基础的前提性条件，是马克思主义信仰教育过程的起点。蕴藏马克思主义理论智慧结晶的书本、外界的直接性“灌输”或间接性熏陶是马克思主义信仰者获取对马克思主义理论“知”的重要途径，但这不是仅有的重要途径。马克思主义信仰者要想更加全面深入理解马克思主义理论，还需要坚持马克思主义实践的观点，从直接现实性的动态实践中对马克思主义理论进行思考、判断、检验、综合。也就是说，“知”除了是一个认识的过程，也是一个实践的过程，二者的统一才能使人形成对马克思主义理论真实科学的“知”。“情”是人基于自身与社会的现实需要与历史条件，在对马克思主义理论与人或社会之间的价值关系进行判断、反思的基础上，产生的一种正向或反向的态度。对马克思主义理论产生的正向情感，是马克思主义信仰者接受、认同、践行这一理论的本源动力，正如马克思所说：“激情、热情是人强烈追求自己的对象的本质力量。”②马克思主义信仰者通过对马克思主义理论所关切的人的自由而全面发展、无产阶级的历史使命与现实问题等个人发展与社会进步的价值实现话题的理解与把握，意识到马克思主义理论的形成发展与作为主体的无产阶级或人民群众的根本利益、现实问题、现实条件及其变化互为表里时，将生成价值主体自身的价值自觉。这一价值自觉将引领马克思主义信仰者确证马克思主义理论对个人发展、社会进步的现实指导意义，产生对马克思主义理论的正向性质的情感体验。马克思主义认为，意志以现实条件与人的主体性需要为基础，任何一种意志都是“由于许多特殊的生活条件，才成为它所成为的那样”③，意志不是绝对自由的，它是“借助于对事物的认识来做出决定的能力”④。马克思主义信仰中的“意”是马克思主义信仰者持之以恒地追求这一信仰的价值心理活动、价值意识的体现。它调节着马克思主义信仰者对马克思主义理论与共产主义信仰的认知过程与情感体验，同时又以认知为基础，以情感为动力，是马克思主义理论认知向追求与实现马克思主义的具体行为转化的重要杠杆。“行”即是对马克思主义信仰的现实转化行为，是马克思主义信仰的落脚点。同时，从认识论意义上来说它也是马克思主义信仰的逻辑起点。马克思主义者在对人类社会实践进行深刻把握的基础上，在对人类社会发

① 马克思，恩格斯. 马克思恩格斯选集：第 2 卷[M]. 北京：人民出版社，1995：606-607.
② 马克思，恩格斯. 马克思恩格斯全集：第 3 卷[M]. 北京：人民出版社，2002：326.
③ 马克思，恩格斯. 马克思恩格斯选集：第 4 卷[M]. 北京：人民出版社，1995：697.
④ 马克思，恩格斯. 马克思恩格斯选集：第 3 卷[M]. 北京：人民出版社，1995：455.

展的客观规律与个人发展的价值追求的理论凝练与理想建构的过程中创立和发展了马克思主义理论。实践性是马克思主义理论的本质属性。在解释世界的同时，改变世界才是其最终的意义归宿。马克思主义信仰为作为个人的马克思主义信仰者提供了群体性的共同理想信念或价值意识。其意义在于使马克思主义信仰者在实现马克思主义信仰的目的与行为上保持内在的一致性，为实现社会主义革命与建设的胜利、人的自由全面发展提供强大的行动力。这就是说，实践行为是马克思主义信仰的外显形式。根据实践的唯物主义观点，实践行为是马克思主义信仰的现实基础，马克思主义信仰形成与发展始终与实践相伴相生。只有在实践中对马克思主义理论形态与物象形态的内容进行不断的检验与发展，将社会与个人的价值追求建立在现实路径之上，才能促使马克思主义信仰者知晓、接受、理解、认同马克思主义理论与信仰的真实性、科学性，促进马克思主义信仰者始终对实现这一科学的信仰体系保有巨大的信心与信念。马克思主义信仰的形成与发展，与马克思主义信仰者对马克思主义理论这一信仰对象的“知、情、意、行”等环节的思想品质的形成发展过程的理解、认同息息相关。其中，“知”是“情”“意”“行”的基础，“情”为“意”“行”提供情感与精神力量，“意”则调节“情”并催生“行”，“行”则为“知”“情”“意”的基础性来源与核心意义归宿。从马克思主义的知识体系向信仰体系转化，需要经历思想政治品质的“知、情、意、行”等环节的辩证运动过程，而每一环节对应着相应的阶段性目标、教育内容、教育方法与教育情境等以及相应的设计、实施、控制与调整。

（二）汲取中国传统文化关于“知、情、意、行”思想的理论精华

从中国古代博大精深的教育思想文化中，可以寻找到与“知、情、意、行”有关的思想阐述。中国古代所主要推崇的以儒家思想为核心内容的政治教化与道德教化实际上也是一种主流意识形态性质的政治信念与道德信念的信仰教育。“知”在中国古代一般包含两层意思：“一是指一般性知识之知，二是指伦理道德之知。”[①]而在以纲常伦理道德为本位的中国古代思想文化中，大部分知识教育都与伦理道德教育紧密相连，即“知”与“德”是紧密结合的，“知”是提高“德”的重要途径。如，孔子指出：“仁者安仁，知者利仁。”[②]他主张通过个人的不断学习，来获取道德知识，从而自觉地、理性地对道德知识加以理解与认同。孔子认为“知”要达到全面的状态，即无过、无不及。对于“知”的方式，中国古代教育思想中也有阐述。如，孔孟强调“学”与“思”对于“知”的重要作用；宋明新儒学认为“知”是道德教化的第一阶段，提出了“格物致知”，强调用现实的“格物顿悟”的手法使人深刻知悉、理解“理”。由于道德知识的落脚点在于行，因此，在以儒家思想文化为主流意识形态的中国传统社会中，“知”的最终表现在于“行”。中国古代的伦理道德规范与亲情血缘关系等天然情感纽带紧密相连，中国古代思想家对于道德教育的情感感化过程也颇为重视，如孔子就认为“情”的调整与控制是道德教育的重要阶段，把学生的道德认知上升到道德情感，激发学生的向“善”之心，将道德以

① 黄济. 教育哲学通论[M]. 太原：山西教育出版社，1998：109.

② 《论语·里仁》。

稳定性形式内化于心是十分必要的。《大学》指出：“身有所忿懥，则不得其正；有所恐惧，则不得其正；有所好乐，则不得其正；有所忧患，则不得其正。”[①]儒家思想特别注重运用诗教、乐教等艺术性的道德教化方式，其目的就在于通过移情的方式促进道德教化中的受教育者从“知之”“好之”到“乐之”的情感层次的升华。孟子发展了用诗教、乐教的手段对民众进行情感熏陶的道德教化方式，认为这种以情感人的方式比单纯的说教性质的道德教育更具实效性。实际上，诗教、乐教等化民成俗、以情动人的教化方式，是中国传统社会主流意识形态教育方法链中的重要一环。中国古代思想家对于意志在道德教育中的作用谈论颇多，强调“立志”所带来的对道德的恒心、信念之于道德养成与实践的重要性，提倡受教育者自觉地在艰苦环境中对意志进行磨炼，以至达到可以抵御各种诱惑的境界。孔子说道：“三军可夺帅也，匹夫不可夺志也。”[②]孟子指出：“富贵不能淫，贫贱不能移，威武不能屈。”[③]“行”是中国古代道德教化的落脚点，对其的论述自然呈现于各大思想家的思想体系之中。诸多中国教育思想家除了强调教育者要在道德教育过程中运用身体力行、榜样示范、改过迁善等道德践履方式以外，对于“行”与“知”的关系也做了重要的阐述，提出了“知行合一”“言必信，行必果”“力行须先知”等具有现代转换价值的道德教化主张。在总结“知、情、意、行”的思想发展过程规律的基础上，中国古代思想家提出了由一系列的环环相扣的环节构成的主流意识形态教育链，如“学、问、思、辨、行”“致知、用敬、践履”等。抛开中国古代信仰教育思想缺乏唯物史观基础与其以具有等级性质的政治伦理为最高指向、忽视人的自由全面发展的历史弊端，对中国古代思想教育家关于道德教化、政治教化的“知、情、意、行”的思想过程规律的相关思想智慧进行现代意义上的转换，可为大学生中国特色社会主义理论体系教育链的发展与完善提供启发性的思路。

（三）借鉴西方文明关于“知、情、意、行”思想的理论成果

“知、情、意、行”的思想发展过程规律，不仅在马克思主义理论、中国古代道德教育思想中有所论证，在西方的政治教育、道德教育等信仰教育思想中也可以找到相应的论述。苏格拉底以“美德即知识”的论点，阐释其关于“知”与信仰的关系的思想。苏格拉底认为知识是先天就存在于人心的由美德、正义、节制等要素构成的普遍的绝对的理性的善。他反对知识从经验与感性中获得的观点。他认为，这种知识虽然是先天存在的，但还需要人用后天的道德教育将其激发出来。苏格拉底认为理性知识会对人的美德与实践行为产生决定性作用。但苏格拉底基于理性知识的角度不赞成情感因素在道德教育等信仰教育中的积极作用。尽管“苏格拉底对知识的掌握与信仰形成之间的必然性关系的阐述有失偏颇”[④]，但他认识到了知识对于信仰形成的重要性。柏拉图在继承苏格拉底思想的基础上，认为道德教育以受教育者对绝对真理等知识的获取为目的。他认为道德教育过程就是引导学生回忆、思考先天存在于人心之中的理念世界的知识并获得美

---

① 《大学》。

② 《论语·子罕》。

③ 《孟子·滕文公上》。

④ 沈壮海. 思想政治教育有效性研究[M]. 武汉：武汉大学出版社，2012：113.

德的过程。柏拉图认为，情感在道德教育中具有其影响力，要通过理性的知识培育情感，从而理性控制自身的欲望。在前人的思想基础上，亚里士多德主张通过理性控制情感，而这种理性的获取关键在于实践。他提出了美德不仅仅在于知识与言谈，还要表现于行为的主张。而中世纪的奥古斯丁在继承古希腊理性精神的基础上，提出了意志对于信仰形成的重要作用。他指出，人只有通过意志控制欲望才能向“善”。他也认为实践活动是人获取道德认知的重要途径。到了近代，西方在注重道德实践的基础上，重视对美德教育过程所包含的“知、情、意、行”四个因素的相互作用的整体性分析。如，朴素唯物主义思想家卢梭认为，道德认知的获取在于人在实践中的逐步体验与思考，人只有拥有善良的情感与高尚的情操，才能不被邪恶驱使，才能积极行善。康德基于道德自律的绝对理性与自由意志的理论，虽然反对道德教育采用情感教育的方式，但他认为以人为目的的绝对理性与自由意志，能激发起“‘敬重’的道德情感”①，且他所指的绝对理性与自由意志最终也体现在道德实践行为上。西方思想家关于“知、情、意、行”的讨论虽缺乏实践的历史的唯物主义基础，即具有片面性，但给我们认识信仰教育中人的思想发展过程规律提供了一定的思想理论借鉴。

二、大学生中国特色社会主义理论体系教育链的基本结构

事物内在构成要素之间的具体联系反映着事物的本质与规律。对大学生中国特色社会主义理论体系教育链的基本结构的探寻，是对大学生中国特色社会主义理论体系教育过程的中间环节之间的有序衔接、相互联动的链式关系的深入剖析，也是对大学生中国特色社会主义理论体系教育链的形成发展所遵循的客观依据的反映。具体而言，这一教育链的形成发展遵循的客观依据主要包括五个方面：一是中国特色社会主义理论体系进入大学生头脑和心中的“知、情、意、行”过程规律；二是中国经济社会发展对大学生中国特色社会主义理论体系教育链的现实要求；三是中国特色社会主义理论体系是科学社会主义理论逻辑与中国经济社会发展历史逻辑的辩证统一；四是大学生中国特色社会主义理论体系教育教学过程中教与学的关系；五是大学生的身心发展规律。思想政治教育过程要依据社会目的或社会规范要求和教育对象的思想政治素质的形成发展规律而展开。② 依据思想政治教育过程的“双依性”，大学生中国特色社会主义理论体系教育目标、逻辑与历史相统一的中国特色社会主义理论体系这一教育内容的精神实质与基本特征、大学生中国特色社会主义理论素养形成发展的“知、情、意、行”过程规律是大学生中国特色社会主义理论体系教育链内含的链式关系形成发展的客观依据。其中，大学生中国特色社会主义理论素养形成发展的“知、情、意、行”过程规律是基本依据，这是由思想政治教育过程与人的思想政治素质形成发展过程协同的属性决定的。系统地培养大学生中国特色社会主义信仰的教育过程中的链式关系的形成发展除了以这几个客观依据为基础以外，还以教书育人规律与大学生身心发展规律为其重要遵循。在大学生中

① 邓晓芒. 康德道德哲学详解[J]. 西安交通大学学报：社会科学版，2005(2)：47.

② 沈壮海. 思想政治教育有效性研究[M]. 武汉：武汉大学出版社，2012：101-102.

国特色社会主义理论体系教育过程中，教书育人规律探讨的是大学生中国特色社会主义理论体系教育教学过程中教与学的具体关系，相关教育主体如何进行教育内容、教育方法、教育途径的选择，教育效果的评价如何更好地促进中国特色社会主义理论体系进入大学生头脑和心中是这一教书育人规律的具体体现。① 大学生身心发展规律是指关乎中国特色社会主义理论学习与教育效率的大学生身心结构、学习特点、理论素养的层次差异等影响因素。

唯物辩证法认为，世界是过程的集合体，过程是矛盾运动的过程。大学生中国特色社会主义信仰的树立，是一个知、情、意、行的思想矛盾运动过程，而这一思想矛盾运动过程与大学生中国特色社会主义理论体系教育过程紧密相关。从过程论的视角出发，大学生中国特色社会主义理论体系教育是作为过程而存在与展开的，其过程性基本要素包括：教育目标、教育活动、教育结果。② 教育目标是教育者依据中国特色社会主义的思想政治要求、大学生个人发展的内在诉求与受教育者的思想政治素质形成发展规律所建构的。教育目标通过教育活动转化为教育结果，教育活动则由多种形式的中间环节前后衔接或横向呼应构成。教育结果集中体现在大学生的中国特色社会主义理论素养水平与实践行为上，也可体现在对受教育者的实际影响与对社会发展的作用的性质、程度上。在这三个过程性基本要素中，教育结果是对教育目标在教育活动中实现程度的反映。我们只能通过对反映整体性教育目标的各个具体性教育目标的科学规划，对促成教育目标实现的教育活动及其中间环节的科学设置、有序运行，来实现教育结果的良好呈现。因此，本文就从教育目标与教育活动这两个过程性要素出发解析大学生中国特色社会主义理论体系教育链的结构，为明确这一教育过程的教育目标及其中间环节与教育活动及其中间环节之间的关系提出理论性见解，以提升教育结果与教育目标的一致性。

帮助大学生系统把握中国特色社会主义信仰的学理基础，深刻认识中国特色社会主义理论体系的科学性，使大学生在建构科学理论思维的基础上，坚定“四个自信”，树立中国特色社会主义信仰，成为中国特色社会主义事业的合格接班人与建设者，是大学生中国特色社会主义理论体系教育过程的教育目标。这一教育目标集中反映了大学生中国特色社会主义理论体系从知识体系向信仰体系转化的过程。依据马克思主义信仰的构成要素与大学生“知、情、意、行”的思想政治素质形成过程规律，这一教育目标可以分解为大学生对中国特色社会主义理论体系的认知、认同、坚信与践行这几个具体性目标。认知、认同、坚信、践行这几个目标环节及其相互衔接、有序过渡的关系构成了大学生中国特色社会主义理论体系教育链的目标链。当然，需要说明的是，这里的“有序过渡”，并不一定意味着是呈直线性质的依次过渡，也有可能是相互缠绕迂回的过渡。但这种忽略运动过程中可以忽略的细节的理想化、模型化的表述，③ 是分析与研究大学生在中国特色社会主义理论体系教育过程中的思想政治素质形成发展过程所必需的。正如马克思主义经典作家列宁所言：“如果不把不间断的东西割断，不使活生生的东西简单化、粗鄙化，不加以划分，不使之僵化，那么我们就不能想象、表达、测量、描述运

① 李辉，陈静. 论高校思想政治工作的中心环节[J]. 思想教育研究，2017(2)：10-11.

② 田心铭. 再论建立马克思主义理论教育学[J]. 思想理论教育导刊，2004(2)：38-39.

③ 沈壮海. 思想政治教育有效性研究[M]. 武汉：武汉大学出版社，2012：103.

动。思想对运动的描述，总是粗陋化、僵化。”①这一目标链的整体状态的最优实现，需要发挥大学生中国特色社会主义理论体系教育活动中相互衔接的中间环节构成的流程链的积极作用，流程链的有效性对目标链的现实转换与呈现具有重要影响。

大学生中国特色社会主义理论体系教育链的流程链由培养大学生的中国特色社会主义理论素养、帮助大学生树立理论自信、坚定理论信仰的教育活动环节的有序衔接关系汇集而成，教育任务、教育内容、教育方法、教育途径等大学生中国特色社会主义理论体系教育过程的构成成分有效贯穿于其中间环节之中。大学生中国特色社会主义理论体系教育链的流程链是理论教育层面的思想政治理论课教学链与实践教育层面的日常思想政治教育链的结合。在理论教育层面的思想政治理论课教学链中，教师将中国特色社会主义理论体系的相关理论知识通过科学合理的教学方式方法系统地传递给大学生，促进大学生形成深厚的理论功底与高水平的理论素养，形成科学的社会主义观，并在理论认同的基础上树立中国特色社会主义信仰。而实践教育层面的日常思想政治教育链侧重于通过实践养成教育使大学生在分析问题、探索解答问题的实践过程中运用和理解中国特色社会主义理论体系，以实现对系统性的理论素养培育活动的现实效能的有效巩固。在大学生中国特色社会主义理论体系教育过程中，高校思想政治理论课是系统地培养大学生中国特色社会主义理论素养、帮助大学生树立中国特色社会主义信仰的主渠道，而大学生日常思想政治教育则是以其实践养成教育的作用来巩固与提升这一系统性的理论素养与理论信念培育活动的主要形式。教学过程的中间环节有序衔接而成的思想政治理论课教学链与校内实践教育、校外社会实践教育、虚拟社会实践教育相互连接而成的日常思想政治教育链，共同构成了大学生中国特色社会主义理论体系教育链的流程链。由此可以看出，本文所探讨的大学生中国特色社会主义理论体系教育链实际上是由大学生中国特色社会主义理论体系教育过程中的过程性要素与其中间环节的环环相扣、节节相连的链式关系构成的。

（一）大学生中国特色社会主义理论体系教育链的目标链

大学生对中国特色社会主义理论体系的认知、认同、坚信、践行既是一种辩证发展的过程，也是一种相对静止的结果状态。

1. 大学生对中国特色社会主义理论体系的科学认知

科学认知是实现大学生中国特色社会理论体系的知识体系向信仰体系转化的起点和前提，是观点、知识、思维等要素的集合，具有概念化、逻辑化、理性化的特点。大学生对中国特色社会主义理论体系的科学认知包含三个层面的意蕴：一是大学生对中国特色社会主义理论体系的哲学基础、内在逻辑联系、形成发展规律和其所要探索解决的基本问题，② 以及这一理论体系的基本范畴、基本观点、基本理论、实践纲领③等命题形态层面的内容的科学认识。二是大学生在对中国特色社会主义理论体系的基础性理论知

① 列宁．列宁全集：第 55 卷[M]．北京：人民出版社，1990：219.

② 田克勤．深入研究中国特色社会主义理论体系的几点思考[J]．马克思主义研究，2008(6)：9.

③ 袁银传，杜蘅．论中国特色社会主义理论体系的逻辑层次与基本结构[J]．江汉论坛，2013(5)：43.

识进行科学把握的基础上，对共产主义远大理想、中国特色社会主义共同理想等理想目标形态层面的内容的科学认识。理想目标形态层面的内容承载于命题形态层面的内容之中，是对命题形态层面的内容的现实呈现。三是大学生在对中国特色社会主义理论体系的命题形态层面与理想目标形态层面的内容进行深刻把握的基础上，对基本理论界限的自觉划清。

从命题形态层面来看，中国特色社会主义理论体系依据其理论层次可以分为四个部分：第一部分为这一理论体系的世界观、方法论，如实事求是的根本方法。第二部分为这一理论体系的基本范畴，如中国特色社会主义、物质文明。第三部分为这一理论体系的基本原理，如社会主义初级阶段理论。第四部分为这一理论体系的具体观点、方法，如市场在资源配置中起决定性作用和更好发挥政府作用的论断。① 中国特色社会主义理论体系的世界观、方法论是对马克思主义的本质立场、根本方法、核心观点的继承与发展，具体包括：以解放思想为主题的唯物论、以以人为本为核心的价值观、以实践为基础的认识论、以和谐为特征的辩证法、以统筹兼顾为根本的方法论、以改善民生为重点的唯物史观等。② 大学生对这一理论体系的世界观、方法论的全面掌握与理性思考，有助于大学生深刻认识这一理论体系的生成根据、发展规律、内在逻辑、内在本质、历史定位，对大学生深入分析这一理论体系从何处来、为什么而来、向何处去，确证这一理论体系的科学性具有重要意义。这一理论体系的基本范畴是对中国特色社会主义所涵盖的经济、政治、文化、社会等内涵、结构、关系与本质的概括式反映，为这一理论体系的基本原理和基本观点的形成发展提供了重要基础，具体包括：中国特色社会主义，解放思想、实事求是、与时俱进、求真务实，社会主义初级阶段，社会主义市场经济，社会主义精神文明、物质文明、政治文明、生态文明，社会主义核心价值体系等。③ 大学生对这一理论体系的基本范畴的科学认知，有助于其准确把握这一理论体系的内在属性与发展方向，深刻认识社会主义建设与改革事业的现实条件、实质目的与发展规律。这一理论体系的基本原理是围绕中国社会生产生活实践所要解决的基本问题而形成的，具体包括：社会主义初级阶段理论、社会主义本质理论、社会主义改革开放理论、社会主义市场经济理论、社会主义民主政治理论、社会主义先进文化理论、社会主义和谐社会理论、社会主义生态文明理论等。在对基本原理进行理解、分析与综合的基础上，把握这一理论体系内在结构的一体性、形成与发展阶段的连续性，建构对这一理论体系的整体性思维，是大学生深刻把握这一理论体系的世界观、方法论，是以逻辑与历史、科学与价值、理论与实践相统一的整体性视角正确认识这一理论体系的具体观点、方法的时代内涵与实践意蕴的重要基础。这一理论体系所包含的具体观点与方法，是在其世界观、方法论与基本原理基础上，在解决中国特色社会主义实践的现实具体问题过程中形成与发展的。较之前面三个部分的内容，其动态性、应用性更强，随着实践的深化，原先的具体观点会不断变化，甚至会在保有历史意义的基础上，失去其现实价值，如在当前形势下，“市场在资源配置中起基础性作用”的论断就不再使用了。大学生对这一理

① 张华. 论中国特色社会主义理论体系的逻辑结构[J]. 扬州大学学报：人文社会科学版，2011(6)：13.

② 郭建宁. 试论中国特色社会主义理论体系的哲学基础[J]. 中国特色社会主义研究，2009(1)：4-8.

③ 袁银传，杜蘅. 论中国特色社会主义理论体系的逻辑层次与基本结构[J]. 江汉论坛，2013(5)：46.

论体系的具体观点与方法的认识，要以其世界观、方法论基础与基本原理为指导，避免对其进行片面性、孤立性、静止性的理解与思辨。

从物象形态层面来看，中国特色社会主义理论体系涵盖了共产主义远大理想、中国特色社会主义共同理想与其阶段性理想目标等几个方面的内容。在这一物象形态层面的内容中，共产主义远大理想与中国特色社会主义共同理想及其阶段性理想目标之间具有紧密关联，但也具有时间性和历史性上的差异。[①] 共产主义远大理想是马克思主义世界观、方法论的科学命题与实现共产主义伟大追求的理想图景的有机统一。中国特色社会主义共同理想与其阶段性理想目标是追求共产主义远大理想的阶段性现实在中国特色社会主义道路、制度、理论体系中的表现，在当前是指中华民族伟大复兴的中国梦。它是中国人民共同的价值目标与价值取向的凝结，与中国人民的共同利益息息相关。将个人理想有机融入共同理想之中的意志、行为，以及对中国特色社会主义事业的信念与对坚持党的领导的信念的树立是其在人们身上的具体体现。大学生对中国特色社会主义理论体系所蕴含的物象形态层面的基础性内容的理性认识，应具体包括以下几个方面：一是对这几个“理想目标”的含义、特征、规律的认识与理解，即什么是共产主义远大理想，什么是中国特色社会主义共同理想及其阶段性目标，它们从何处来、向何处去。二是对这几个“理想目标”所包含的价值图景与个人、社会发展的关系的思辨与整合，即为什么要选择这几个“理想目标”。三是对树立这几个“理想目标”的基本方法的理解与判别，即如何树立这几个“理想目标”。对这一理论体系所包含的物象形态层面的理想目标的知识性认识，为大学生牢固树立科学的理想信念提供了认识论前提。

基本理论问题的厘清、基本理论界限的划清是大学生形成理论自觉、理论自信的重要前提，是大学生对中国特色社会主义理论体系的科学认知中的核心组成部分。大学生对基本理论界限进行科学划清，运用理性思维对理论进行自觉反思，摒弃西方中心主义所鼓吹的资本主义现代化道路的单一性思维与教条主义所规定的社会主义道路的单一性思维，是大学生深刻把握中国特色社会主义理论体系的强大生命力、创造力、感召力的思想基础。[②] 大学生需要自觉划清的基本理论界限主要是指党的十七届四中全会所提出的“四个重大界限”，主要涉及中国特色社会主义道路的指导思想、基本经济制度、基本政治制度与文化自觉等几个方面的内容。[③] 大学生对基本理论界限的自觉划清，反映了大学生对这一理论体系所包含的基本理论问题的科学把握之中贯穿了“发展的视野与辩证的思维”[④]，是大学生在这一理论体系与其他社会思潮的交流、交融、交锋中，以理论逻辑思维与科学价值判断保持清醒头脑、科学态度与正确立场的重要条件。

唯物辩证法认为，认识是一个矛盾运动的辩证发展过程。它在具有社会性、实践性的本质特征的人与客观对象相互作用的过程中形成与发展，是知觉、思辨、逻辑等理性因素与情感、意志、习惯等非理性因素协同关联下实现的主观与客观的具体的、历史的

① 刘建军. 马克思主义信仰论[M]. 北京：中国人民大学出版社，1998：236.
② 陈锡喜. 政治认同的理论思辨：与大学生谈实现中国梦的自信和自觉[M]. 上海：上海人民出版社，2013：7.
③ 陈锡喜. 政治认同的理论思辨：与大学生谈实现中国梦的自信和自觉[M]. 上海：上海人民出版社，2013：8.
④ 陈锡喜. 政治认同的理论思辨：与大学生谈实现中国梦的自信和自觉[M]. 上海：上海人民出版社，2013：19-21.

统一体。大学生对中国特色社会主义理论体系的科学认知，是一个由获取理论知识信息、形成理论知识结构、回到现实实践等环节前后衔接而成的循环往复、无限发展的过程。它既是一个知识、认识、观念的静态理性集合，也是一个概括、分析与综合的循序渐进过程。它是由相互关联、有序推进的认识阶段综合而成的复杂整体。在大学生中国特色社会主义理论体系教育实践活动中，教育者要以整体的、历史的、具体的、实践的视角与方法促进大学生对这一理论体系科学认知的不断深化与发展。

2. 大学生对中国特色社会主义理论体系的价值认同

认同是一种社会学习与历练的过程，人格发展的历程就是从社会认同转换为自我统合。社会认同是指个体的思想行为与社会性规范或社会性期待接近或趋于一致，具体包括价值认同、角色认同等。① 人类历史是主体在社会交往与实践活动中追求与实现价值的过程，价值的共同性是人们产生认同的基础。价值认同是人类思想认同、理论认同与政治认同的主导性意蕴。② 大学生对中国特色社会主义理论体系的认同，核心意义上是一种价值认同，是大学生对这一理论体系所承载的内在尺度、原则方法、理想信念、价值规范等与个人、群体价值实现的共同性的思考、判断、综合、领悟与接受。这一价值认同通过认知认同、情感认同与行为认同等具体形态表现出来。③

认知认同是大学生对中国特色社会主义理论体系的价值认同的第一种具体表现形态。它是大学生基于对这一理论体系知识性存在的学习、理解、思辨，以及所产生的对这一理论体系的命题形态的科学性与物象图景的实践性的理性认同，④ 是大学生在对这一理论体系的理论逻辑掌握基础上的自觉性正向选择。命题形态的科学性是指，从认识论的意义上来看，中国特色社会主义理论体系的理论表述是依据科学资料、被科学证明的真理性认识。物象图景的实践性是指，就实践价值而言，中国特色社会主义理论体系所追求的价值理想是可通过现实的实践活动而达成的现实目标。⑤ 命题形态的科学性是任何一种具有强大生命力的理论发挥其理论魅力所必须具备的前提条件，中国特色社会主义理论体系因其对社会主义建设与改革实践的现实特性与客观规律的真实反映、历史描述与探索解答当代中国面临的现实问题的有效性而具有生命力、亲和力、感召力。大学生对其科学真理性的确证，主要以自身对这一理论体系科学确立所依据的马克思主义的学理支撑与中国国情这一现实基础，这一理论体系所包含的反映共产党执政规律、社会主义建设规律、人类社会发展规律的科学内容，这一理论体系各个观点之间的相互贯通性与各组成部分之间的内在一致性⑥等的理性认识、科学考察与深刻认同为条件。这实质上是大学生对这一理论体系建构与发展的历史和时代必然性的认知认同。这一认知认同是大学生自觉以这一理论体系所坚持的出发点进行分析与解决问题的方法论的实际探索、改变的基础条件。物象图景的实践性是对中国特色社会主义理论体系所蕴含的理

---

① 张春兴. 青年的认同与过失[M]. 台北：世界图书出版公司，1993：26-29.

② 冰萌. 关于社会转型期军人价值认同教育的思考[J]. 湖南社会科学，2004(6)：179-180.

③ 刘峥. 大学生认同与践行社会主义核心价值观研究[D]. 长沙：中南大学，2012.

④ 刘建军. 马克思主义信仰论[M]. 北京：中国人民大学出版社，1998：82-85.

⑤ 刘建军. 马克思主义信仰论[M]. 北京：中国人民大学出版社，1998：85-86.

⑥ 李瑞清. 论中国特色社会主义理论体系的科学性与价值性[J]. 毛泽东思想研究，2008(4)：75-78.

想追求的历史可能性的论证与解释，是以现实实践目标实现的可行性与具体性过程对这一理论的科学真理性进行的具体性检验与佐证。大学生对这一理论体系的认知认同，会直接影响大学生对其的情感认同与行为认同。

情感认同，是大学生对这一理论体系的价值认同的第二种具体表现形态，也是大学生在理性逻辑与现实需要基础上对这一理论体系与自身价值关系的判断评估在其情感体验中的肯定性反映。与人的需要没有关联的事物，人对它是没有情感可言的；只有那些关乎人的需要的事物，才能引发人的情绪、情感的生成与生长。而且，以人的需要能否被满足为条件，情绪、情感可为肯定或否定的属性，凡可使人的需要得到满足的事物，会引起肯定性质的情感体验。① 情感认同的形成与深化，集中表现了大学生中国特色社会主义价值主体意识的自主建构、价值标准的正确把握与价值期望的自觉认同。大学生对这一理论体系与自身价值关系的判断主要涵盖互容互渗、紧密关联两个层面的意蕴：一是对其之于社会主义建设与改革实践活动的现实指导意义的判断；二是对其所包含的价值追求、价值实现与个人、社会或民族利益需求一致性的判断。大学生在前一个层面的衡量，主要通过对这一理论体系的科学真理性的思考、检验与确证进行。大学生在后一个层面的正确判断，主要取决于其价值主体意识的自主建构、价值标准的正确把握与价值期望的自觉认同。大学生中国特色社会主义价值主体意识的建构，是指大学生在对自身在社会主义建设与改革实践之中的价值主体地位的确认的基础上，所建构的相应的享用与创造复合的权利意识与责任意识，是大学生对中国特色社会主义道路、理论、制度是中国人民在历史的创造性实践中进行的价值选择与价值实现确立的“承接历史选择、接续社会发展要求”②的意义关系的这一判断深刻认识的结果。大学生对价值标准进行正确把握，是指大学生以唯物史观为基础对价值标准的事实性存在与历史性变化的科学理解与运用。从唯物史观的角度来看，价值标准与主体的内在规定性、现实条件、主体在实践中与外界的相互作用具有直接相关性。这使得价值标准成为一种事实性存在，通过现实实践产生的价值事实中的价值属性和大小客观表现出来，不随人的单纯主观性意愿而随意变化。价值标准伴随主体的具体的、历史的变化而变化。这意味着，价值主体要以具体的、历史的观点，依据动态变化的价值标准进行价值意义的选择与判断。大学生以唯物史观为基础对价值标准的事实性存在与历史性变化的正确理解与应用，是大学生审时度势地以理性思维逻辑自觉确证中国特色社会主义理论体系的创新发展与人民这一价值主体的利益诉求及其现实条件的动态性变化相伴相随的真实存在，而后形成情感认同、增强理论自觉与理论自信的重要影响因素。大学生对这一理论体系所蕴含的价值期望的自觉认同是大学生情感认同的核心环节。价值期望主要由价值意识、价值目标构成，是个人在社会化学习与历练过程中所接受与实践的由所属群体根据其价值理想定位对个人提出的期待性要求。个人在价值期望的提出与价值期望的实践过程中，自觉或不自觉地确立了对所属群体的价值认同。大学生接受、认同这一理论体系所蕴含的中国特色社会主义共同理想及其阶段性目标，可以使大学生更加深入细致地领悟这一理论体系

① 曹日昌. 普通心理学：下[M]. 北京：人民教育出版社，1980：42.

② 秦刚. 中国特色社会主义理论体系研究[M]. 北京：中共中央党校出版社，2014：8.

的实际价值意义，从而形成积极的正向情感认同。大学生对这一理论体系的情感认同，归属于精神活动的领域，[①] 为大学生对这一理论体系的主观性体验的认知认同转化为表达层面的行为认同提供了巨大的精神动力，正如列宁所言，“没有情感，就不可能有人对真理的追求”[②]。

行为认同是大学生对中国特色社会主义理论体系的价值认同的第三种具体表现形态，是大学生在科学应用这一理论体系的实践体验中所展现出来的对其实际价值意义的肯定性质的态度。行为认同是对认知认同与情感认同的综合反映，是价值认同的实质意义性表现。大学生对这一理论体系的价值认同，可归为“一种以理性认识为基础的具有广泛迁移性的深层次认同”[③]，是大学生对自身与中国特色社会主义的必然性价值关系的认识的结果，是对自身在社会主义建设与改革实践中权利、义务与责任的明晰，是其在社会化过程中自觉或不自觉展现出来的认知、情感与行为的凝结。价值认同同大学生对这一理论体系的科学化认知一样，受主客观条件的限制，随实践与认识的纵深发展而具有动态性表现。要促进大学生对这一理论体系的价值认同的持续深化，需要积极引导大学生深入社会实际，把握基本国情，在现实实践中，促进大学生对这一理论体系自觉进行理性的价值反思与领悟活动，提高大学生对这一理论体系的理性认识层次，加深大学生对这一理论体系的价值意义的情感体验。

3. 大学生对中国特色社会主义理论体系的信仰坚定

大学生对中国特色社会主义理论体系的信仰坚定，是认知、情感、意志的综合，是大学生对这一理论体系的“相信状态”与对这一理论体系内含的马克思主义信仰的坚定。大学生对这一理论体系的“相信状态”主要表现为大学生对这一理论体系以“什么是中国特色社会主义、怎样建设中国特色社会主义”为主题，“探索解答中国实际问题、破解社会主义发展困境、回应历史与时代发展要求”[④]的价值意义的坚信。这一“相信状态”是指大学生基于对这一理论体系所坚持的唯物史观理论基础、以人为本的价值目标、与时俱进的理论特性等科学性与价值性兼具的理论内容与理论品质的认知、认同，对这一理论体系以其正确的理论思维与价值导向指导社会主义建设与发展、引导中国人民实现共同理想信念的强大生命力、创造力、感召力的坚信的态度。[⑤] 大学生基于对这一理论体系的学理基础的系统性把握与认同所形成的对这一理论体系的“相信状态”，是大学生形成科学的理性思维、树立与坚定中国特色社会主义信仰的关键因素。大学生对这一理论体系所承载的马克思主义信仰的坚定，在当前集中体现为对中国特色社会主义共同理想信念这一马克思主义信仰在中国的具体实践形态的坚定上。从内容上看，大学生对这一体现时代精神的共同理想信念的坚定，表征了大学生对这一理论体系的自觉相信，是大学生对这一理论体系的逻辑性论证、可实践的理想图景与社会主义建设与改革实践

① 乔建中. 情绪研究：理论与方法[M]. 南京：南京师范大学出版社，2003：16-18.
② 列宁. 列宁全集：第20卷[M]. 北京：人民出版社，1972：225.
③ 蓝维，杨芷英，王希永，等. 德育学科教学心理学[M]. 北京：人民出版社，2004：298.
④ 秦刚. 中国特色社会主义理论体系研究[M]. 北京：中共中央党校出版社，2014：2.
⑤ 陈锡喜. 政治认同的理论思辨：与大学生谈实现中国梦的自信和自觉[M]. 上海：上海人民出版社，2013：5.

运动结合起来所形成的具体价值目标形式的确信，是大学生对“行为与活动目的的典范”①的自觉追求。从形式上看，这一理想信念是大学生对这一理论体系的“知、情、意”的心理态度。“知”是指大学生对这一理论体系所包含的马克思主义信仰的科学性的理论确证，是建立在其自身的中国特色社会主义理论素养上的相信状态，“知”对这一信仰的形成具有决定性作用。“情”是大学生对这一理论体系所承载的马克思主义信仰的肯定性态度体验，是在理性逻辑推理基础上的精神动力。“意”是作为一种控制性因素存在于这一信仰中的，是大学生依据现实条件与主体性诉求对“知”与“情”的综合，是其把这一共同理想信念付诸持久性实践行为的中间环节。“意”通过调节大学生对这一理论体系的理论知识与信仰知识的认知过程，控制大学生对这一理论体系与其所蕴含的信仰的情感认同，从而确保大学生对中国特色社会主义共同理想信念坚定地维持深刻、稳定、持久的状态，从而实现这一共同理想信念从大学生的主观心理状态变为客观行为状态。在大学生对马克思主义信仰的坚信形式中，还有一种更为重要的因素，就是“相信”，它是把上述的知、情、意三个因素有机统一起来的内在机制。② 大学生如若对这一信仰失去“相信状态”，不管是其科学认知、情感认同还是意志控制，都处于一种零散状态，大学生对这一信仰的坚定将失去其存在的实质意义上的整合性基础。大学生理论信仰的形成与坚定，是促进大学生立足于新的历史起点，以新的思想观点、新的理论判断、持久的热情与共同的意志，承担与完成其历史使命、自觉履行其历史责任的中介。③

4. 大学生对中国特色社会主义理论体系的实际践行

理论使人理解与把握真理，信仰使人在具体实际中践行真理。大学生对中国特色社会主义理论体系的实际践行，是大学生基于其对这一理论体系的“相信状态”将其所掌握的理论知识转化为鲜活现实的具体实践的活动。大学生的中国特色社会主义理论信仰，实际上是对这一探索解答中国问题的马克思主义理论所蕴藏的马克思主义世界观的信仰。实践性是这一世界观的本质属性，中国特色社会主义理论体系正是在社会主义建设与改革的实践道路之中连续成长的，大学生对这一当代中国化马克思主义理论的实际践行，是大学生的中国特色社会主义理论信仰的必然表现形式。马克思主义实践的唯物主义解释了世界的本源问题，从实践的观点出发，马克思主义揭示了人类社会发展的必然规律，阐明了无产阶级的历史使命，描述了人类社会的理想状态，马克思主义的世界观是实践性与理想性的统一，④ 实践性是马克思主义世界观理想性的核心保障。马克思主义世界观的理想概括起来就是“走历史必由之路”，在中国当前社会，则是为建设中国特色社会主义而奋斗。⑤ 因此，大学生对中国特色社会主义理论信仰的现实转化，在当前集中表现在大学生将个人理想融入共同理想的持久性行为实践上，表现在大学生积极发挥首创精神的中华民族伟大复兴的中国梦实现征程上。习近平明确指出，实现中国

---

① 斯托洛维奇. 审美价值的本质[M]. 凌继尧，译. 北京：中国社会科学出版社，1984：156.

② 刘建军. 马克思主义信仰论[M]. 北京：中国人民大学出版社，1998：81.

③ 秦刚. 中国特色社会主义理论体系研究[M]. 北京：中共中央党校出版社，2014：105.

④ 张连. 马克思主义实践的唯物主义信仰及其当代意义[J]. 社会科学家，2010(6)：7.

⑤ 林泰. 唯物史观通论[M]. 北京：高等教育出版社，2001：323.

梦必须坚持中国道路、弘扬中国精神、凝聚中国力量。中国道路，是指中国特色社会主义道路，中国精神是指以爱国主义为核心的民族精神和以改革创新为核心的时代精神，中国力量是指全国各族人民大团结的力量。[①] 大学生对反映中国实际、探索解答中国问题的中国道路的自信与坚持、对体现民族核心精神诉求与信仰意义的中国精神的传承与弘扬、对所肩负的民族振兴的时代性使命的自觉与担当，是当前大学生实际践行中国特色社会主义理论体系，把这一理论体系所蕴藏的理想追求积极转化为美好现实的主要表现形式。大学生对这一理论体系的实际践行，有助于巩固与深化其理论认知、价值认同与理论信仰，形成持久性行为习惯，正如一位学者所言："践行某一信念的次数越多，它的固化程度也就会越深，久而久之便会转化为人的习惯，外化为人的持续性行为。"[②] 大学生对中国特色社会主义理论体系的实际践行，是一个由理论向实践飞跃的过程，需要经过一定的相互促进、相互过渡的中介环节，包括形成实践理念、编制实践方案、运用实践手段等，[③] 这要求教育者在大学生践行中国特色社会主义理论体系的过程中，帮助大学生树立实践思维、认清实践条件、增强实践理性、选择正确方法，以促进大学生获得正面性的实践经验和富有情感色彩的亲身体验，[④] 深化对这一理论体系科学性的认识，强化对这一理论体系的信念。

5. 大学生对中国特色社会主义理论体系的认知、认同、坚信、践行的相互关系

认知、认同、坚信、践行，是大学生中国特色社会主义理论体系从知识体系向信仰体系转化过程中相互连接、互相促进、互引互化的中间环节，是大学生在中国特色社会主义理论体系教育活动过程中"知、情、意、行"的思想矛盾运动的实质性结果。其中，认知是认同、坚信与践行形成发展的基础条件与决定性因素。大学生若对这一理论体系没有科学认知，便既不能切实坚持这一理论体系的真理性，也不能深刻体验这一理论体系的价值性。大学生对当代中国化马克思主义的价值认同，是其形成坚信、践行状态的内在动力因素与关键环节，把控了践行的方向，影响了认知的深度和践行的强度。大学生对这一理论体系的坚信，是其认知、认同、践行的控制因素，是对其认知与认同的有效性综合，也是其认知、认同转化为践行的中介因素，对大学生的实践性行为发挥着持续性的导向与推动作用。大学生对中国特色社会主义理论体系的践行，是其认知、认同、坚信的综合反映、深化与逻辑归宿。

（二）大学生中国特色社会主义理论体系教育链的流程链

思想政治理论课教学链与日常思想政治教育链的相互衔接、互补互动是大学生中国特色社会主义理论体系教育链的流程链的具体呈现。大学生中国特色社会主义理论信仰的形成与发展既是快速发展着的中国社会基于社会主义建设与改革实践的特殊要求塑造与培养肩负重大历史责任与时代使命的合格建设者与接班人的教育活动的重要目的，也

① 习近平在十二届全国人大一次会议上发表重要讲话[EB/OL].（2013-03-17）. http：//news. xinhuanet. com/2013lh/2013-03/17/c_ 115052635. htm.

② 张澍军. 德育哲学引论[M]. 北京：人民出版社，2002：291.

③ 本书编写组. 马克思主义基本原理概论[M]. 北京：高等教育出版社，2015：71.

④ 陈万柏，张耀灿. 思想政治教育学原理[M]. 北京：高等教育出版社，2007：135.

是一个十分复杂的思想矛盾运动过程。在这一过程中，知识的感受与理解、情感的激发与加强、思维的建立与重构、实践的体验与重复等都是不可或缺的环节，这是我们已经认识到的马克思主义信仰教育过程的一个极为重要的基础性规律。由此，我们要高度重视大学生中国特色社会主义理论体系教育过程的各个环节的运行及它们之间的深度协同，以促进大学生在由各得其所、各司其职的各个中间环节关联协同组成的教育活动中对这一理论体系的理性认识由浅层向深层发展，对这一理论体系的正面情感体验逐渐强化，对这一理论体系的信念不断升华。

1. 思想政治理论课教学链

思想政治理论课教学链是在思想政治理论课教学活动中，与大学生知、情、意、行的中国特色社会主义理论信仰形成与发展过程相契合，遵循思想政治理论课教学规律与大学生成长成才规律的环环相扣、深度协同的中间环节及其相互作用构成的系统。这一教学链旨在使大学生系统地掌握中国特色社会主义理论体系的相关知识，促进大学生在深入把握这一理论体系的世界观、方法论，深刻理解这一理论体系的历史生成根据、形成发展过程、主要内容与精神实质的基础上，准确认识和高度认同中国共产党领导人民实现中华民族伟大复兴的大政方针，建构科学社会主义观，形成正确的理论思维与深刻的理论认同，坚定理论信仰，树立中国特色社会主义理想信念。它由以“调查展开”“信息整理”“统计分析”为核心的“理论素养厘清”、以“问题归纳”“目标确定”“内容创新”“方法优选”为核心的教学方案的制定、以“理论传输”“思考激发”“实践体验”为核心的教学方案的实施、以“内化评价”“外化评价”为核心的教学效果的评价四个缺一不可的环节有序衔接而成。由于“毛泽东思想和中国特色社会主义理论体系概论”(以下简称“概论”)课是大学生全面系统地学习中国化马克思主义至关重要的课程，本文在专门探讨大学生中国特色社会主义理论体系教育过程中的思想政治理论课教学链时，将以这门课程为重点对教学过程中有序衔接的中间环节展开具体性阐述。

(1)理论素养厘清

“理论素养厘清”具体是指对大学生的中国特色社会主义理论素养实际情况及其影响因素的厘清与分析，是教师在教学之初对大学生思想理论实际、理论思维特点和问题关切的全面把握。这一环节对在系统地培养大学生中国特色社会主义理论素养的教学过程中实现为什么教与为什么学、教什么与学什么、怎样教与怎样学的有机统一具有重要意义。① 大学生理论素养实际状况的全面厘清是系统地培养大学生中国特色社会主义理论素养的教学过程的起点，是教学方案设计与教学方案具体实施的基础。“理论素养厘清”环节不仅可以帮助教师获取大学生中国特色社会主义理论素养的基本构成、层次关系、主要特点及其影响因素等对提升教学的针对性、系统性具有现实意义的重要信息，梳理大学生的理论问题关切，还可以帮助大学生认真思考自身对于中国特色社会主义理论体系所包含的某些重要理论问题的看法、态度，清晰认识自身存在的思想理论困惑，深刻探究这一思想理论困惑形成的现实原因，在与教师和同学的交流、交融、交锋中，

① 陈占安，张雷声，钟明华，等. 加强马克思主义理论学科建设，提升马克思主义理论学科的引领作用：学习贯彻《关于进一步加强和改进新形势下高校宣传思想工作的意见》笔谈[J]. 思想理论教育导刊，2015(2)：18.

发挥理论学习与理性思考的积极作用，把握反映中国具体实际的正确理论观点，摒弃消解社会主义主流意识形态的错误社会思潮。

在具体探讨“理论素养厘清”这一环节时，我们首先需要明确为什么其会成为系统地培养大学生中国特色社会主义理论素养思想政治理论课教学链的起始环节。由思想政治教育过程的“双依性”可知，“理论素养厘清”成为教学过程的起始环节，是由中国特色社会主义理论体系这一教育内容的基本特征、大学生中国特色社会主义理论体系教育教学的基本目标、大学生理论素养形成发展过程规律、大学生身心发展规律所决定的。

中国特色社会主义理论体系是在探索解答中国实际问题、实现广大人民群众的价值追求的社会主义实践进程中形成与发展的科学理论，具有鲜明的实践性，蕴含强烈的问题意识，其与中国社会深刻变革、实现群众现实诉求密切相连。这一理论体系所蕴含的“实现中华民族伟大复兴的价值目标导向与解决中国社会发展的具体问题导向机理”①使得思想政治理论课教师在系统地培养大学生的中国特色社会主义理论素养的过程中，需要把教学活动镶嵌于中国社会发展的现实背景之中，以中国正在做的事情、正面临的具体问题、群众的现实诉求为基点，运用中国特色社会主义理论正确分析问题、详细阐释问题，展示理论逻辑力量，有针对性地提高大学生的理论思维能力与创新能力。这要求教师在教学过程中运用理论联系实际的教学方法，掌握学生的理论思维水平，并把握学生所关注的社会现实问题，以在教学内容的讲授中将改革开放和社会主义现代化建设的实际、学生思想实际与理论问题、理论观点进行有机结合。

大学生中国特色社会主义理论体系教育过程的基本目标在于帮助大学生系统把握中国特色社会主义信仰的学理基础，深刻认识这一理论体系的科学性，使大学生在建构科学的理论思维的基础上，坚定“四个自信”，成为中国特色社会主义事业的合格接班人与建设者。这决定了系统地培养大学生中国特色社会主义理论素养的高校思想政治理论课教学过程的重点在于从“为什么”的层面帮助学生搞清楚这一理论体系的来龙去脉、赖以存在的历史和现实依据，以使学生从根本上掌握马克思主义的本质立场、根本方法、核心观点，认清中国特色社会主义的发展历程、科学内涵与时代意蕴，认识坚持马克思主义的指导地位对于实现中华民族伟大复兴的重要性，明辨重大问题的是非，坚持中国共产党的领导，坚定中国特色社会主义共同理想。② 引导学生清晰理解中国特色社会主义的历史逻辑与理论逻辑，全面认识中国特色社会主义道路、理论、制度发展过程的内在必然性，透过道路、理论、制度的内在联系与理论逻辑的起点、过程、目标，认准中国特色社会主义的本质属性，深刻把握中国特色社会主义是科学社会主义在中国的一个“时间段”这一历史定位，理性分析中国特色社会主义实践过程中的现实矛盾与具体问题，系统探索中国特色社会主义的规律性，是帮助其正确看待与对待中国特色社会主义的重要条件。③ 这要求教师首先要在教学过程中掌握学生的中国特色社会主义理论素养的实际情况，掌握学生的理论思维特点、问题关切，以结合逻辑与历史相统一的中

---

① 袁秉达. 中国特色社会主义理论体系科学性的时代特征[J]. 科学社会主义，2016(4)：20.

② 李文阁. 用马克思主义中国化的理论成果武装青年：访《毛泽东思想、邓小平理论和“三个代表”重要思想概论》首席专家吴树青[J]. 求是，2007(9)：33.

③ 顾海良. 中国特色社会主义的历史逻辑和理论逻辑探索[J]. 教学与研究，2013(10)：5.

国特色社会主义理论体系这一教育内容主体编制教学方案，在课时有限的教学活动中，在对这一教育内容进行整体把握的基础上，联系学生的思想理论素养实际与认知特点，结合历史与现实，深入讲解大学生认识不清的重大问题，以“历史的、具体的、整体的观点”①有针对性地帮助学生在“为什么”的层面搞清楚置于中国国情基础之上、回答中国实际问题的重大理论观点，促进学生真正把握这一理论体系所包含的基本观点、基本理论和基本方法的科学内涵和精神实质，使学生在寓于经济社会发展现实的教学中建构科学的理论思维与价值观念，真正学会运用这一理论体系的世界观、方法论分析现实问题、解决现实疑惑。

推动大学生理论素养形成发展的“知、情、意、行”的矛盾运动，需要遵循大学生固有的认知特点、成长规律。在思想政治理论课中，要想实现把中国特色社会主义理论体系变为大学生理论素养的内在需求的教学目标，教师需要对教学对象的理论学习诉求、理论思维特点、理论接受能力、理论认知规律进行研究，在清晰把握大学生的理论素养实际与成长规律的基础上，有针对性地安排与大学生理论素养形成发展的“知、情、意、行”的矛盾运动过程相匹配的教学过程中间环节，有序开展教学活动，以促进大学生真正掌握这一理论体系的世界观、方法论，建构理性的理论思维。

因此，中国特色社会主义理论体系这一深刻反映中国经济社会发展实际、探索解答当代中国现实问题、承载为人类不断做出新的历史贡献的理想的教育内容，大学生中国特色社会主义理论体系教育过程的基本目标，大学生的理论素养形成发展规律使得以摸清大学生对为什么必须坚持中国共产党的领导、为什么必须走中国特色社会主义道路、为什么必须坚持马克思主义在意识形态领域的指导地位等重大理论问题的认识水平、特点及其实际影响因素为核心的“理论素养厘清”这一环节成为系统地培养大学生中国特色社会主义理论素养的思想政治理论课教学链的起始环节。

以马克思主义关于人的本质、人的现实需要、人的思想政治素质形成发展的过程规律的理论阐述为指导，以反映大学生中国特色社会主义理论素养的叙述性反馈资料、相关行为表现记录、调查数据等第一手信息源为基础，以思想政治教育质性分析、定量分析为手段的“理论素养厘清”由三个有序衔接的环节构成：“调查展开—信息整理—统计分析”。

“调查展开”是指思想政治理论课教师在教学之初，采用灵活多样的方式，获取反映大学生的中国特色社会主义理论素养的实际情况的文字、数据等基础性材料的教学环节。在调查展开这一环节，教师可以采用“实践引领”“观点自叙”“访谈交流”“问卷调查”等各具特点的方式引导大学生充分进行真实性的自我表露，以保证信息获取的全面性、深入性、准确性。

中国特色社会主义理论体系是置于社会主义初级阶段的现实国情基础上的探索解答中国现实问题的当代中国化马克思主义。以问题为导向，强调理论对实践的指导作用，在理论与实践的双重互动过程中实现理论的丰富与发展，是中国特色社会主义理论体系

① 万秀丽. “概论”课教学中应树立的三个重要观点[J]. 思想理论教育导刊，2014(10)：94.

的生命之源，也是其科学性、开放性与创新性的基础。① 运用历史回溯方法，我们会发现，这一理论体系是在改革开放的历史时期开创的，是对马克思列宁主义、毛泽东思想的继承与创新性发展，是新中国成立以来全党和全国人民不懈探索的理论结晶，凝结了几代中央领导集体带领人民接力探索实践的心血和智慧，它面向历史，面向现实，面向未来，面向世界。② 其真理性在中国建设、巩固和发展社会主义的实践进程中得到了证明和检验，其形成发展始终围绕着在和平与发展的时代如何继续实现马克思主义中国化的问题，在社会主义现代化奋斗中如何破解中国社会主义建设的问题，在新的历史条件下如何破解马克思主义执政党建设问题，在全球化时代综合国力激烈竞争的过程中如何破解人口众多的落后大国科学发展的基本问题，在整体上回答什么是中国特色社会主义，怎样建设中国特色社会主义的基本问题。③ 实践性是中国特色社会主义理论体系的本质属性，这意味着在实践中运用这一置于现实基础之上的理论科学全面分析新的历史特点、探索解答当代中国正面临的实际问题是学习和掌握这一理论的基本方法，也是深入考察和把握大学生对这一理论体系的认知、认同、坚信、践行的总体状况、结构层次与影响因素的重要切入点。因此，教师在“概论”课等系统地培养大学生中国特色社会主义理论素养的思想政治理论课中以大学生生活实际为基础，引领大学生深入社会实际、进行有主题的实践活动，在大学生运用理论提出问题、分析问题、解决问题的具体实践过程中，可以知晓大学生自觉学习、应用这一理论的主观能动性表现，并把握大学生对这一理论的实际掌握情况、情感态度与理论问题关切。

中国特色社会主义的理论逻辑是中国特色社会主义道路、理论、制度三者统一于中国特色社会主义实践过程的理论逻辑，实践过程的现实条件是这一理论逻辑的起点，实践过程的总布局是理论逻辑的发展过程，实践过程的总任务是理论逻辑的目标。④ 思想来源、理论渊源的科学性是中国特色社会主义理论体系具有科学性的重要依据，但这一理论体系的科学性最终体现在其是中国共产党人对党的执政规律、社会主义建设规律和人类社会发展规律的深刻把握的反映，是中国共产党在社会主义现代化建设实践过程中实事求是地依据马克思主义的世界观、方法论创设的一整套反映中国特色社会主义建设的性质、条件、目的及其发展规律的科学范畴与理论观点，是探索解答当代中国经济社会发展实践中的现实问题必须坚持的理论指南。⑤ 实践是理论的创新之源，理论为实践提供支撑条件，中国社会生产生活实践中的关键性突破与实质性进展，始终与理论的创新发展相伴相生。如，改革开放以来，中国社会经济的快速发展、物质文明建设水平的不断提高，便与将对社会主义本质的再认识上升到理论高度、打破只有资本主义才能发展市场经济的理论桎梏形成社会主义市场经济理论关联甚密。⑥ 中国特色社会主义理论体系的形成发展始终围绕着当代中国社会生产生活实践所要解决的基本问题，与人民群

① 冯刚，张东刚. 高校马克思主义中国化 时代化 大众化研究 2011[M]. 北京：光明日报出版社，2011：69.
② 冯刚，张东刚. 高校马克思主义中国化 时代化 大众化研究 2011[M]. 北京：光明日报出版社，2011：3.
③ 袁秉达. 中国特色社会主义理论体系科学性的时代特征[J]. 科学社会主义，2016(4)：19-21.
④ 顾海良. 中国特色社会主义的历史逻辑和理论逻辑探索[J]. 教学与研究，2013(10)：5.
⑤ 袁秉达. 中国特色社会主义理论体系科学性的时代特征[J]. 科学社会主义，2016(4)：19-21.
⑥ 肖贵清. 试论中国特色社会主义道路、理论、制度的有机统一[J]. 教学与研究，2013(3)：19.

众的生产生活息息相关，认真学习与深入掌握这些基本理论是大学生认清时代责任和历史使命的重要途径。因此，思想政治理论课教师可以将教学研究与学生的自我表达紧密结合，通过让学生结合自身的经历、联系社会生产生活实际，系统地、详细地叙写自身对中国特色社会主义理论体系的认识、看法与态度，以摸清大学生对这一理论体系的认知、认同、坚信、践行的总体状况和结构层次，找出大学生对这一理论体系的世界观、方法论、基本原理或理论观点的模糊认识之处，从而有针对性地深入透析这些理论问题。

中国特色社会主义理论体系是对中国特色社会主义事业发展的历史必然性和人民价值选择与价值实现的统一的历史描述，反映了历史真理与历史价值的有机统一。人民这一历史主体对这一理论体系的相信程度在很大程度上取决于其是否真正从根本上认识到这一理论体系所指引的中国特色社会主义道路、制度将国家、社会与现实的个人利益进行实质上的有机统一。这决定了教师在系统地培养大学生的中国特色社会主义理论素养的思想政治理论课教学过程中需要摸清大学生在理性逻辑与现实需要基础上对这一理论体系与自身价值关系的判断评估在其情感体验中的具体表现。由此，思想政治理论课教师在教学过程中需要通过充分发挥情感互渗作用的访谈交流方式，及时摸清或洞察学生在日常学习生活中基于这一理论体系的理论形态与现实生活的差异或矛盾所产生的具有个体差异的典型性思想理论困惑，以深入细致地帮助学生运用理性思维方式自觉地思考理论和实际的反差，分析这一反差所产生的具体原因，透过现象认识本质。[①] 一般而言，大学生基于现实问题所产生的理论疑惑主要分为两个类型：一是成长过程中对社会转型时期出现的利益分配问题的思考而形成的理论问题，二是基于自身在生活中面临的实际问题而产生的理论疑惑，且后者由于与大学生自身价值实现密切相关，直接影响大学生对中国特色社会主义理论、道路、制度的价值判断，往往是大学生对置于现实基础之上的中国特色社会主义理论体系产生思想困惑的根源。[②] 因此，教师在“概论”课等系统地培养大学生的中国特色社会主义理论素养的思想政治理论课中，运用访谈交流方式挖掘学生具体个体差异的典型性思想理论困惑对于其在教学活动的具体展开过程中引导学生以理性的理论思维和正确的价值标准思考理论问题、提升理论自觉具有重要意义。值得注意的是，大学生的思想困惑有的是源于对理论问题的思考与关注，有的却是由于自身的学习或生活状态引起的，并不必然与反映教学内容与教学目标的理论问题有关，[③] 这需要教师在探清大学生理论素养实际、梳理大学生的理论问题关切的过程中加以斟酌与判断。

中国特色社会主义理论体系具有整体性。从形成发展过程来看，这一理论体系是中国共产党人在建设、巩固和发展社会主义的过程中将马克思主义基本原理与中国实际、时代特征相结合的产物，是马克思主义中国化第二次历史性飞跃的理论成果，在批判和

---

① 李文阁. 用马克思主义中国化的理论成果武装青年：访《毛泽东思想、邓小平理论和“三个代表”重要思想概论》首席专家吴树青[J]. 求是，2007(9)：33.

② 陶倩，徐鼎亚. 教学与实证“六个为什么”：来自一线教师的思考[M]. 上海：上海大学出版社，2009：5-6.

③ 陈锡喜. 实现《毛泽东思想、邓小平理论和“三个代表”重要思想概论》教材体系向教学体系的转化[J]. 思想理论教育，2007(4)：34.

回应“洋教条”“土教条”“马教条”等当代中国主要社会思潮中彰显了其整体性特征；[①] 从形式结构来看，这一理论体系的各个组成部分与构成要素围绕“什么是中国特色社会主义、怎样建设中国特色社会主义”这一理论主题，既呈现出阶段形态又具有一脉相承、与时俱进的关系；从逻辑结构来看，这一理论体系既包含实事求是等贯穿于这一理论体系的世界观、方法论，也包含“解放和发展生产力，发展动力与创新驱动，中国梦，小康社会，中国式现代化等重大战略目标、战略布局和战略步骤”[②]等科学范畴，还包含社会主义本质理论等基本原理，市场在资源配置中起决定性作用和更好发挥政府作用等具体观点与方法。这意味着大学生需要对这一理论体系的形成发展、形式结构、逻辑结构等进行整体性的把握。就此，“概论”课等思想政治理论课教师可以通过问卷调查等实证研究方法收集宏观上全面反映在生源地、年级、专业、政治面貌等方面有差异的大学生对这一理论体系各个组成部分和构成要素的认识水平、情感态度的信息资料。

“调查展开”只是“理论素养厘清”环节的开始，对大学生理论素养实际的清晰把握，还需要建立在获取调查资料的基础上，经过信息整理、统计分析等环节，对大学生中国特色社会主义理论素养结构层次、理论问题疑惑进行梳理、分析、归类与总结。信息整理具体是指教师按照一定的标准对调查展开阶段所获取的反映大学生理论素养实际的资料的归类、整理，为信息的统计分析做好相应的准备，如对问卷调查数据的录入、对访谈资料的归档等。值得注意的是，在信息整理的过程中，思想政治理论课教师需要尽量保持信息资料的真实性、完整性、可利用性。

“统计分析”是指教师基于所采集的基础性数据、文字资料，恰当地运用思想政治教育质性研究方法、数量统计、结构方程模型等社会科学统计分析方法，考察与分析大学生中国特色社会主义理论素养的基本构成、层次关系，总结大学生的问题关切、理论思维特点、思想政治素质发展规律，进一步学习这一理论体系的主体性诉求、对教授中国特色社会主义理论体系的思想政治理论课的看法等实际状况，以为教学内容的连贯性创新、教学方法的整体性优选探寻理性的前提性条件的教学环节。大学生具有其特定的主观能动性，教师在找准教学矛盾、解决教学问题的过程中，须基于大学生的理论知识结构、实践经验、现实困惑、接受能力等现实情况有针对性地展开教学过程。“在学习过程中的人，始终都会根据自己已有的知识结构、态度体系、经验经历来认识、理解、考察、建构新的知识和信息。无论这种已有的知识结构、态度体系、经验经历来自何处，是否科学，它们都会对学习过程中的人产生巨大的影响。教学不是纯粹的知识的传递，而是知识的处理与转换，教师应重视学生对各种问题的理解，并以此为依据来引导学生丰富自己的理解。”[③]

（2）教学方案的制定

教学方案的制定，是思想政治理论课教师在“理论素养厘清”的基础上，确定具体的教学目标、创新教学内容、拟定与优选具体的教学方法的教学活动过程。这一流程的

① 冯刚，张东刚. 高校马克思主义中国化 时代化 大众化研究 2011[M]. 北京：光明日报出版社，2011：69-70.
② 袁秉达. 中国特色社会主义理论体系科学性的时代特征[J]. 科学社会主义，2016(4)：22.
③ 陈琦，张建伟. 建构主义学习观要义评析[J]. 华东师范大学学报：教育科学版，1998(1)：61-62.

具体环节主要包括："问题归纳—目标确定—内容创新—方法优选"。

教师在教学方案的制定过程中，首先要依据教学基本目的、教材内容与大学生中国特色社会主义理论素养的实际情况，梳理与归纳系统地培养大学生中国特色社会主义理论素养的思想政治理论课教学所应解决的主要问题。从"概论"这一马克思主义理论研究和建设工程重点教材所规定的教学目的与教学内容来看，在思想政治理论课中系统地培养大学生中国特色社会主义理论素养，教师需要完成三个基本的教学任务：一是要以逻辑与历史相统一的方法讲授中国特色社会主义理论体系的"连续成长"过程及规律，帮助大学生搞清楚这一理论体系所包含的理论成果是中国共产党在何种历史背景下将马克思主义基本原理与中国具体实际、时代特征相结合而形成的，这些理论原理、理论观点解决了什么样的实践问题，体现了什么样的理论思维和价值观念，具有什么样的指导价值，从而使大学生以实践的历史的思维把握这一理论体系的理论品质和实质内涵，科学认识在中国特色社会主义建设事业中坚持和发展马克思主义的重要性，认清什么是马克思主义、怎样在当前中国的具体实践中继续推进马克思主义的创新发展。恩格斯在《资本论》第三卷的序言中写道："不言而喻，在事物及其互相关系不是被看作固定的东西，而是被看作可变的东西的时候，它们在思想上的反映、概念，会同样发生变化和变形；它们不能被限定在僵硬的定义中，而是要在它们的历史的或逻辑的形成过程中来加以阐明。"①中国特色社会主义以代代相继的创造性实践为其生命存在的本质和优越性载体，有其历史与逻辑的形成发展过程。以逻辑与历史辩证统一的方法帮助大学生认识中国特色社会主义实践发展与理论创新，对大学生全面准确把握中国特色社会主义理论体系具有十分重要的现实意义。二是系统地讲授邓小平理论、"三个代表"重要思想、科学发展观与党的十八大以来的最新理论成果，帮助大学生准确把握这一理论体系与毛泽东思想之间的内在关系，正确认识改革开放前和改革开放后两个历史时期之间的关系，清晰认识这一理论体系所包含的重大理论成果之间一脉相承、与时俱进的关系，深刻理解各个理论成果的主要内容、历史地位和现实价值。三是帮助学生深刻把握中国国情和社会主义现代化建设与改革的基本规律，坚持中国共产党的领导，增强"四个自信"。教师需在思想政治理论课中围绕这三个基本教学任务并结合学生的中国特色社会主义理论素养实际水平、认知特点、现实与理论问题关切，具体把握教学过程所需要聚焦的重点理论问题与社会问题。教师在对主要问题进行归纳与总结的过程中，应分析这些主要问题之间的内在关联，以为具体目标确定、内容创新、方法优选提供逻辑主线。在明确教学所应解决的基本问题的基础上，教师需围绕理论知识的掌握、理论认同的加深、理论信仰的树立与实践品质的提升这四个根本性的教学目标，分阶段、分层次、分时限确定具有"思想引导性、现实实践性、目标拉动性"②特点教学目标。党的十八大以来，以习近平同志为核心的党中央围绕实现"两个一百年"奋斗目标和中华民族伟大复兴中国梦，进行了一系列的战略部署与理论创新。当前，在思想政治理论课教学中，教师需要在逻辑严密的科学理论基础上，结合中国实际与时代条件，诠释和论证实现中国特色社

① 马克思. 资本论：第三卷[M]. 中共马克思恩格斯列宁斯大林著作编译局，译. 北京：人民出版社，2004：17.

② 赵连文. 思想政治理论课教育教学与青年学生马克思主义信仰问题研究[M]. 郑州：河南大学出版社，2012：3.

会主义共同理想与其阶段性目标的科学性、实践性，循序渐进地使大学生在系统的科学理论支撑之下正确理解当前党领导人民推动中国社会发展的路线、方针、政策，科学把握当前中国社会发展大势，清晰认识自身所负的历史使命与时代责任，坚定中国特色社会主义共同理想信念。

在根本性与具体性的教学目标指引下，教师要关注中国特色社会主义理论体系在实践中的具体性应用与创新性发展，有针对性地结合中国特色社会主义实践的现实成就、光辉事迹、实践经验等鲜活真实的具体性材料，把反映中国特色社会主义事业的不间断发展、条件的新变化的最新理论成果引入教学课堂，重点突出对解答大学生的问题关切所指向的理论基础的阐释，展现这一理论体系的科学性、实践性、开放性、整体性的基本特征，创建具有历史性、指向性、关联性、系统性的教学内容体系。历史性是指教师对教学内容的编制不能仅就理论本身而进行理论阐述，还需从逻辑与历史辩证统一的视角探寻理论形成发展的历史过程与实际依据，透视理论的内在本质与实践价值，以使学生知其然、知其所以然、知其所必然。中国特色社会主义理论体系是在共产党人将马克思主义历史地运用到中国具体实际、总结中国社会主义建设和改革的实践经验基础上形成发展起来的，反映了科学社会主义的理论逻辑与中国经济社会发展的辩证统一。从历史的角度出发，还原这一理论体系的形成发展过程，解读其与改革开放以来的中国社会的物质条件的关系，深入阐释这一理论体系形成发展的客观依据，探寻这一理论体系形成发展的历史必然性、客观规律与发展趋势，有助于大学生深刻把握这一理论体系的历史基础与实质内涵，深度认同这一理论体系的科学性，清晰认识马克思主义中国化之于我国社会主义建设与改革的重要意义，建构理性的理论思维与价值观念。如对社会主义本质理论的讲解，除了要呈现其指出来理论性解释以外，还应从以生产力发展的根本性决定作用为内在尺度的历史真理论与以人民群众为价值选择与创造主体的历史价值论的角度揭示其形成的客观必然性基础，并以其客观必然性为线索，回溯这一理论的探索、提出过程与这一理论提出前后中国社会面貌的变化轨迹，就能化抽象为具体，使学生科学理解社会主义本质理论为什么要提出、如何提出、效果如何。指向性是指教学内容的编制与呈现，要明确依据学生已有的理论素养结构，指向学生的理论学习的诉求，结合经济社会发展中的重大现实问题聚焦学生的理论关切，解答学生的理论疑惑。如对“四个全面”战略布局理论进行系统讲授时，教师可以国家、社会、个人发展所面临的现实问题为切入点，深入分析当前历史定位下中国社会主义建设实践中存在的在温饱问题基本解决后如何在毫无经验借鉴的条件下推进拥有十几亿人口的社会主义中国的国家治理现代化、在世情国情党情的新变化下如何运用新思路新举措管理好党、在实现现代化的关键时期如何保证“两个一百年”的梦想实现等突出矛盾与重大问题，[①] 运用正确的理论思维与价值导向深入分析全面建成小康社会这一战略目标确立的历史过程与现实条件，分析这一目标所体现的中国人民在当前的社会主义建设阶段的价值追求，梳理全面建成小康社会、全面深化改革、全面依法治国、全面从严治党四者之间的内在本质关联，归纳“四个全面”战略布局理论的实质内涵与现实意义。关联性是指教师在组织教学内容

① 秦宣.“四个全面”：形成发展、科学内涵和战略意义[J].思想理论教育导刊，2015(6)：7.

的过程中，对于某些理论问题的诠释可以采用关联比较的方式，结合不同具体实际情况进行对比分析，使大学生在纵横比较、正反比较中划清理论界限，正确认识中国特色，并与国际进行比较，整体性地把握中国特色社会主义理论是在探索解答中国社会现实问题基础上形成的反映中国人民生产生活实践文化精髓，具有中国风格、中国气派的理论。教师在编制教学内容时，以中国具体实际为前提条件，运用关联比较的方式分析这一理论体系的科学性，对大学生划清理论界限、建构理性的理论思维十分重要。如在组织中国特色社会主义民主与法治这一主题的教学内容时，教师可以通过对社会主义与资本主义制度之下的民主与法治的比较分析、我国社会主义民主与法治进程在不同历史阶段的具体表现形式及它们之间的内在关系的分析归纳，揭示中国特色社会主义民主与法治的本质特征与演进规律。系统性是指教师基于学生的理论思维特点与问题关切编制的教学内容具有针对性的同时，还需保有理论的系统性。这要求教师在教学内容的编制过程中对大学生的问题关切的内在关联进行梳理、总结，深刻把握理论的整体性、开放性、动态性，[①] 将“什么是马克思主义、怎样对待马克思主义”“什么是社会主义、怎样建设社会主义”“建设什么样的党、怎样建设党”“什么是科学发展、怎样实现科学发展”“建设什么样的现代化国家、怎样治理中国”[②]这一逻辑主线贯穿于教学内容体系之中，逻辑性地展现这一理论体系各个组成部分之间的连接关系，对这一理论体系的唯物史观进行重点阐释。

内容的创新与优化，若离开恰当的教学方法，将无法实现其相应的效果。因此，在内容创新的基础上，教师还要依据教学目的、组织与编制的教学内容体系，有针对性地进行教学方法的合理选择。系统地培养大学生中国特色社会主义理论素养的思想政治理论课教学的基本目的在于通过理论传授，以马克思主义理论思维与价值导向化解学生的理论疑惑，阐释经济社会发展中的现实问题，使大学生建构科学的理论思维，系统掌握中国特色社会主义信仰的学理基础，树立四个正确认识，坚定“四个自信”。要真正实现这一教学目的、发挥教学内容体系的理论魅力，教师可以从以下三个方面入手进行教学方法的选择与创新：一是从中国特色社会主义理论体系的实践性、整体性、开放性等基本特征出发，采用“‘整体为先’‘专题为主’的教学法”[③]对这一理论体系的世界观、方法论与基本原理进行讲解，引导大学生对理论问题进行深层次的思考，培养大学生的理论逻辑、理论思维，采用讨论教学法、案例引入教学法、启发式教学法等方法对这一理论体系所包含的具体观点论断进行讲授，促进大学生在生生互动、师生互动的教学过程中明辨是非，建构创造性理论思维，提高运用理论分析问题的能力。二是从教学内容的当代中国化马克思主义理论的性质出发，运用贴近实际、贴近生活、贴近大众的理论呈现具体化的方法，[④] 契合中国生产生活实际的理论表达民族化的方法，阐释改革开放以来中国共产党在经济社会发展实际和社会主义现代化实践进程中进行理论创新的历史过程，分析理论的创新发展与道路的探索开拓、制度的发展完善之间的内在逻辑关系，

① 余精华. 中国特色社会主义理论体系的系统性特征[J]. 思想理论教育导刊，2008(11)：44.

② 袁秉达. 中国特色社会主义理论体系科学性的时代特征[J]. 科学社会主义，2016(4)：22.

③ 顾海良. 高校思想政治理论课程建设研究[M]. 北京：中国人民大学出版社，2016：175.

④ 唐莉. 论当代中国马克思主义通俗化及实现路径[J]. 江海学刊，2009(1)：228.

使教学与中国社会深刻变革的历史、现实与未来紧密联系，引导学生准确把握理论形成发展置于何种现实条件之上，全面认识理论的实践之基、现实价值、发展过程、根本原则、主要方法及规律。[①] 三是从大学生学习中国特色社会主义理论体系的内在诉求出发，采用问题式教学法，在教学过程的理论分析中有针对性地解答学生在现实生活中或理论学习过程中产生的思想理论疑惑，在理论与实践相结合的教学过程中，实现理论传授与解疑释惑的有机统一，[②] 以从大学生生活与成长的具体实际出发，帮助大学生在运用理论探索解答现实问题的过程中正确认识中国社会发展的现实存在与中国特色社会主义理论形态之间的差异，深刻把握社会主义初级阶段基本国情与时代发展基本趋势，正确看待与对待社会主义建设发展阶段中遇到的现实困难，认清改革开放的重要性，认同这一理论体系的科学性，坚定走中国特色社会主义道路的信心。

(3)教学方案的实施

教学方案的实施是促进大学生形成科学的理论认识、深刻的理论认同、坚定的理论信仰的重要杠杆，直接关乎系统地培养大学生中国特色社会主义理论素养的教学活动的效果，对其他环节起着检验与调节作用。[③] 教学方案实施的流程由三个环环相扣的环节构成：“理论知识传输—交流与互动中的思考激发—实践活动的切实体验”。

在思想政治理论课中，教师通过系统化的理论传授方式，向大学生传授中国特色社会主义理论体系的相关知识，整合大学生对这一理论体系的碎片化认识与经验性感知，深化大学生对这一理论体系的学理性认识，建构大学生的理论思维、理论逻辑，是思想政治理论课教学方案实施的第一个环节。这一晓之以理的环节，为大学生理论认同、理论自觉、理论自信的形成与巩固提供了基础条件与内在动力。[④] 正如某学者所言：学生要想建构一个结构合理、具有理性基础的价值意识体系，学校就必须将主导价值意识的理论基础系统地传授给他们，如果任由他们在纷繁复杂的价值思想领域随意游荡，而不用主导价值意识对其进行引导，大学生就会因缺乏建构与发展他们价值观的理性基础而出现价值迷失的状态。[⑤]

系统地培养大学生中国特色社会主义理论素养的思想政治理论课以帮助大学生掌握马克思主义中国化最新理论成果，提高理论思维能力与创新能力，增强“四个自信”，坚定中国特色社会主义共同理想信念为教学主旨，以建设中国特色社会主义理论与实践为教学重点，以理论成果形成发展的历史过程为教学线索，[⑥] 使得以立足于理论逻辑与思维逻辑的理论传授成为这一教学过程的核心所在。

概括来看，兼具命题形态与物象形态的中国特色社会主义理论体系这一教学内容中所体现的独创性理论，既是关于中国革命、建设和改革接续探索过程的历史描述与理论

① 顾海良. 马克思主义中国化历史过程研究的启示[J]. 新视野，2016(1)：14.

② 段妍. 说理与解惑：“概论”课实现大学生道路认同的教学方法创新研究[J]. 东北师大学报：哲学社会科学版，2014(5)：224.

③ 胡子克. 马克思主义理论教育概论[M]. 北京：人民出版社，2005：293.

④ 张耀灿，郑永廷，吴潜涛，等. 现代思想政治教育学[M]. 北京：人民出版社，2006：349.

⑤ 唐冰开，张玉琳. “概论”课教学内容认同度的提升及其教学改革[J]. 现代教育科学，2015(2)：34.

⑥ 李文阁. 用马克思主义中国化的理论成果武装青年：访《毛泽东思想、邓小平理论和“三个代表”重要思想概论》首席专家吴树青[J]. 求是，2007(9)：32.

总结，又是对马克思主义所做的符合中国现实需要的具有中国特色的理论创造与凝练。[①] 为帮助大学生深刻理解理论的科学内涵、精神实质和现实意义，建构科学的理论思维，教师讲授中国特色社会主义理论体系这一教学内容时，需要通过史论结合、以论为主的方式着重讲清楚以下理论问题：理论的形成发展与历史地位，理论的科学内涵、主要内容与精神实质，最新理论成果等。具体而言，这一理论传授内容主要包括以下专题：中华民族伟大复兴之道（为什么坚持中国特色社会主义理论体系，为什么坚持推进理论创新）；中国特色社会主义理论体系的精髓（为什么坚持实事求是的思想路线）；建设中国特色社会主义的最大"实际"（为什么以社会主义初级阶段的基本国情为社会主义建设与改革的基本依据）；彰显社会主义的生命力与优越性（为什么对社会主义本质进行再认识）；发展中国特色社会主义的必由之路（为什么坚持改革开放不动摇）；建设中国特色社会主义经济（为什么坚持推动生产力发展，为什么进行增强经济活力的社会主义经济体制创新，为什么要把握经济发展新常态与发挥自主创新优势）；坚持走中国特色社会主义政治发展道路（为什么坚持党的领导、人民当家作主、依法治国的有机统一，为什么进行政治体制改革）；建设中国特色社会主义文化（为什么培育和弘扬社会主义核心价值体系和核心价值观）；构建社会主义和谐社会（为什么构建以保障与改善民生为重点的和谐社会）；建设社会主义生态文明（为什么要实现自然、人、社会的和谐统一）；实现祖国完全统一（为什么坚持"一国两制"）；符合民族、国家根本利益的外交和国际战略（为什么坚持独立自主和平外交政策）；建设中国特色社会主义的依靠力量与领导力量（为什么彰显人民主体地位、巩固党的执政地位）。[②] "中国特色社会主义理论体系是一个概念、范畴、命题、原理之间具有严密内在逻辑联系的整体，以社会主义初级阶段的基本国情为基本依据，以科学探索解答'建设什么样的社会主义、怎样建设社会主义'这一根本问题为理论主题，以逻辑形式再现了中国特色社会主义整体及其固有的经济建设、政治建设、文化建设、社会建设、生态建设、党的建设这一客观历史过程的发展规律，从而形成了彼此联系紧密、逻辑层次框架清晰的理论框架。"[③]教师在理论传授这一环节，要以科学的思维逻辑与理论逻辑帮助大学生把握教学内容所包含的各个理论专题之间的承转式连接关系，[④] 从而使大学生从整体上把握中国特色社会主义理论体系。

在整个理论讲授的专题中，教师在中华民族伟大复兴之道这一专题要重点帮助学生正确把握为什么要在社会主义建设与改革的历史实践中始终坚持马克思主义基本原理与当代中国具体实际相结合的理论问题，使大学生深刻理解坚持中国特色社会主义理论体系、坚持推进理论创新的主要原因。还原"事物"成长的历史过程，探索其与物质条件的关系，回答其历史根据和必然性问题，把握其发展规律与趋势，是把握事物内在规定

---

① 顾海良．马克思主义中国化历史过程研究的启示［J］．新视野，2016(1)：14.

② 齐晓安．对"毛泽东思想和中国特色社会主义理论体系概论"专题教学体系的探讨［J］．思想理论教育导刊，2010(12)：80-82.

③ 袁银传，杜蘅．论中国特色社会主义理论体系的逻辑层次与基本结构［J］．江汉论坛，2013(5)：42.

④ 冯刚，张东刚．高校马克思主义中国化 时代化 大众化研究 2012［M］．北京：中央编译出版社，2012：202.

性和特质的必然视界。[①] 教师可以在教学过程中引导学生从历史、现实、未来相结合的视角探索中华民族伟大复兴之道。以历史回溯方法从宏观上帮助学生探索马克思主义中国化历史过程的精神实质，把握中国特色社会主义理论体系形成发展的历史必然性与发展趋势，认准中国特色社会主义是社会主义而不是别的什么主义，需要教师在教学过程中帮助大学生深刻理解理论逻辑与历史逻辑的辩证统一、社会历史的必然性与人民群众的现实价值选择的有机统一的科学道理。教师在讲解这一理论专题时可重点突出以下三个方面的内容：一是国际共产主义运动和中国革命、建设与改革的历史实践证明了反映人类社会与思维发展一般规律的马克思主义基本原理的科学性，论证了马克思主义作为中国革命、建设与改革的指导思想是历史与人民的选择。[②] 二是“马克思主义作为科学真理是具体的”[③]，因而运用它探索解答中国社会主义建设与改革的现实问题，必须将其与中国具体实际与时代特征相结合，创造符合中国现实需要的当代中国马克思主义。三是中国特色社会主义是一个客观的动态的历史进程，现实的发展为它创造了基础，提供了必要的条件和动力，是人民群众在社会主义建设与改革的实践中不断探索、创造的产物，[④] 是从现实基础与条件的实际状态出发的社会主义实践不断面对的新情况、新问题，对推动理论创新提出了现实要求。

实事求是的思想路线集中体现了从事实本身联系把握其本质联系和规律的马克思主义的世界观，为全面准确把握社会主义实践与理论提供了科学的方法论原则。[⑤] 在中国特色社会主义理论体系的精髓这一专题的讲授中，教师需要引导学生认清实事求是思想路线的实践唯物主义内涵，探索解放思想、与时俱进、求真务实、实事求是之间的内在关系，帮助学生在把握实事求是思想路线的历史演进历程的基础上理解实事求是的精神实质，从而运用实践的历史的思维方式看待和对待社会主义建设与改革。同时，教师还可在讲授党中央治国理政新理念新思想新战略时引导大学生科学认识实事求是思想路线的实践发展与时代要求。[⑥]

社会主义初级阶段的基本国情，是建设中国特色社会主义的“最大实际”。这一“最大国情、最大实际”是确定中国特色社会主义实践过程的目标、内容、途径、形式、要求的现实前提与基本依据，对其把握是否准确直接关乎社会主义建设与改革的成败得失。这一上升到理论高度的对我国社会主义发展阶段的科学认识，是中国共产党在唯物史观的指导下，在总结社会主义实践经验，运用马克思主义关于社会主义发展阶段的理论、社会基本矛盾原理对中国社会所处的历史方位、所存在的基本矛盾等实际情况进行具体分析的基础上形成的。社会主义初级阶段基本理论的形成反映出中国共产党将马克思主义基本原理与中国实际相结合的历史进程由自在阶段开始进入了自为阶段。[⑦] 教师

① 顾海良. 马克思主义中国化历史过程研究的启示[J]. 新视野，2016(1)：15.

② 周新城. 怎样理解马克思主义中国化：从“马克思主义基本原理无法完全解决中国问题”说起[J]. 毛泽东邓小平理论研究，2010(4)：14.

③ 本书编写组. 毛泽东思想和中国特色社会主义理论体系概论[M]. 北京：高等教育出版社，2015：5.

④ 李德顺. 价值论：一种主体性的研究 第3版[M]. 北京：中国人民大学出版社，2013：282.

⑤ 冯刚，张东刚. 高校马克思主义中国化 时代化 大众化研究 2011[M]. 北京：光明日报出版社，2011：14.

⑥ 杨奎，韩华. 实事求是思想路线的理论意蕴与时代要求[J]. 中国特色社会主义研究，2014(1)：107-110.

⑦ 冯刚，张东刚. 高校马克思主义中国化 时代化 大众化研究 2011[M]. 北京：光明日报出版社，2011：15.

在讲授这一专题时，需要帮助大学生认识坚持社会主义，“要把社会主义社会的性质同它的发展程度有机地统一起来”①，引导大学生把握这一基本国情的长期性与阶段性相统一的特征，正确看待与对待社会主义建设与改革中的具体现实问题，树立对共产主义远大理想与中国特色社会主义共同理想及其阶段性目标的正确认识，成为既具有远大抱负，又坚持脚踏实地的优秀青年。如，“十三五”规划从国际和国内两个方面分析了“十三五”时期我国发展环境的基本特征，这是我国全面建成小康社会决胜阶段的具体国情，大学生只有对这一具体国情进行深刻把握，才能更好地理解和认同党在这一历史阶段所确立的大政方针、更好地认清当前这一历史阶段的中国特色社会主义实践所具有的现实条件的结构、层次和运动规律，从而增强实践理性，顺势而为。

在改革开放的历史实践中，中国共产党秉承实践唯物主义的方法论原则，不断深化发展对“什么是社会主义、怎样建设社会主义”这一整体性问题的科学认识，在对生产力发展的根本作用和趋势、人民群众的历史地位和价值选择的两个客观必然性基础②的深刻把握下，总结社会主义建设的实践经验，破除对“什么是社会主义、怎样建设社会主义”的教条式理解等错误认识，形成和发展了社会主义本质理论，为中国特色社会主义道路探索指明了前进的方向。教师在讲授社会主义本质理论这一专题时，需帮助大学生理解这一理论的唯物史观蕴涵，领悟中国特色社会主义动态生成的实践品性，认清社会主义改革与建设只能存在于“本质上的‘自然历史过程’之中，而不在客观历史进程之外的主观意志之中”③，并引导学生以生产力标准与人民利益标准相统一的视角，基于客观现实条件，把握中国特色社会主义的优越性。从“解放生产力，发展生产力”这一根本任务与“消灭剥削，消除两极分化，最终达到共同富裕”的发展目标来看，符合广大人民群众利益的发展集中反映了社会主义本质要求。对社会主义本质要求的认识对我们走什么样的发展道路、制定什么样的发展战略具有重要影响，在实践中不断深化对社会主义本质要求的认识，是不断探索科学解答经济社会发展重大现实问题的必然之选。改革开放以来，面对贫富悬殊扩大、环境日益恶化、发展不平衡等与改革开放之初生产和发展严重不足有显著差异的现实问题，中国共产党以强烈的问题意识为导向，深化了对社会主义本质要求的认识，④ 提出了“社会和谐是中国特色社会主义的本质属性”⑤，“依法治国是坚持和发展中国特色社会主义的本质要求和重要保障”⑥，“党的领导是中国特色社会主义最本质的特征”⑦等新观点新论断。党的十八大以来我们党面对当前经济社会发展的现实问题所提出的“创新、协调、绿色、开放、共享”的新发展理念与“四个全面”战略布局集中反映了新时代中国共产党对社会主义本质要求的新认识。教师在

① 本书编写组. 毛泽东思想和中国特色社会主义理论体系概论[M]. 北京：高等教育出版社，2015：114.

② 李德顺. 价值论：一种主体性的研究 第3版[M]. 北京：中国人民大学出版社，2013：285.

③ 李德顺. 价值论：一种主体性的研究 第3版[M]. 北京：中国人民大学出版社，2013：288.

④ 卢迎春. 五大发展理念是中国特色社会主义的本质要求[J]. 攀登：哲学社会科学版，2016(4)：4.

⑤ 胡锦涛. 高举中国特色社会主义伟大旗帜 为夺取全面建设小康社会新胜利而奋斗[M]. 北京：人民出版社，2007：17.

⑥ 中共中央关于全面推进依法治国若干重大问题的决定[N]. 人民日报，2014-10-29.

⑦ 党的领导是中国特色社会主义最本质的特征[EB/OL]. (2015-1-17). http：//politics. people. com. cn/n/2015/0117/c70731-26401540. html.

教学过程中需要引导学生把握“四个全面”战略布局、“五大发展理念”的形成背景、科学内涵与指导价值。

改革开放理论是中国共产党在对时代特点与社会主义社会发展规律准确认识的基础上，为解放和发展生产力、实现社会主义制度的自我完善与发展所做的理论创新，其指明了发展中国特色社会主义的强大动力。教师在讲授这一专题时，若要使学生深刻理解为什么必须坚持改革开放不动摇的问题，则需引导学生全面认识社会主义基本矛盾理论，准确把握改革开放理论与社会主义基本矛盾理论之间的内在关联，历史性地看待社会主义社会基本矛盾运动与社会主义改革开放。① 理论与实践存在着双向互动关系，改革开放与社会主义现代化实践推动了改革开放理论的丰富与发展，党的十八大以来，以习近平同志为核心的党中央对这一理论进行了进一步的深化与发展，提出了以完善和发展中国特色社会主义制度、推进国家治理体系和治理能力现代化为核心的全面深化改革。党的十八届三中全会通过的《中共中央关于全面深化改革若干重大问题的决定》（以下简称《决定》）与党的十八届五中全会通过的“十三五”规划建议等文件对全面深化改革的顶层设计新部署、战略新举措与经济体制改革重点、核心进行了集中阐明，② 党的十九届四中全会通过的《中共中央关于坚持和完善中国特色社会主义制度、推进国家治理体系和治理能力现代化若干重大问题的决定》对新时代全面深化制度改革、发挥制度优势进行了重要论述。教师在讲解全面深化改革这一战略举措的教学过程中，可以从中国共产党执政与治政关系的辩证逻辑、中国国家政治统治与政治管理的辩证关系、社会主义政道与治道的辩证逻辑、坚持社会主义根本制度与释放制度活力的辩证关系、完善发展社会主义制度与国家治理现代化的辩证逻辑等几个方面入手，引导学生全面准确深入地把握现阶段深化和推进改革开放和现代化的历史选择、根本出发点与性质方向。③ 关于全面深化改革路线图中的“六个紧紧围绕”，教师可以在讲解建设中国特色社会主义总布局、党的建设理论等专题时进行具体解析。

“中国特色社会主义经济建设始终是以人民为中心的”④，这意味着，为不断满足人民群众的现实需求，社会主义初级阶段的基本经济制度与分配制度的确立与完善始终要围绕解放和发展生产力而展开。教师在讲授建设中国特色社会主义经济这一专题时，除了对社会主义初级阶段的基本经济制度与分配制度的形成过程、内涵、现实意义等理论内容进行讲授以外，还可以重点结合党的十八届三中全会精神、“十三五”规划建议等对经济体制改革这一全面深化改革的重点、经济发展新常态这一经济发展的阶段性特征进行具体分析。《决定》提出了“三个进一步解放”这一改革的目的与条件，为当前经济体制改革提供了方向指引。教师可运用经济基础与上层建筑关系的原理，引导学生认识经济体制改革的牵引作用，同时，通过总结改革开放以来的历史经验，帮助学生把握坚持社会主义市场经济体制改革目的的重要性。对当前存在的市场主体活力被束缚、市场

---

① 陈占安. 从基本矛盾理论到改革开放理论：从理论层面认识改革开放的历史必然性[J]. 中国特色社会主义研究，2009(10)：13.

② 侯远长，姚巧华. 中国特色社会主义理论在新实践中的发展创新[J]. 中州学刊，2016(10)：3.

③ 王浦劬. 全面准确深入把握全面深化改革的总目标[J]. 中国高校社会科学，2014(1)：5-6.

④ 黄锡富. 坚持以人民为中心是中国特色社会主义经济建设的宗旨[J]. 改革与战略，2016(7)：14.

和价值规律的作用未得到充分发挥、经济利益获取有违公平正义等社会主义市场经济体制运行中存在的现实问题进行理性分析，使学生正确把握市场作用与政府作用在社会主义市场体系建设中的内在关系，深刻认识“使市场在资源配置中起决定性作用，更好发挥政府作用”这一理论观点形成的历史条件、理论依据与现实意义；从以人民为中心的社会主义实践出发，对经济社会发展中与实现公平正义相关的现实问题进行理论分析，促进学生深刻理解追求提高经济增长质量和效益的经济体制改革的重大现实意义。当前经济体制改革所要依据的一个重要现实条件在于经济发展新常态这一我国经济发展的阶段性特征，为适应把握引领经济发展新常态，“十三五”规划明确了经济发展主线，指出要发挥经济体制改革的牵引作用，构建有利于引领经济发展新常态的体制机制，并强调了要加快实施创新驱动发展战略，坚持协调发展，着力形成平衡发展结构。教师在讲解建设中国特色社会主义经济这一专题时，可对此着重讲解。①

在建设中国特色社会主义政治这一专题中，教师首先需要以中国国情为基本出发点，引导学生深刻认识中国特色社会主义政治发展的逻辑起点，这是使学生清晰认识中国政治发展道路为什么必须具有中国特色而不能仿照西方民主政治模式的重要切入点。以这一逻辑前提为基础，教师可以进一步向学生阐明以坚持党的领导、人民当家作主、依法治国的有机统一为关键的社会主义民主政治形态。新形势下，以习近平同志为核心的党中央将依法治国上升为中国特色社会主义的本质要求，这足以表明法治建设之于我国经济社会发展的重要性。② 教师在讲解这一理论内容时可重点结合“十三五”规划、党的十八届四中全会精神、党的十九届四中全会精神对当前形势下全面推进依法治国这一战略举措进行具体讲解，使学生准确把握全面依法治国基本方略的内涵与其在“四个全面”战略布局中的重要地位。这一专题还有一个重点内容就是政治体制改革，教师在讲述政治体制改革这一主题时，可将其与经济体制改革的相关内容相承接，经济体制改革与政治体制改革关系的讲解，能使学生深刻理解全面改革的科学内涵，同时，教师还可结合当前经济社会发展的客观实际向学生阐明新时代推动政治体制改革创新的突破口与具体路径。

“文化是人为了自己的价值实现创造的，是人的价值思维抽象化、客观化的结果。”③文化的本质是人的本质力量的对象化，人与文化存在着相互生成、相互促进的辩证关系：人的本质与文化这一对象性活动成果紧密相连；同时，对何为文化的逻辑性探究，又与由人主导与把握的实践活动密不可分。实践范畴作为文化创造的过程，通过其物质生产和精神生产的现实结果承载了文化的基本内涵，同时，也证明了主体自身的存在与价值实现。中国特色社会主义文化是对人民主体这一与多样性统一的整体性范畴在社会主义建设与改革实践中进行价值追求与价值实现的反映，由人民创造并服务于人民，其“反映社会主义先进生产力发展需要，反映社会主义的经济制度和政治制度的本

---

① 高校思想政治理论课贯彻十八届五中全会精神和“十三五”规划的教学建议[J]. 思想理论教育导刊，2016(5)：10-11.

② 张瑞. 习近平对中国特色社会主义理论的丰富和发展[J]. 科学社会主义，2016(4)：116.

③ 司马云杰. 价值实现论：关于人的文化主体性及其价值实现的研究[M]. 西安：陕西人民出版社，2003：3.

质要求，反映人民的根本利益，反映社会生活本质与时代发展特征”①。教师在讲授建设中国特色社会主义文化这一专题时，要着重强调反映中国社会生产生活实践的中国特色社会主义性质，强调这一文化的与时俱进发展必须坚持以马克思主义为指导，引导学生在深刻认识由中华优秀传统文化、中国红色革命文化与社会主义先进文化构成的中华优秀文化的基础上把握中华民族的精神血脉，感知坚守共产主义理想的巨大精神力量，增加民族文化认同感，② 并运用史论结合、以论为主的教学方式帮助学生在深刻认识中国特色社会主义文化核心价值意义的基础上，把握弘扬社会主义核心价值观，促进中国人民齐心协力进行社会主义文化创造与价值实现，自主建构中华民族的同类价值意识，坚定文化自觉，增强文化自信。

建设社会主义和谐社会是对社会主义本质属性的彰显。教师在讲授这一专题时，需要重点突出社会主义和谐社会的性质与定位，阐明社会主义和谐社会理论与以往缺乏科学论证、带有时代局限性的和谐思想有质的区别，使学生认识到社会主义制度决定了这一制度之下的和谐社会是广大人民群众共建共享的和谐社会，这一和谐社会的实现依靠于中国特色社会主义实践。如，体现社会主义和谐社会本质特征的民主法治，是属于社会主义性质的民主法治，它与在思想上属于资产阶级价值观念体系、在实践中由资本利益所控制的资本主义社会的民主法治有着本质的区别，它使中国社会的各种利益群体依据正当的程序与方式充分表达自身的现实诉求，且在以人民为主体的社会主义建设与改革实践中不断发展完善。教师可以向学生讲解建设社会主义和谐理论是我们党立足于中国国情的，为化解经济社会发展过程中出现的诸多问题、矛盾而提出的，社会主义建设与改革实践中的具体矛盾、现实问题是建设和谐社会所必须面对的，以使学生正确认识和谐社会与社会主义社会矛盾运动的关系，准确把握建设以保障与改善民生为重点的和谐社会的实质原因。③ 教师还可以重点结合十八届三中全会对深化社会体制改革所提出的具体要求、十八届五中全会所确立的五大发展理念，从“加强民主法治建设促进公共权力与公民权利的和谐，健全公平正义制度促进社会规则与个人能力的和谐，弘扬诚信友爱社会风尚促进人与人之间关系的和谐，营造充满活力氛围促进社会成员的积极性、创造性与经济社会发展的和谐，维护安定有序局面促进公民行为方式与社会秩序的和谐，树立人与自然和谐相处的理念促进生产、生活、生态良性互动的和谐”④这几个方面入手对如何推进和谐社会建设进行讲授。

面对生态问题日益严峻的情势，党的十八大将生态文明纳入中国特色社会主义事业“五位一体”总布局，党的十九大提出“坚持人与自然和谐共生”（坚持和发展中国特色社会主义的基本方略“十四条坚持”中的一条），这是以习近平同志为核心的党中央对当代中国化马克思主义的丰富与发展。建设社会主义生态文明是指人民主体在坚持科学社会主义正确方向和基本原则的基础上，依据生态文明的科学内涵、本质要求与实践旨归，以破解当代自然、人、社会之间存在的工业文明发展困境为使命，积极促进人、自然、

① 骆郁廷，陈娜．论“化人”之“文”[J]．思想理论教育导刊，2016(11)：120.
② 骆郁廷，陈娜．论“化人”之“文”[J]．思想理论教育导刊，2016(11)：123.
③ 陈志尚．和谐：社会主义的重要目标、特征和方法[J]．中国特色社会主义研究，2006(6)：23.
④ 马苹．论习近平对社会主义和谐思想的丰富和发展[J]．学术探索，2016(6)：1-6.

社会之间的和谐互动，自然生态和经济社会全面协调可持续发展，推动中国特色社会主义文明形态和文明结构的全面绿色创新发展，推进生态经济社会有机整体协调发展的全新文明形态的生成，使人类文明发展进入实质意义上的生态文明新阶段。① 教师在讲授建设社会主义生态文明这一理论专题时，需要引导学生认识生态文明的社会主义本质属性，促进学生从中国特色社会主义文明这一整体性视角把握建设生态文明的科学内涵与现实意义，并帮助学生树立社会主义生态文明新理念，促进其在现实的生产生活实践中以这种“新的文明价值观与社会经济形态发展观”②进行价值判断与价值追求，从而推动我国经济发展模式的绿色创新发展，推进保障生态文明建设的制度建设与完善，提升中国特色社会主义实践中人、自然、社会关系的整体和谐度。

中国共产党的和平统一理论和政策对推进祖国完全统一的实现、营造良好的国内外发展环境具有重要的现实意义。在实现祖国完全统一理论这一专题中，教师可以以问题意识为导向，从“和平统一、一国两制”构想形成发展过程与“一国两制”的成功实践两个层面入手，着重引导学生深刻认识坚持“一国两制”的根本原因与重要意义。教师可以重点结合以习近平同志为核心的党中央对“一国两制”的理论创新与实践创新对这一理论问题进行讲解，以使学生更加全面准确直观地认识如何在实践中贯彻与落实“一国两制”这一科学构想。在符合时代潮流和民族根本利益的战略抉择这一专题中，教师可从理论的形成、发展与实践的创新、总结两个层面着重引导学生探寻我国坚持独立自主和平外交政策的根本原因，在立足中国国情、突出时代潮流、审时度势地分析中国与世界的关系的教学过程中帮助学生把握我国对外政策的基本立足点、我国外交政策的宗旨。

“历史不过是追求着自己目的的人的活动而已。”③人类历史就是在实践活动中追求和实现主体价值的过程，价值关系普遍地存在于人的社会关系之中。根据主体价值观与社会历史观相统一的逻辑，中国特色社会主义事业必然要以人民群众的利益和要求为最高价值取向。教师在讲授中国特色社会主义事业的依靠力量这一教学内容时，可以从引导学生真正认识“人民”这一范畴的科学内涵入手，使其明确自身在社会主义现代化建设中的共享权利、历史使命与责任担当。首先，教师可以通过强调“人民”这一范畴整体的历史的具体的凝聚化与多样性相统一的指向，帮助学生认识“人民”这一概念不是绝对抽象的实体，而是对中国社会进程中实实在在的群体和个人的统称，这一范畴以凝聚化的形式突出了个人多样化的现实，明确了每一个人的地位，保障了每一个人作为中国特色社会主义事业的价值主体的基本权利。引导大学生清晰认识“人民”这一范畴的含义，可以使大学生进一步科学认识社会主义建设与改革的根本目的的具体内涵。其次，教师可以通过强调“人民”这一概念属于主客体相统一的范畴，引导学生认识在中国特色社会主义的历史进程中，“人民”是创造与享用、权利与义务、历史描述与价值立场的复合，每一个赞成、支持、参加社会主义建设与改革的现实的人，既要幸福享用、充分发展，也要积极创造、履行义务。这样可以使学生认识到社会主义建设与改革

① 方时姣. 论社会主义生态文明三个基本概念及其相互关系[J]. 马克思主义研究，2014(7)：42.
② 方时姣. 论社会主义生态文明三个基本概念及其相互关系[J]. 马克思主义研究，2014(7)：40.
③ 马克思，恩格斯. 马克思恩格斯选集：第2卷[M]. 北京：人民出版社，1995：118.

的依靠力量的权利、责任、义务。再次，教师可以讲授“人民”这一历史范畴所具有的动态性含义，使学生明确把握“人民”这一内涵，需要以人民群众的自身实际、人民群众的历史实践为依据。[①] 如，改革开放以来，随着我国经济体制的改革创新、生产力的发展、经济结构与产业结构的调整变化而出现的新的社会阶层成为中国特色社会主义事业的建设者，丰富了“人民”在中国社会中的内涵。

在讲授中国特色社会主义事业领导核心这一理论问题时，教师可以从以下两个方面进行重点讲解：一是为什么要巩固我们党的执政地位，二是如何巩固我们党的执政地位。教师在讲授“为什么要巩固我们党的执政地位”这一理论问题时，首先需要帮助学生清晰认识中国共产党执政“为了什么人”。回答“为什么要巩固我们党的执政地位”这一问题，主要是探寻巩固党的执政地位的根本价值所在。而价值具有主体性，在价值关系和价值中，主体的需要、能力、评价等居于主导地位，主体的不同会使价值关系和价值呈现出相应的差异，[②] 谈论某一事物的价值，我们必须确定相应的价值主体。由党的宗旨可知，巩固党的执政地位是为了使中国共产党在执政过程中充分满足人民群众的现实利益诉求。而以中国近代以来的历史背景与实践为具体材料，分析在不同历史阶段之下为完成相应的历史任务所进行的新民主主义革命、社会主义改造、社会主义建设道路的初步探索、改革开放等历史实践，我们可以发现，中国坚持走社会主义道路是符合中国国情与人民利益的历史选择，只有在社会主义制度之下才能实现民族独立、国家富强、人民幸福的伟大梦想。由此可知，在世情、国情、党情不断变化的历史进程中“巩固我们党的执政地位说到底是为了巩固社会主义制度”[③]。教师在讲授如何巩固我们党的执政地位这一理论问题时，需要突出反映加强党的执政能力建设本质要求与党的建设科学化、系统化的“全面从严治党”这一战略举措。[④] 从“四个全面”的角度和高度对这一战略举措进行具体讲授。教师可以引导学生从“全面从严治党”的形成发展过程中认识这一战略举措的科学内涵，探寻党的思想建设、组织建设、作风建设、反腐倡廉建设、制度建设及其合力形成的具体含义，并帮助学生从“四个全面”战略布局的高度把握“全面从严治党”的时代价值与实施思路。[⑤]

改革开放以来，在我国经济体制深刻变革、社会结构深刻变迁、利益格局深度调整与多元社会思潮相互激荡的历史背景下，经济社会发展中出现了一系列的实际问题，使得系统地培养大学生中国特色社会主义理论素养的思想政治理论课教学面临着诸多的现实挑战。在教学中，若不能引导学生运用科学的理论思维理性看待与对待这些实际问题，将会使中国特色社会主义理论体系的理论魅力大打折扣，使学生对这一理论体系由不知到真知、真知到真信、真信到践行的思想行为转变过程也将难以实现，从而直接导致思想政治理论课教学的弱效。因此，在理论知识的传输基础上，思想政治理论课教师

① 李德顺．价值论：一种主体性的研究 第3版[M]．北京：中国人民大学出版社，2013：278.
② 李德顺．论价值的主体性[J]．人文杂志，1986(2)：42.
③ 周新城．关于加强党的执政能力建设、巩固党的执政地位的几个问题[J]．学习论坛，2010(11)：18.
④ 肖贵清，杨万山．全面从严治党的时代意义及基本途径[J]．山东社会科学，2015(7)：17.
⑤ 肖贵清，杨万山．全面从严治党的时代意义及基本途径[J]．山东社会科学，2015(7)：17-23.

“要扮演引导大学生进行思考的领路人的角色”①，通过各种形式的教学活动，引导大学生在运用理论思维理性思考其所关注的社会热点问题的过程中对这一理论体系的科学性、实践性等特征进行分析与综合、抽象与具体的持续性反思、选择、体悟，促进大学生情感、品格、意志的投入与理论信仰的树立。如：教师在对“社会主义改革开放理论”进行讲解时，除了运用改革是社会主义社会发展的直接动力理论、社会主义基本矛盾理论等论述与分析全面深化改革的必要性、全面深化改革的总目标等内容以外，教师还可以激发大学生对其所关注的医疗改革、收入分配制度调整等热点问题进行思考；教师在讲授“社会主义基本制度与市场经济相结合”时，除了向学生讲明公有制与市场经济之间的关系以外，还可以引导学生正确思考私营经济、个体经济等非公有制经济的发展壮大对我国坚持走社会主义道路的影响；② 教师在对“建设中国特色社会主义文化”这一理论专题进行讲授时，除了帮助学生深刻认识中国特色社会主义文化对世界的核心价值意义、建构中华民族的同类价值意识以外，还可以引导学生思考如何看待与对待现代文化的平面化与工业化特征在我国文化价值领域的具体化呈现，如互为表里的具有拜物教特征的消费主义与迎合低俗口味的大众文化在我国文化领域的影响；教师在对“建设社会主义和谐社会”进行讲解时，除了讲述这一理论的形成发展、科学内涵与指导意义等理论内容以外，还可以引导学生思考如何正确认识私营企业主阶层与雇佣劳动阶层之间的矛盾与构建社会主义和谐社会的关系；③ 教师在对“建设社会主义生态文明”进行讲解时，除了帮助学生深刻认识“人的解放、全面发展和自然的解放、高度发展的有机统一是社会主义文明、共产主义文明的根本价值立场”④以外，还可以引导学生理性思考如何在坚持绿色发展理念下保持经济社会稳步发展；在讲授“巩固党的执政地位”时，除了从“为什么”与“如何做”的层面对这一问题进行分析以外，还可以引导学生正确思考如何理性看待与对待一些地方干群关系紧张、群体事件多发易发的问题。教师可以采用演讲交流、课堂辩论等互动型的教学方式，引导大学生对其所关注的社会热点问题、理论疑惑进行科学分析，激发大学生对中国特色社会主义理论体系的价值意义的思考，形成思想火花的碰撞，引导大学生在师生互动、生生互动的问题探讨过程中对模糊的、错误的事实与观点进行澄清和辨识，促进大学生对重大政治理论问题认识的飞跃，对中国特色社会主义价值理想认同的深化。

理论认识的加深、理论信仰的树立，要归于实践体验才具有真实的价值。教师在引导大学生深入社会实际、运用理论分析问题与解决问题的实践教学过程中，要注重引导大学生对这一理论体系的创造性实践品质进行理性把握，回归中国特色社会主义理论体系立足实践的生命之源，以强化大学生对历史真理论与历史价值论相统一的社会主义本质的认识，促进大学生深入理解社会主义“是什么、为什么、怎么做”的实践课题。如，教师可以在实践教学环节中引领大学生深入基层，分析“人民有所呼、改革有所应”的

---

① 戴钢书，等. 高校思想政治理论课实践教学论[M]. 北京：中国人民大学出版社，2015：373.

② 段妍. 说理与解惑：“概论”课实现大学生道路认同的教学方法创新研究[J]. 东北师大学报：哲学社会科学版，2014(5)：223.

③ 俞可平，李慎明，王伟光. 马克思主义视阈中的和谐社会建设[M]. 重庆：重庆出版社，2007：154.

④ 方时姣. 论社会主义生态文明三个基本概念及其相互关系[J]. 马克思主义研究，2014(7)：39.

全面深化改革原则的真实意义，考察中国特色社会主义理论体系的“五大发展理念”等最新成果及其指导之下的相关意见与具体规定对基层民生问题切实回应的现实效应，使大学生结合农村、社区等基层日常生活实践，实实在在地感受这一理论体系为实现人民利益而服务的历史价值，领悟这一理论体系动态生成的创造性实践品性。

(4)教学效果的评价

教学效果的评价，主要是指评价主体对思想政治理论课教学之于大学生中国特色社会主义理论素养的提升、理论信仰的树立与巩固等方面的影响的判断与反馈，这一流程的具体环节包括：“内化评价—外化评价”。

通过系统的理论传授帮助大学生深化对中国特色社会主义理论体系的科学认识与价值认同、树立中国特色社会主义理论信仰是思想政治理论课教学的核心任务。从大学生这一教育对象的角度来看，实现这一教学任务的过程包括两个方面：一是大学生对这一理论体系的内化过程，二是大学生对这一理论体系的外化过程。① 大学生对这一理论体系的内化过程是指大学生系统把握这一理论体系的学理性基础、树立中国特色社会主义理论信仰的过程。大学生对这一理论体系的外化过程是指大学生将这一认识和探索解答当代中国问题的科学思想理论转化为推进社会主义现代化事业逐步向前的强大物质力量的过程。对大学生在理论认识、理论认同、理论信仰、实践品质等方面满足中国经济社会发展要求的程度在系统地培养大学生中国特色社会主义理论素养的思想政治理论课教学前后的变化进行考察、分析，对教学效果进行准确判断与科学反馈，有助于教师有针对性地调整环节搭配、教学内容、教学方法、教学话语等影响教学效果的因素，为下一阶段教学目标的顺利实现提供条件。同时，这也有助于大学生在教师或同学等评价主体的反馈中，深入认识投射自我与现实自我的矛盾，② 自觉地通过有针对性的自我教育对系统地培养大学生中国特色社会主义理论素养的教学效果进行巩固与强化。理论认识的深化、理论认同的建立、理论信仰的树立实质上是大学生在学习过程中将中国特色社会主义理论体系的思想精髓整体性地融入由知识体系、情感体系、信仰体系等构成的态度体系之中，使之成为持久性地主导、支配、调控自身的思维思想、情绪情感、行为习惯的内在力量的感受、反思、选择与顺应过程。③ 这一内化性质的过程是大学生掌握中国特色社会主义理论体系的世界观、方法论、基本原理、重要理论观点，掌握正确认识和探索解决中国面临的实际问题的精神武器的过程。其以大学生对中国特色社会主义理论体系的科学认识为基点，以大学生的理性理论思维建立为支点，是大学生自身的态度体系与社会要求认同的态度体系协调一致、有机融合的结果。④ 实践品质是大学生把自身对这一理论体系的信仰外化为实践行为的过程中体现出来的自主性地、创造性地运用理论素养改造自身的主观世界与探索解决社会主义建设与改革的现实问题的使命感、责任意识、主观能动性等素质的综合。大学生运用中国特色社会主义理论体系改造主观世界与探索解决社会主义建设、改革的现实问题是大学生自觉地认识到自身作为中国特色社

① 冯刚，张东刚. 高校马克思主义中国化 时代化 大众化研究 2011[M]. 北京：光明日报出版社，2011：66.
② 李辉，许文贤，等. 中国化马克思主义教育概论[M]. 北京：人民出版社，2005：235.
③ 骆郁廷. 高校思想政治理论课程论[M]. 武汉：武汉大学出版社，2006：267.
④ 中国心理卫生协会，中国就业培训技术指导中心. 心理咨询师[M]. 北京：民族出版社，2005：138.

会主义实践主体的重要表现，也是践行其主体性义务与责任以将中国特色社会主义理论体系由精神力量变为变革现实世界的强大物质力量的重要表征。[①]“实践的人作为社会关系中应当的或可能的主体，要真正地转换为实实在在的享受权利与履行义务复合的主体，必须以一个必不可少的条件为前提，那就是，主体因意识到自身的主体地位而形成的主体性意识。也就是说，人在历史的、具体的生产生活实践中，要想真正地确立和真正地享有自身的主体地位，必须对自身在纷繁复杂的社会关系与变动不居的历史进程中的地位、权利、责任、义务、使命及其实现方式有一个十分明晰精准的认识。”[②]大学生的理论认识、理论认同、理论信仰、实践品质满足社会要求的程度在系统地培养大学生中国特色社会主义理论素养的教学前后的变化，主要通过大学生对理论知识的掌握效果、大学生对理论价值意义的认同程度的变化、大学生对理论“相信状态”的稳定程度、大学生履行主体性义务的外化性质的行为变化来体现。因此，对教学效果的判断与反馈，主要通过对这四方面的情况进行考察、分析与评价。评价主体对这四方面的考察、分析需要借助一定的参考指标或评价体系、评价方法，以对教学效果做出全面准确的反馈。一般来说，大学生的课程成绩，大学生在教学过程中的随堂反馈，反映大学生对中国特色社会主义理论体系的见解、态度、运用能力的文本资料等都是教育教学主体对教学效果进行评价的重要依据。需要说明的是，对教学效果的评价，要坚持多方评价相结合的原则，以从多个角度考察、分析大学生在理论认识、理论认同、理论信仰、实践品质等方面满足社会要求的程度在系统地培养大学生中国特色社会主义理论素养的思想政治理论课教学前后的变化，准确科学地归纳、凝练教学效果的实际影响因素，提升教学实效。值得强调的是，在教学过程中有着实际感受的教师、学生对教学效果的评价十分重要。作为教学过程主导者的教师对教学过程中的各个环节及其效果的系统性梳理、分析与考察，可以为教学的理论研究提供翔实的现实依据。大学生作为对自身思想行为变化有着最为清晰的认识的受教育者，其对自身的中国特色社会主义理论素养、理论信念、实践品质在教学过程中的实际变化轨迹的宏观性或细致性描述、分析或评价，可以最为直接地反映教学效果的真实情况，为系统地培养大学生中国特色社会主义理论素养的教学过程的中间环节的改进提出符合大学生实际的建议。根据已有的教学经验，让大学生对系统地培养大学生中国特色社会主义理论素养的教学效果进行评价，对于教师的“教”与学生的“学”都颇具意义。如，“高校思想政治理论课实践教学研究”这一教育部哲学社会科学研究专项任务成果就指出，教师在进行思想政治理论课教学过程中，让大学生以“成长叙事”的方式写出在教学过程中运用所学的中国特色社会主义理论知识解决实际问题的反馈材料，可以起到学生自我成长、教师自我提升的作用。[③]

2. 日常思想政治教育链

日常思想政治教育链重在通过具有实践养成教育性质的中间环节对大学生中国特色社会主义理论素养、理论信念进行巩固与强化，以使大学生在长期的日常生活、学习实践活动中，建构科学的理论思维，形成深刻的理论认同、稳定的理论自觉与坚定的理论

---

① 冯刚，张东刚. 高校马克思主义中国化 时代化 大众化研究 2011[M]. 北京：光明日报出版社，2011：66.

② 欧阳康. 社会认识论导论[M]. 北京：中国社会科学出版社，1990：145.

③ 戴钢书，朱强. 论思想政治理论课教学与文艺、科技的融合[J]. 学校党建与思想教育：高教版，2013(1)：63.

信仰。日常思想政治教育链要想实现其现实价值，要解决一个关键性问题，即把中国特色社会主义理论体系与大学生学习与生活实践相结合，使理论满足大学生日常的心理期待，让大学生在实践中真实感受到这一理论体系的科学性、现实性、吸引力与感染力并获得对中国特色社会主义信仰的积极情感体验。日常思想政治教育链由以大学生日常现实生活为基点、以大学生行为养成为支点的晓之以理、动之以情的大学生日常思想政治教育活动过程中的环环相扣的环节构成。[①] 而大学生日常思想政治教育活动涵盖了“除思想政治教学等课堂教学以外的其他教育形式，如，学术活动、社会实践活动、学生社团活动、心理健康教育与咨询、党团活动、校园网络教育管理活动”[②]。按唯物辩证法过程论中的空间的广延性视角，教育形式可以分为校内实践活动、校外社会实践活动、虚拟社会实践活动。由此，本文把日常思想政治教育链看成是由校内实践教育、校外社会实践教育、虚拟社会实践教育这三个重要环节与它们之间环环相扣、合力生效的关系构成的日常思想政治教育系统。校内实践教育注重将中国特色社会主义理论体系所蕴含的马克思主义世界观融入全面细微地反映大学生思想行为特征的大学生日常学习与生活实践之中，使这一理论更加贴近大学生的情感世界、满足大学生的日常心理期待，以促进大学生在实践体验中科学地明确自身的主体地位，深刻理解、高度认同中国特色社会主义共同理想的历史性价值意义。校外社会实践教育侧重于引导大学生在积极参与、细致调查与深入研究社会生产生活实际的过程中，全面深入把握国情、社情、民情，确立以研究和解决现实问题为内在实质的马克思主义学风。虚拟社会实践教育重在通过大学生在网络教育管理平台的自主性学习、互动与交往，提升其独立自主运用中国特色社会主义理论体系发现、分析与解决问题的能力。需要说明的是，本文所探讨的日常思想政治教育链中的校内实践教育、校外社会实践教育、虚拟社会实践教育均属于日常思想政治教育系统的实践教育活动范畴，不包含思想政治理论课教学链中的实践教学活动。

日常思想政治教育链中的校内实践教育是指对大学生进行中国特色社会主义理论体系教育的学术性活动、党团活动、学生社团活动与校园文化建设活动等校园文化教育实践。其作用主要表现为结合大学生认知发展规律，充分整合与运用校内现有的实践教育资源，在大学生日常学习、生活实践中融入中国特色社会主义理论体系的世界观，引导大学生从生活实践中对这一理论体系“进行感受、分析、选择等内化活动”[③]。校内实践教育是大学生日常学习与生活实践中最主要、最重要、最基本的日常思想政治教育形式，是连接思想政治理论课教学实践与校外社会实践教育的重要纽结，[④] 是具有中国特色社会主义理论体系教育价值最贴近大学生实际的实践环节，具有其他实践教育资源无可替代的作用。在这一实践教育环节中，师生、生生之间的有序交往互动，引导大学生进行反映中国特色社会主义理论体系鲜明立场、基本观点、根本方法的校内实践，帮助大学生解决日常生活实际的思想困惑、现实问题，有助于大学生在生活实践交往过程中，通过所属群体对自身的改造与个人的自我教育，明确自身的主体地位，明晰自身的

---

① 封希德. 大学生日常思想政治教育实效性研究[M]. 成都：西南财经大学出版社，2010：4.

② 刘川生. 大学生日常思想政治教育实效性研究[M]. 北京：北京师范大学出版社，2009：5.

③ 鲁杰，王逢贤. 德育新论[M]. 南京：江苏教育出版社，1994：273.

④ 胡树祥，吴满意，等. 大学生社会实践教育理论与方法[M]. 北京：人民出版社，2010：136.

权利、责任与义务，形成符合中国特色社会主义理论体系蕴含的世界观的思想政治素质。如，在校园文化建设实践体系中，在教师的指导下，各类学生社团自主地开辟反映中国化马克思主义最新理论成果的教育小天地，以理论结合实际的方式，帮助大学生解答就业、医疗、考学等各方面的困惑，可以加深参与此类实践活动的大学生对中国特色社会主义理论体系的理论理解，促进其在实践活动中以中国特色社会主义的世界观、方法论探索解答现实问题，并通过多次实际操作、切身体验，确证这一理论体系的科学性，从而产生情感的投入，形成意志的磨砺。马克思主义认为，人的主体性是在主体与外界建立相互作用关系的实践过程中形成与发展的，实践分为生产实践与生活实践，生产实践“实现着人与自然之间的物质交换”①，是人们生活资料的来源，是人类存续与发展的前提，生活实践是人有意识地实现自我生存与发展的实践形式，这两种实践形式都贯穿于交往实践。对于生活在高校校园的大学生而言，学习与生活等生活实践是其进行实践的主要形式，大学生对于自身作为中国特色社会主义实践进程的历史性主体地位的明确与认同，对于中国特色社会主义共同理想等马克思主义信仰的意义感知，最主要还是通过校园的学习、生活等生活实践形式而获得。因此，校内实践教育是日常思想政治教育链的基本环节，为大学生的校外社会实践教育做了铺垫。

日常思想政治教育链中的校外社会实践教育是指高校在以巩固和提升大学生中国特色社会主义理论素养、培养大学生以实践的历史思维方式运用以唯物史观为理论基点的中国特色社会主义理论体系探索解答现实问题的能力为教育目的的前提下，有计划地组织、安排大学生走出校门、投身社会实际、把握国情民情、发挥真才实学、增长才干的亲身体验活动，主要形式包括劳动教育、志愿者服务、考察调研等。“理论在一个国家实现的程度，总是决定于理论满足这个国家的需要的程度”②，中国特色社会主义理论体系离开中国的现实实际就相当于无本之木、无源之水。在大学生中开展这一理论体系的教育活动的主要目的在于促进大学生在实际中科学应用这一中国化马克思主义理论探索解答现实问题，因此，要在实践活动中帮助大学生确立研究和解决现实问题的马克思主义学风。如果说校内实践教育是大学生通过个人或所在的大学生群体的学习、生活中的实践事实来切实理解、实际应用这一理论体系的活动，那么校外社会实践教育则是大学生通过真实的感知体认，全面深入了解除校园生活以外的社会生产生活实际，以中国特色社会主义实践事实为基础，对社会生产生活的历史经验进行把握与判断，对社会实践新生问题进行理性分析与实际解决的理论认识与应用过程。这既可以促进大学生以整体的、历史的视角认清这一理论体系所坚持的世界观、方法论，所包含的基本原理，也可以促进大学生基于对新问题、新规律的分析与总结，对这一理论体系进行创新发展。同时，通过引导大学生在深入基层、走访群众、听取典型事迹、参加志愿劳动等活动中，获取一手资料，叙写实践记录，在国情、世情、民情的深入把握之中，产生心灵的激荡，进行情感的投入，可以使大学生把中国特色社会主义理想信念内化于心、外化于行，并反过来对已有的中国特色社会主义理论体系的知识结构、观念图景进行科学的重

① 马克思，恩格斯. 马克思恩格斯全集：第23卷[M]. 北京：人民出版社，1979：50.

② 马克思，恩格斯. 马克思恩格斯选集：第1卷[M]. 北京：人民出版社，1995：11.

构与发展。“学生健康情感形成与内化最为相关。没有内化过程，任何教育影响都无法转化为人的素质。而体验则是内化的前提条件，也是内化发生的最重要机制。”①

日常思想政治教育链中的虚拟社会实践教育，是以实现大学生中国特色社会主义理论体系从知识体系向信仰体系转化为目的，在以数字化技术、移动通信技术、网络技术等为中介的仿真空间中的大学生“自主探索、自主体验、相互交流、自我教育”的社会实践教育活动。② 这一虚拟社会实践是在现实实践的创造性基础上，诸如课程中的社会实践、校园中的社会实践、校外社会实践，融合信息时代特有技术而生成的新的实践方式。③ 虚拟社会实践这一大学生社会实践的新形式超越了实践主题、经费投入、地点选择等传统实践方式的内容、组织、形式等条件的限制，给大学生提供了一个实践内容丰富与形式多样的自主探索、自主创新、自我管理、自我约束的实时开放性教育空间。在虚拟社会实践中开展大学生中国特色社会主义理论体系教育活动，要依据大学生主体意识强、思维广阔性提高、社会交往私化、价值观念差异显著、自我认同焦虑化等身心发展的新特征，通过信息、情感及时互动的有效载体，增强这一教育实践的说服力、感染力。如，通过交往实践成本低、实时互动性强的微信等即时通信技术的应用程序外接功能，把自主设计的承载实践理念、实践环节、实践内容、实践资源的大学生中国特色社会主义理论体系实践教育的应用程序嵌入微信平台，合理引导学生依据自身的理论与实践问题关切点自主设置实践形式的主题，有目的、有计划地组织辩论、发帖、演讲等虚拟社会实践活动，使其在自由平等、民主和谐的讨论、交流、辩论等思想交锋的实践氛围中，获取信息、激发思考，并在老师的指导下，用理性逻辑思维整合对这些问题的感性认识，可以促进大学生在组织实践、探讨问题、辨别是非的过程中砥砺意志、坚定信仰。

3. 思想政治理论课教学链与日常思想政治教育链的关系

大学生中国特色社会主义理论体系教育链的流程链是建立在其中间环节即培养大学生中国特色社会主义信仰的教育过程中的任务分工与互补互动的关系上的链式教育系统，以思想政治理论课教学链、日常思想政治教育链为大的链节点，以这二者的诸多构成环节为小的链节点。大学生中国特色社会主义理论体系教育链的流程链的实质就是这些环节之间的有序关联，而这种关联的实质是其各个环节在培养大学生中国特色社会主义信仰的教育过程中的承接与延续、制约与协作的互补互动关系。

思想政治理论课教学链与日常思想政治教育链在大学生中国特色社会主义理论体系教育过程中存在着互补互动的有机关联。这一互补互动的有机关联是大学生的理论信仰形成与发展的“知、情、意、行”过程规律在大学生中国特色社会主义理论体系教育过程中的一种具体的动态反映。教育目标的根本一致、教育任务的有机配合、教育内容的有序承接、教育过程运行的协同关联是二者互补互动关系形成的衔接点。

教育目标的根本一致，是指二者都致力于使中国特色社会主义理论体系进入大学生头脑和心中。思想政治理论课教学链系统地向大学生传输中国特色社会主义理论体系的

① 戴钢书，等. 高校思想政治理论课实践教学论[M]. 北京：中国人民大学出版社，2015：389.
② 胡树祥，吴满意，等. 大学生社会实践教育理论与方法[M]. 北京：人民出版社，2010：253-254.
③ 吴满意，肖永梅，曹银忠. 大学生社会实践活动的新形式：虚拟社会实践[J]. 理论与改革，2010(2)：122.

相关理论知识，培养大学生科学运用理论分析中国实际、探索解答中国实际问题的理论素养，帮助大学生在对理论的系统性掌握基础上树立中国特色社会主义信仰、坚定共同理想。日常思想政治教育链以其实践养成作用巩固大学生的中国特色社会主义理论素养，使大学生在自主、自觉地运用理论探索解答实际问题的过程中，把握理论的实践性，强化对这一理论的正向情感体验、价值认同，增强实际践行中国特色社会主义信仰的自觉性。

教育任务的有机配合，是指二者的相互衔接实现了大学生中国特色社会主义理论体系教育过程中的理论教育与实践教育的统一。由思想政治教育过程的“双依性”可知，大学生中国特色社会主义理论体系教育过程的基本目标、教育内容的基本特征、大学生思想理论素养形成发展的“知、情、意、行”矛盾运动规律，使得以实施理论教育为主要任务的思想政治理论课教学链与以实施实践养成教育为主要任务的日常思想政治教育链成为系统地培养大学生中国特色社会主义理论信仰的教育过程中的不可或缺的环节，二者的有序衔接、融通联动是保持大学生中国特色社会主义理论体系教育过程整体性、有效性的必然之选。思想政治理论课教学链的主要任务在于帮助大学生在对中国特色社会主义理论体系进行正本清源的系统学习的基础上，科学认识这一理论体系的形成发展、科学内涵、主要内容和精神实质，准确把握历史规律与中国国情，深刻理解这一理论体系的科学性，夯实理论自信的认识论基础，建构科学的理论思维、理性的理论认同、坚定的理论信仰。简而言之，思想政治理论课教学链的中心任务就是通过教学过程有序衔接的中间环节帮助大学生真懂真信中国特色社会主义理论体系，即全面系统地帮助大学生准确理解和把握中国特色社会主义理论体系的相关知识，认识这一理论体系的科学性，从而建立理论信仰。这使得立足于理论逻辑与思维逻辑的理论传授从而增强大学生的理论思维能力和创新能力成为系统地培养大学生中国特色社会主义理论素养的思想政治理论课教学链的核心所在。中国特色社会主义理论体系是历史与逻辑的统一，大学生要形成对这一理论体系的真懂真信，必须在探寻这一理论体系形成、运用、发展的生命历程，探究这一理论体系的科学性依据的过程中建构科学的理论思维，增强理论创新能力。中国特色社会主义理论体系是中国共产党在中国特色社会主义实践中运用的秉承实践唯物主义的方法论原则、辩证唯物主义的方法论原则、历史唯物主义的方法论原则的科学理论思维形成的被实践证明了的关于中国建设、巩固和发展社会主义的正确理论原则和经验总结。中国共产党的理论思维就是要解决科学理论的创造、运用与发展问题。① “理论思维的起点决定着理论创新的结果。理论创新只能从问题开始。”②科学的理论是建立在实践基础之上的，科学的理论也必然是人运用反映现实力量的具有客观真理性的理论思维形成的。中国特色社会主义理论体系所包含的各个理论成果之间的一脉相承关系就是基于社会主义建设与改革现实基础的统一而形成的。③ 大学生只有在系统地学习认识和探索解决中国问题的科学思想理论过程中，建构科学的理论思维，才能在中

① 李冉. 如何认识中国特色社会主义理论体系的科学性[J]. 毛泽东邓小平理论研究，2016(8)：56.

② 习近平在哲学社会科学工作座谈会上的讲话[EB/OL]. (2016-5-18). http：//news. xinhuanet. com/ttgg/2016-05/18/c_ 1118891128_ 3. htm.

③ 李冉. 如何认识中国特色社会主义理论体系的科学性[J]. 毛泽东邓小平理论研究，2016(8)：57.

国特色社会主义进程中真懂真信真用中国特色社会主义理论体系，推进理论与实践的互动、理论的创新发展。日常思想政治教育链的主要任务在于通过校内实践教育、校外社会实践教育、虚拟社会实践教育的协作联动，帮助大学生在全方位的实践养成教育过程中把握中国特色社会主义理论的实践性本质特征，提高对社会主义建设与改革的现实条件的认识的准确性和深刻性，在理论运用与创新能力的提升过程中考察中国特色社会主义理论体系的合目的性、合价值性、合规律性，[①] 感受中国特色社会主义的生命之源，树立实践的历史思维，实现知与行的互引互化，强化思想政治理论课教学链的理论素养培育的现实效能。大学生中国特色社会主义理论体系教育过程，虽然以帮助大学生在对这一理论体系的形成发展、主要内容、精神实质的系统性掌握基础上建构科学的理论思维，坚定中国特色社会主义信仰为侧重点，但大学生在这一中国化马克思主义理论教育过程中，还需透过将中国特色社会主义理论体系这一思想智慧转化为变革现实世界的物质力量的动态实践，深刻把握理论形成发展的现实基础，真实感受理论运用的实际情况，从而巩固理论素养、坚定理论信仰。

教育内容的有序承接，是指日常思想政治教育链与思想政治理论课教学链在教育教学内容上的承接与吻合。日常思想政治教育链在培养大学生中国特色社会主义信仰的教育过程中承担着巩固和强化思想政治理论课教学链的理论素养系统培育的现实效能的任务。这决定着日常思想政治教育链的中间环节所承载的教育内容需与思想政治理论课教学链的中间环节传授给大学生的中国特色社会主义理论内容相衔接、相统一，以使不同环节所进行的实践养成教育与大学生所接受到的和正在接受的理论知识和教育结合起来，与大学生的理论素养水平相匹配，[②] 进而在与思想政治理论课教学链的有序过渡、深度协同中有的放矢地实现对理论教育效能的强化。需要说明的是，这里的教育内容的承接、吻合，不仅仅是指日常思想政治教育链的实践教育环节的教育内容要与思想政治理论课教学链的中间环节的教育内容相衔接，还指日常思想政治教育链的实践教育环节中的教育内容要在思想政治理论课教学链的中间环节所承载的教学内容的基础上有所转换与拓展。如，在对大学生进行社会主义初级阶段的基本国情的教育时，相关教育主体在日常思想政治教育链的校外社会实践教育环节便可引导学生基于对建设中国特色社会主义的“最大实际”的长期性特征与阶段性特征的理论把握与自身所关注的相关社会问题，进行国情调查形式的研究型社会实践，[③] 组织学生就“十三五”时期我国发展环境的基本特征在所在地域的具体表现进行调查并撰写调查研究报告。

教育过程运行的协同关联主要体现在两个方面：一是思想政治理论课教学链的教学内容创新以日常思想政治教育链为后盾。日常思想政治教育链以其贴近大学生学习生活实际、满足大学生日常心理期待的独特优势为思想政治理论课教学链的内容与形式的创新提供了鲜活资源，并以其实践养成教育的作用对思想政治理论课教学链的系统性理论培养效能进行巩固与强化。思想政治理论课教学链中的教学主体可以以教育主体在日常思想政治教育链的中间环节所获取的反映大学生中国特色社会主义理论素养与实践行为

① 李冉. 如何认识中国特色社会主义理论体系的科学性[J]. 毛泽东邓小平理论研究，2016(8)：58.
② 冯刚，张东刚. 高校马克思主义中国化 时代化 大众化研究 2012[M]. 北京：中央编译出版社，2012：218.
③ 冯刚，张东刚. 高校马克思主义中国化 时代化 大众化研究 2012[M]. 北京：中央编译出版社，2012：218.

表现的信息资料为基础性依据，制定教学方案，提升教学内容的全面性、针对性，在教学过程中解答大学生在日常思想政治教育链中所表现出的问题关切与思想疑惑，利用日常思想政治教育链的实践活动形式组织大学生对教学内容进行课前理解与课后巩固。二是日常思想政治教育链的中间环节的展开以思想政治理论课教学链为依托，提升教育内容深度，展现超越性本质。日常思想政治教育链的教育主体以大学生在思想政治理论课教学链中所形成的中国特色社会主义理论素养为基础，推进具体的实践体验教育环节的展开。理论是前提，实践是巩固。没有理论思维与理论逻辑，大学生在日常思想政治教育实践环节中难以运用科学理论逻辑合规律性地预测问题发展的趋势与走向，难以对现有的理论素养与实践能力实现稳定性的超越或提升，难以在理论认知、理论认同的基础上树立具有持久性力量的深层次的中国特色社会主义理论信仰。

在系统地培养大学生中国特色社会主义理论素养的教育过程中，促进大学生对这一理论的“相信状态”形成的“知、情、意、行”思想矛盾运动中的各个要素能否相互促进且保持在一个相对平衡的状态，是与大学生中国特色社会主义理论体系教育链的流程链的中间环节在运行过程中的传导效应密切相关的。由思想政治理论课教学链与日常思想政治教育链的有序衔接形成的链式结构关系所产生的纵向联动效应和横向联动效应，实现了大学生中国特色社会主义理论体系教育过程中间环节的传导效应的整体性优化。思想政治理论课教学链与日常思想政治教育链的有序衔接、平稳过渡所产生的纵向联动是指，在链式结构关系中，思想政治理论课教学链的中间环节、日常思想政治教育链的中间环节依次展开所产生的联动效应影响着由知、情、意、行的思想要素构成的大学生中国特色社会主义理论信仰形成发展过程。而由思想政治理论课教学链与日常思想政治教育链有序衔接形成的链式关系所产生的横向联动是指，在这一链式关系的中间环节中，学生通过获取有效的教育信息提升自身的中国特色社会主义理论素养的同时，也对教育环节的配置、运行、调整等给予了信息反馈，实现了教育者与受教育者之间的双向互动交流。这一链式结构关系所产生的纵向联动与横向联动连接起来，形成了一个网式联动，这一网式联动是大学生中国特色社会主义理论体系教育链的流程链实效性发挥作用的具体呈现形式。①

三、大学生中国特色社会主义理论体系教育链的运行机制

研究大学生中国特色社会主义理论体系教育链的运行机制，我们首先需要认识“机制”“思想政治教育机制”“思想政治教育运行机制”。“机制”的本来释义如下：“机器的构造和工作原理；机体的构造、功能和相互关系；某些自然现象的物理、化学规律；一个工作系统的组织或部分之间相互作用的过程和方式。”②“思想政治教育机制”是指“思想政治教育过程中各构成要素按一定的组合方式而形成的机理和运行方式”③。“思想政

① 窦尔翔，睢悦，等. 教育金融抑制：理论、指标与应对[M]. 北京：北京大学出版社，2013：188-192.
② 中国社会科学院语言研究所词典编辑室. 现代汉语词典：第7版[M]. 北京：商务印书馆，2016：600.
③ 张耀灿，等. 思想政治教育学前沿[M]. 北京：人民出版社，2006：258.

治教育运行机制”是解决思想政治教育各构成要素的协调运转情况的机制。① 在简洁性地理清“机制”“思想政治教育机制”与“思想政治教育运行机制”的基本含义的基础上，本文将大学生中国特色社会主义理论体系教育链的运行机制界定为：在这一教育链的具体运转阶段，基于促进大学生中国特色社会主义理论体系的认知体系向信仰体系转化的思想矛盾运动的各要素相互作用、有机联系的方式而确立的管理规范与运行体制，主要包括通过教育目标实现方向指引的导向机制，通过实时评价、反馈矫正实现有序协调的调控机制，提供经费、队伍、制度等基础保障的保障机制等。

1. 大学生中国特色社会主义理论体系教育链的导向机制

大学生中国特色社会主义理论体系教育链的导向机制是对这一教育链的运行方向起指引作用的机制，主要通过教育目标而实现。教育目标是这一教育链运行的逻辑起点与逻辑归宿，其导向作用具体体现在两个方面：一是确定这一教育链的各个环节在运行阶段中所要发挥的作用。大学生中国特色社会主义理论体系教育链的教育目标在于实现大学生中国特色社会主义理论体系的知识体系向信仰体系的转化，在这一教育目标的指引下，这一教育链的各个环节在运行阶段中，将分阶段、分层次地实现这一教育目标的具体目标。如在大学生中国特色社会主义理论体系教育链的思想政治理论课教学链中，教师通过各个中间环节的运行，实现着对大学生中国特色社会主义理论体系的理论知识传输、情感体验教育、实践思想升华等，而在日常思想政治教育链中，则通过校内实践、校外社会实践、虚拟社会实践等实践养成教育实现着对大学生进行自主性中国特色社会主义理论体系教育的功能，巩固和强化大学生的理论素养与理论信念。二是确定这一教育链运行中的各个环节之间的协同关联、相互合作的关系。大学生中国特色社会主义理论体系教育链的思想政治理论课教学链与日常思想政治教育链在运行过程中处于相互配合、有效衔接的状态。在思想政治理论课教学链中，教师要依据在日常思想政治教育链的持续追踪中所获取的对大学生理论素养的实际情况的分析，制定相应的教学方案，并在教学计划的具体展开与实施进程中，运用具有系统的学理性思辨基础的理论教育协同性地探索解答大学生在贴近生产生活实际的日常思想政治教育链中所表现出的具体性、现实性疑惑。在日常思想政治教育链中，也要借助于思想政治理论课教学链的教学资源，在日常实践教育环节中对大学生进行理论性的科学引导。三是为大学生的自我学习、管理、调整提供方向引导。适当的教育目标可以激发大学生学习中国特色社会主义理论体系的内在需要与学习动力，促进其按照这一目标参照，在思想政治理论课教学链与日常思想政治教育链中掌握知识、调节情感、坚定信仰、理性实践。值得注意的是，“思想政治教育管理导向机制的构成，依赖于对思想政治教育原理、管理规律等相关规律的遵循和运用，借助于对思想政治教育管理对象的利益和需求的准确把握，构建以思想政治教育目标为取向的思想政治教育管理导向系统，形成利益(需要)、动机、行动、结果(目标)间的有序性关联”②。因此，通过教育目标实现方向指引的导向机制，除了要满足社会发展要求以外，还要在合目的性与合规律性的指引下，以教育者与受教育者

① 刘川生. 大学生日常思想政治教育实效性研究[M]. 北京：北京师范大学出版社，2009：163.

② 赵志军. 德育管理论[M]. 北京：中国社会科学出版社，2008：136.

的个人发展实际为基础，实现这一教育链中教育者与受教育者的共同成长，确保这一教育链的高效运行。

2. 大学生中国特色社会主义理论体系教育链的调控机制

调控是指按照给定的现存条件和预定的目标性设想，对一个过程或一系列事件施加有效性影响的一种活动。① 大学生中国特色社会主义理论体系教育链的调控机制是指使这一教育链按照既定目标指引的正确方向协调有序运行的控制与调节系统。大学生中国特色社会主义理论体系教育链的调控机制的运行主要通过确定调控标准、实时评价、反馈矫正这三个环节完成。② 确立调控标准是指依据这一教育链的目标对各个环节的运行评价确立一个定量与定性相结合的规范、制度、指标。③ 大学生中国特色社会主义理论体系教育链是通过其各个层次的环节的协调有序运行而实现其目标的，而其各个层次的环节的运行具有相应的流程与价值指向。因此，要以一定的规范、制度、指标来规范、评价各个环节运行过程的程序与价值实现情况。实时评价是指在运行过程中按照调控标准对这一教育链的整体运行情况与各个环节的运行实际进行及时、准确、有效的评价，这主要通过阶段性评估方式而实现。④ 分阶段对这一教育链的运行过程进行评价，可以使教育者与受教育者明了这一教育链的现实运行情况，及时地协调各个环节在运行中的相互关系，调整各个环节在运行中偏离教育目标的现状，进而顺利地推动这一教育链的运行计划的实施。反馈是指根据过去的情况调整将来的行为，⑤ 大学生中国特色社会主义理论体系教育链的调控机制中的反馈矫正是指对这一教育链运行过程在完成后的总结性反应，为下一次的运行过程提供经验与规律，既可以指导这一教育链如何更好地保持全面协调的关系，也可以指导这一教育链的各个环节如何通过调整而提升效能。

3. 大学生中国特色社会主义理论体系教育链的保障机制

大学生中国特色社会主义理论体系教育链有效运行状态的保持，必须具有一定的条件保障，主要包括经费保障、队伍保障、制度保障等。⑥ 大学生中国特色社会主义理论体系教育过程中的教育目标与教育活动的各个环节及其环环相扣的关系构成了大学生中国特色社会主义理论体系教育链。要使这一教育链的中间环节适时有效地运行，需要对这一教育链的运行给予经费投入。这一经费投入范围包括对这一教育链的思想理论基础研究与评估实施的投入，对这一教育链的思想政治理论课教学链的中间环节展开的投入，对这一教育链的日常思想政治教育链的实践活动展开的投入等。大学生中国特色社会主义理论体系教育链的运行，除了涉及物质投入因素以外，最为核心的还在于队伍人员因素，队伍人员素质的高低直接决定了这一教育链的运行成败。具备一支具有高素质、结构稳定的工作队伍，是这一教育链有效运行的必备条件。从素质的角度而言，这

---

① 李金松．系统论、信息论、控制论与教育改革[M]．武汉：湖北教育出版社，1989：106.

② 范树成．德育过程论[D]．长春：东北师范大学，2004.

③ 万美容．论思想政治工作运行机制的建构[J]．探索，2000(4)：67.

④ 张耀灿，郑永廷，吴潜涛，等．现代思想政治教育学[M]．北京：人民出版社，2006：347.

⑤ N·维纳．控制论：或关于在动物和机器中控制和通信的科学[M]．郝季仁，译．北京：科学出版社，1963：16.

⑥ 万美容．论思想政治工作运行机制的建构[J]．探索，2000(4)：68.

一教育链中的队伍人员需要具备以下素质：一是政治素质。政治素质是指这一教育链中的队伍人员自身要保持对中国特色社会主义理论体系的信仰，只有“真信”才能“真教”。二是业务素质。业务素质是指对中国特色社会主义理论体系的正确理解与运用的能力、把现有的中国特色社会主义理论体系的教材体系有效转换为整体性的教育教学体系的能力、提升业务水平的创新性能力等。三是品德素质。品德素质是指这一教育链中的队伍人员要具有高尚的情怀与品德，关心学生的成长，以身示范、潜移默化地增强教育实效性。制度保障是大学生中国特色社会主义教育链运行规范化、有序化的重要条件。大学生中国特色社会主义理论体系教育链是一个由多个层次的环节构成的系统，各个环节有其自身的流程与作用，其流程的有序运行与作用的有效发挥依赖于其队伍人员有规可循的职责履行与相互配合，因此制度建设是这一教育链实效性发挥的必然之举。

本章从唯物辩证法的过程论视角出发，学理性地指出了大学生中国特色社会主义理论体系、知识体系向信仰体系转化的“知、情、意、行”过程规律，中国经济社会发展实践对大学生中国特色社会主义理论体系教育的现实要求，教书育人规律、大学生身心发展规律等是大学生中国特色社会主义理论体系教育链存在与运行的主要客观依据。在此基础上，通过对大学生中国特色社会主义理论体系教育活动的过程性基本要素、中国特色社会主义理论体系这一教育内容的科学性与理想性品格的阐述，明确了大学生中国特色社会主义理论体系教育链的基本结构。并结合思想政治教育过程理论、认知心理学理论、教书育人规律，对这一教育链的目标链中的认知环节、认同环节、坚信环节、践行环节进行了分析。同时，以理论与实践相统一的方法，对这一教育链的流程链的各个主要环节及其环环相扣的关系进行了阐述。在本章的最后，对这一教育链的运行机制进行了阐述。

第五章 大学生中国特色社会主义理论体系教育链的现状分析

为了进一步考察与验证大学生中国特色社会主义理论体系教育链的目标链、流程链等各个环节之间的关系，揭示思想政治理论课教学链与日常思想政治教育链之于大学生对中国特色社会主义理论体系的认知、认同、坚信、践行的现实影响，更有针对性地优化大学生中国特色社会主义理论体系教育链，我们进行了实证分析与论证。

一、调查设计与实施

“调查研究是谋事之基、成事之道。没有调查，就没有发言权，更没有决策权。”① 问卷设计、发放与统计是本章实证研究的第一个步骤。

本文从内容设计与验证性因素分析来评价调查问卷的效度。本文的调查问卷除了从整体上反映了大学生对中国特色社会主义理论体系的认知、认同、坚信、践行状况以外，还反映了思想政治理论课教学链、日常思想政治教育链与二者相互配合、有序衔接之于大学生对中国特色社会主义理论体系的认知、认同、坚信、践行状况的现实影响。在调查问卷的制定过程中，研究者请相关思想政治理论教育专家对问卷进行了多次修正，并邀请多名学生试做，给出了相应的完善意见。本文采用克隆巴赫系数(Cronbach's alpha)作为调查问卷信度的验证指标，在 SPSS22.0 中进行可靠性统计。本文调查问卷的克隆巴赫系数为 0.942，证明了本文调查问卷的内部一致性信度较高。

本文以四川省成都市四所高校在校大学生为调研对象，每个学校各发放问卷 200 份，共计 800 份，回收 781 份，实际有效问卷 776 份，占总发放数的 97.0%(本文实证分析所获得的百分数数据，均采取四舍五入的计数方法，保留小数点后一位)。数据样本的基本情况如下：776 名调研对象中，男生 451 人，占总人数的 58.1%，女生 325 人，占总人数的 41.9%；中共党员(含预备党员)有 218 人，占 28.1%，共青团员有 473 人，占 61.0%，民主党派有 3 人，占 0.4%，无党派人士有 81 人，占 10.4%，1 人未填政治面貌信息，占 0.1%；另外，大一、大二、大三、大四年级，文科类、理科类、工科类、艺体类等各大类专业与农村、乡镇、县级市、地级市、省级市等生源地均占一定比例。在调查问卷填写完成后，研究者还采用访谈的方式与部分受访对象就相应的调查问题进行了交流，并做好了访谈记录。

① 习近平. 习近平总书记系列重要讲话读本[M]. 北京：学习出版社、人民出版社，2016：288-289.

二、大学生中国特色社会主义理论体系教育链的现状反馈

对大学生中国特色社会主义理论体系教育链的现实状况的描述，有助于我们从现象探寻事物的本质，把握这一教育链的基本发展态势，探究其现存问题，提出更加合理的优化建议。

（一）大学生对中国特色社会主义理论体系的认知、认同、坚信、践行的总体状况的单变量分析

在单变量百分数统计中，我们发现大学生对中国特色社会主义理论体系的认知、认同、坚信、践行的总体状况呈现良好发展态势。大学生群体知晓中国特色社会主义理论体系的地位、作用、来源、精髓，对中国特色社会主义的核心价值意义理解较为深入，重视中国特色社会主义共同理想信念的树立，注重在实际学习生活中运用这一理论体系分析问题与解决问题。

1. 肯定中国特色社会主义理论体系的主流意识形态地位

数据显示，77.8%的大学生对中国特色社会主义理论体系是科学指导中国社会发展的主流意识形态持肯定态度，其中持非常赞成态度的人数比例为37.2%，持比较赞成态度的人数比例为40.6%，持明确反对态度的约有2.6%；大部分大学生能够以整体的眼光正确看待中国特色社会主义理论体系的社会价值与个人意义，77.1%的受访对象认为中国特色社会主义理论体系十分有益于国家与民族的发展，其中持非常赞成态度的人数比例为37.2%，持比较赞成态度的人数比例为39.9%，仅有约1.2%的受访对象持明确反对意见；67.0%的受访对象认为中国特色社会主义理论体系十分有助于个人发展，其中持非常赞成态度的人数比例为33.5%，持比较赞成态度的人数比例为33.5%，仅有约1.8%的受访对象持明确反对意见，从中可以看出大学生对中国特色社会主义理论体系之于个人意义的赞成度没有社会意义的赞成度高，这说明大学生对于自身在社会主义建设与改革实践中的主体地位的认识有待进一步提高，这一现象产生的具体原因值得相关教育主体进行深入探究。在调查问卷的开放式意见表达区域，有同学对影响人们对中国特色社会主义理论体系的主流意识形态地位的认同度的现实因素进行了具体分析。他写道："要使我们真正认同中国特色社会主义理论体系的主流意识形态地位，最为关键的还在于使我们认同中国特色社会主义制度的实际运行，对自身生活现状感到满意，对国家、社会与个人的发展前景充满希望。"

2. 认同中国特色社会主义理论体系的实践性与价值性

调查显示，84.8%的大学生认为中国特色社会主义理论体系是对中国特色社会主义实践的理论总结，其中持非常赞成态度的有45.8%，持比较赞成态度的有39.0%，仅有约2%的大学生持否定态度，说明大学生群体正确把握了这一理论体系来源于实践；84.6%的大学生认为坚持中国特色社会主义理论体系意味着要坚持实事求是、与时俱进的实践的历史的思维方式，其中有47.0%的大学生持非常赞成态度，37.6%的大学生持比较赞成态度，仅有约1.3%的大学生持明确的反对意见，"实践发展无止境，解放思

想无止境”，是否坚持实践的历史的思维方式、把握社会主义的创造性品质与中国具体建设实践的成败紧密相关，大学生群体对此有正确认识，说明大学生对中国特色社会主义理论体系的学习与应用状况整体上呈现积极态势；74.6%的大学生认为中国特色社会主义理论体系是对中国人民的价值追求与价值实现的历史描述，仅有约4.5%的大学生明确表示否定态度。这说明从整体上来看此次调查中的受访对象能较好地把握中国特色社会主义理论体系的价值性。在调查问卷的开放式意见表达区域，有同学就中国特色社会主义理论体系的实践性与科学性之间的关系进行了具体探讨。他写道：“作为一名理科生，我对中国特色社会主义理论体系的认同首先来自我对这一理论的科学性的思考，而对其科学性的证实，则来自我对这一理论是否能够有效指导人们的生产生活实践，是否来源于对人们的现实生活的思考，就像我们编写计算机程序，总会指向具体的实际应用一样，如果不能解决现实问题，程序编写便是空中楼阁，没有存在的意义……我建议思想政治理论课老师讲解这一理论的时候多多联系社会现实。要不然，我会觉得学不学中国特色社会主义理论体系于我们自身的生活没有什么特别大的关联。”

3. 重视中国特色社会主义理论信仰的树立与践行

数据显示，总体上，大学生对中国特色社会主义理论体系的理想追求表示认同，76.1%的大学生认为要树立中国特色社会主义共同理想，其中持非常赞成态度的有41.4%，持比较赞成态度的有34.7%，仅有约1.5%的调查对象持明确否定态度；70.5%的大学生对树立共产主义的远大理想持肯定态度，其中持非常赞成态度的有40.6%，持比较赞成态度的有29.9%，明确表示否定态度的调查对象的比例约为4.3%，经过对比，可以看出，大学生对共产主义远大理想与对中国特色社会主义共同理想的认识存在一定的差距；71.5%的大学生认为要坚持践行中国特色社会主义理论体系，其中持比较赞成态度的有38.0%，持非常赞成态度的有33.5%；“党的领导是中国特色社会主义的最本质特征”①，在本次调查中，大部分大学生表示出了对党的领导的积极态度，74%的大学生认为坚持中国特色社会主义理论体系就是要在实际中坚持中国共产党的领导，只有约2.7%的调查对象对此持明确反对意见，展现出大学生群体对中国共产党高度的拥护之情。在调查问卷的开放式意见表达区域，有同学叙写了自己对中华民族伟大复兴的中国梦的理解。她写道：“说实在的，我对中国特色社会主义共同理想的学理性知识的掌握并不系统与透彻，但是对于中华民族伟大复兴的中国梦，我表示坚定地支持，这源于我对中华民族历史的研读与把握。为此，我愿意贡献出自己的微薄之力，承担作为一名中国人的责任，只有国家强大、民族复兴，我们每一个中国人才能更加有尊严和幸福地生活。”

4. 模糊认识与消极状态不能忽视

调查显示，对中国特色社会主义理论体系的社会价值与个人意义持模棱两可态度的大学生比例分别为21.6%、31.2%；对坚持中国特色社会主义理论体系的重要标志是坚持中国共产党的领导的论断持模棱两可态度的大学生有23.3%；对中国特色社会主义理

① 党的领导是中国特色社会主义最本质的特征[EB/OL].（2015-1-17）. http://politics.people.com.cn/n/2015/0117/c70731-26401540.html.

论体系是对中国人民价值追求与价值实现的历史描述持模棱两可态度的大学生比例有20.9%；对反映中国特色社会主义理论体系的实践性的命题维度，持模棱两可态度的大学生比例在13.2%到25.3%之间；对坚持实事求是的实践的历史的思维方式持模棱两可态度的有14.1%；对树立中国特色社会主义共同理想持模棱两可态度的大学生比例为22.5%；对树立共产主义远大理想持模棱两可态度的大学生有25.1%；对坚持践行中国特色社会主义理论体系持模棱两可态度的调查对象比例为25.3%；另外对上述内容持非常反对与比较反对的态度的也占据一定的比例。当前大学生对中国特色社会主义理论体系的认知、认同、坚信、践行在总体态势良好的情况下，存在着一定程度的模糊认识与消极状态，部分大学生对中国特色社会主义理论体系的不肯定、不自信是相关教育主体需要关注与解决的问题。有同学在调查问卷的开放式意见表达区域写道："我对意识形态并不感兴趣，对邓小平理论、'三个代表'重要思想、科学发展观等中国特色社会主义理论体系的构成分辨不清楚，对这一理论对于我个人发展的指导意义就更加不清楚了。"这从一定侧面真实反映出部分大学生缺乏中国特色社会主义理论自信的认识论基础，缺乏对中国特色社会主义的思想认同、情感认同、理论认同，相关教育主体在大学生中国特色社会主义理论体系的教育过程中要直面这类问题，引导学生正确把握这一理论。

（二）大学生对中国特色社会主义理论体系的认知、认同、坚信、践行的总体状况的双变量分析

通过双变量统计分析，此次调查结果较为鲜明地表达了两个重要信息：在此次调查研究中，相较于女生，男生对中国特色社会主义理论体系的相关内涵持"非常赞成"态度的人数比例更高；就中国特色社会主义理论素养而言，中共党员（含预备党员）优于共青团员，共青团员优于群众。这意味着，大学生中国特色社会主义理论体系教育链的中间环节的设置、运行、控制、调整呈现分众化、层次化的特征，即在对大学生性格特点、政治面貌等方面的主体性差异因素进行全面探究的基础上，在教育环节中就不同的教育对象进行合理化的差异性教育安排，[①] 以推动这一教育链在动态的协同中不断延伸与完善。

1. 对中国特色社会主义理论体系的相关内涵持"非常赞成"态度的男生比例更高

在本次调研对象中，男生451人，占总人数的58.1%，女生325人，占总人数的41.9%。在SPSS22.0中运用交叉表分析所获得的反映大学生对中国特色社会主义理论体系的态度的百分比数据，我们发现，不同性别的大学生对中国特色社会主义理论体系的相关内涵持非常赞成、比较赞成、中立、比较反对、非常反对态度的分布比例存在一定的差异，尤其是在"非常赞成"这项指标上有明显区别。

如表5-1、表5-2所示，总体来看，相对于女生而言，男生对中国特色社会主义理论体系的相关内涵持"非常赞成"态度的人数比例更高，而就"非常赞成"与"比较赞成"两个选项综合来看，男生与女生对中国特色社会主义理论体系的相关内涵的赞成态度并

---

① 李凯灿. 以分众化理念推进马克思主义大众化[J]. 思想政治工作研究，2010(9)：34.

无十分明显的差异。

38.1%的男生非常赞成“中国特色社会主义理论体系对个人发展十分有益”这一观点，30.4%的男生对这一观点持比较赞成态度，26.2%的女生对这一观点持非常赞成态度，37.2%的女生对这一观点持比较赞成态度；40.4%的男生非常赞成“中国特色社会主义理论体系对中国国家与民族发展十分有益”这一观点，36.8%的男生对这一观点持比较赞成态度，31.7%的女生对这一观点持非常赞成态度，44.6%的女生对这一观点持比较赞成态度；40.6%的男生非常赞成“中国特色社会主义理论体系是科学指导中国社会发展的主流意识形态”，35.7%的男生对这一观点持比较赞成态度，30.8%的女生对这一观点持非常赞成态度，48.0%的女生比较赞成这一观点。由此可以说明，相对于女生而言，男生中对中国特色社会主义理论体系的主流意识形态地位持非常肯定的态度的人数比例更高，但就“非常赞成”与“比较赞成”这两个选项综合来看，男生、女生肯定中国特色社会主义理论体系的主流意识形态地位这一问题上的态度没有十分明显的差异。

46.6%的男生对“中国特色社会主义理论体系是对中国特色社会主义实践的理论总结”这一观点持非常赞成态度，38.4%的男生对这一观点持比较赞成态度，43.4%的女生对这一观点持非常赞成态度，40.0%的女生比较赞成这一观点；40.6%的男生非常赞成“中国特色社会主义理论体系是对中国人民价值追求与价值实现的历史描述”这一观点，32.6%的男生比较赞成这一观点，31.4%的女生对这一观点持非常赞成态度，43.7%的女生比较赞成这一观点；51.4%的男生非常赞成“坚持中国特色社会主义理论体系意味着要坚持实事求是、与时俱进的实践的历史的思维方式”这一观点，32.8%的男生比较赞成这一观点，40.0%的女生非常赞成这一观点，44.6%的女生比较赞成这一观点。从这一组数据我们可以看出，相对于女生而言，男生中对中国特色社会主义理论体系的实践性与价值性持非常赞成的态度的人数比例更高，但综合“非常赞成”与“比较赞成”这两个选项来看，男生、女生对中国特色社会主义理论体系的实践性与价值性的认同态度在整体上没有十分明显的差异。

43.2%的男生非常赞成“坚持贯彻中国特色社会主义理论体系的重要标志是坚持中国共产党的领导”，31.0%的男生对这一观点持比较赞成态度，32.0%的女生对这一观点持非常赞成态度，40.6%的女生比较赞成这一观点；43.0%的男生对“要树立中国特色社会主义共同理想信念”这一观点持非常赞成态度，30.6%的男生比较赞成这一观点，37.5%的女生非常赞成这一观点，40.9%的女生比较赞成这一观点；45.0%的男生非常赞成“要树立远大的共产主义理想”这一观点，23.9%的男生对这一观点持比较赞成态度，32.9%的女生非常赞成这一观点，38.8%的女生对这一观点持比较赞成态度；40.1%的男生对“要坚持践行中国特色社会主义理论体系”这一观点持非常赞成态度，30.8%的男生比较赞成这一观点，33.2%的女生对这一观点持非常赞成态度，37.8%的女生比较赞成这一观点。这些数据说明，相对于女生，男生非常重视中国特色社会主义理论信仰树立与践行的人数比例更高，但综合“非常赞成”与“比较赞成”这两个选项来看，男生、女生重视中国特色社会主义理论信仰树立与践行的态度没有显著差异。

表 5-1 不同性别的学生非常赞成中国特色社会主义理论体系的有关内涵的百分数统计

选　题	男生	女生
中国特色社会主义理论体系对个人发展十分有益	38.1%	26.2%
中国特色社会主义理论体系对中国国家与民族发展十分有益	40.4%	31.7%
中国特色社会主义理论体系是科学指导中国社会发展的主流意识形态	40.6%	30.8%
中国特色社会主义理论体系是对中国特色社会主义实践的理论总结	46.6%	43.4%
中国特色社会主义理论体系是对中国人民价值追求与价值实现的历史描述	40.6%	31.4%
坚持中国特色社会主义理论体系意味着要坚持实事求是、与时俱进的实践的历史的思维方式	51.4%	40.0%
坚持贯彻中国特色社会主义理论体系的重要标志是坚持中国共产党的领导	43.2%	32.0%
要树立中国特色社会主义共同理想信念	43.0%	37.5%
要树立远大的共产主义理想	45.0%	32.9%
要坚持践行中国特色社会主义理论体系	40.1%	33.2%

表 5-2 不同性别的学生比较赞成中国特色社会主义理论体系的有关内涵的百分数统计

选　题	男生	女生
中国特色社会主义理论体系对个人发展十分有益	30.4%	37.2%
中国特色社会主义理论体系对中国国家与民族发展十分有益	36.8%	44.6%
中国特色社会主义理论体系是科学指导中国社会发展的主流意识形态	35.7%	48.0%
中国特色社会主义理论体系是对中国特色社会主义实践的理论总结	38.4%	40.0%
中国特色社会主义理论体系是对中国人民价值追求与价值实现的历史描述	32.6%	43.7%
坚持中国特色社会主义理论体系意味着要坚持实事求是、与时俱进的实践的历史的思维方式	32.8%	44.6%
坚持贯彻中国特色社会主义理论体系的重要标志是坚持中国共产党的领导	31.0%	40.6%
要树立中国特色社会主义共同理想信念	30.6%	40.9%
要树立远大的共产主义理想	23.9%	38.8%
要坚持践行中国特色社会主义理论体系	30.8%	37.8%

2. 就中国特色社会主义理论素养而言，党员优于团员，团员优于群众

在本次调研对象中，中共党员（含预备党员）有 218 人，占 28.1%，共青团员有 473 人，占 61.0%，民主党派有 3 人，占 0.4%，无党派人士有 81 人，占 10.4%，1 人未填政治面貌信息，占 0.1%。因本次调研对象中的民主党派仅有 3 人，故在不同政治面貌的大学生对中国特色社会主义理论体系的态度的双变量分析中，本文以中共党员(含预备党员)、共青团员、群众为对比分析对象。

如表5-3、表5-4所示，在这组对比分析中，我们发现，在对中国特色社会主义理论体系的地位、作用、来源、精髓的知晓上，对中国特色社会主义的核心价值意义、中国特色社会主义共同理想、共产主义远大理想的认同上，对中国特色社会主义理论体系的实践性把握上，中共党员(含预备党员)优于共青团员，共青团员优于群众。

表5-3　不同政治面貌的学生非常赞成中国特色社会主义理论体系的有关内涵的百分数统计

选　题	中共党员(含预备党员)	共青团员	群众
中国特色社会主义理论体系对个人发展十分有益	36.7%	31.3%	33.3%
中国特色社会主义理论体系对国家与民族发展十分有益	45.9%	32.6%	37.0%
中国特色社会主义理论体系是科学指导中国社会发展的主流意识形态	43.6%	33.8%	30.9%
中国特色社会主义理论体系是对中国特色社会主义实践的理论总结	55.0%	41.0%	44.4%
中国特色社会主义理论体系是对中国人民价值追求与价值实现的历史描述	41.7%	35.1%	32.1%
坚持中国特色社会主义理论体系意味着要坚持实事求是、与时俱进的实践的历史的思维方式	54.6%	42.1%	51.9%
坚持贯彻中国特色社会主义理论体系的重要标志是坚持中国共产党的领导	48.6%	34.9%	32.1%
要树立中国特色社会主义共同理想信念	50.9%	36.6%	37.0%
要树立远大的共产主义理想	49.1%	35.9%	38.3%
要坚持践行中国特色社会主义理论体系	45.4%	34.9%	29.6%

36.7%的中共党员(含预备党员)、31.3%的共青团员、33.3%的群众非常赞成“中国特色社会主义理论体系对个人发展十分有益”这一观点；38.5%的中共党员(含预备党员)、33.8%的共青团员、17.3%的群众对这一观点持比较赞成态度；23.9%的中共党员(含预备党员)、33.0%的共青团员、45.7%的群众对这一观点持中立态度；0.5%的中共党员(含预备党员)、1.5%的共青团员、2.5%的群众对这一观点持比较反对态度；0.5%的中共党员(含预备党员)、0.4%的共青团员、1.2%的群众非常反对这一观点。从本组数据来看，不同政治面貌的大学生在对中国特色社会主义理论体系的个人意义的把握上存在着显著差异，中共党员(含预备党员)对此的态度偏向积极层面的人数比例最高，其次是共青团员，群众对这一调查指标的态度偏向积极层面的人数比例最低；从持“中立”态度与持“反对”态度的人数比例中，我们也发现在对中国特色社会主义理论

体系的个人意义的正确把握程度上，中共党员（含预备党员）优于共青团员，共青团员优于群众。

表 5-4　不同政治面貌的学生比较赞成中国特色社会主义理论体系的有关内涵的百分数统计

选　题	中共党员（含预备党员）	共青团员	群众
中国特色社会主义理论体系对个人发展十分有益	38.5%	33.8%	17.3%
中国特色社会主义理论体系对中国国家与民族发展十分有益	37.6%	43.3%	27.2%
中国特色社会主义理论体系是科学指导中国社会发展的主流意识形态	39.9%	43.1%	32.1%
中国特色社会主义理论体系是对中国特色社会主义实践的理论总结	33.9%	43.1%	28.4%
中国特色社会主义理论体系是对中国人民价值追求与价值实现的历史描述	37.6%	39.1%	27.2%
坚持中国特色社会主义理论体系意味着要坚持实事求是、与时俱进的实践的历史的思维方式	36.2%	40.8%	24.7%
坚持贯彻中国特色社会主义理论体系的重要标志是坚持中国共产党的领导	33.9%	37.0%	27.2%
要树立中国特色社会主义共同理想信念	33.0%	37.2%	28.4%
要树立远大的共产主义理想	30.3%	31.5%	23.5%
要坚持践行中国特色社会主义理论体系	34.9%	33.6%	30.9%

对“中国特色社会主义理论体系对中国国家与民族发展十分有益”这一观点持非常赞成态度的有45.9%的中共党员（含预备党员）、32.6%的共青团员、37.0%的群众；对这一观点持比较赞成态度的有37.6%的中共党员（含预备党员）、43.3%的共青团员、27.2%的群众；对这一观点持中立态度的有15.1%的中共党员（含预备党员）、23.0%的共青团员、34.6%的群众；对这一观点持比较反对态度的有0.5%的中共党员（含预备党员）、0.8%的共青团员，没有群众；对这一观点持非常反对态度的有0.9%的中共党员（含预备党员）、0.2%的共青团员、1.2%的群众；综合“非常赞成”“比较赞成”这两项指标来看，对中国特色社会主义理论体系的社会价值持肯定态度的有83.5%的中共党员（含预备党员）、75.9%的共青团员、64.2%的群众。从这组数据可以看出，在对中国特色社会主义理论体系之于国家和民族的意义的科学把握程度上，中共党员（含预备党员）优于共青团员、共青团员优于群众。

对“中国特色社会主义理论体系是科学指导中国社会发展的主流意识形态”这一观点持非常赞成态度的有43.6%的中共党员（含预备党员）、33.8%的共青团员、30.9%的群众；比较赞成这一观点的有 39.9% 的中共党员（含预备党员）、43.1% 的共青团员、32.1% 的群众；对这一观点持中立态度的有 14.7% 的中共党员（含预备党员）、19.0% 的共青团员、34.6% 的群众；对这一观点持反对态度的有 1.9% 的中共党员（含预备党员）、3.2% 的共青团员、2.5% 的群众。这组数据显示，中共党员（含预备党员）对中国特色社会主义理论体系的主流意识形态指导地位持肯定态度的人数比例仍然高于共青团员、群众。

对“中国特色社会主义理论体系是对中国特色社会主义实践的理论总结”这一观点持非常赞成态度的有 55.0% 的中共党员（含预备党员）、41.0% 的共青团员、44.4% 的群众；对这一观点持比较赞成态度的有 33.9% 的中共党员（含预备党员）、43.1% 的共青团员、28.4% 的群众；对这一观点持“中立”态度的有 9.6% 的中共党员（含预备党员）、13.7% 的共青团员、19.8% 的群众；综合“比较反对”“非常反对”这两项指标，对这一观点持反对态度的有 1.4% 的中共党员（含预备党员）、1.5% 的共青团员、7.4% 的群众。这组数据显示，在对中国特色社会主义理论体系的实践性的正确把握上，中共党员（含预备党员）优于共青团员，共青团员优于群众。

对“中国特色社会主义理论体系是对中国人民价值追求与价值实现的历史描述”这一观点持非常赞成态度的有 41.7% 的中共党员（含预备党员）、35.1% 的共青团员、32.1% 的群众；对这一观点持比较赞成态度的有 37.6% 的中共党员（含预备党员）、39.1% 的共青团员、27.2% 的群众；对这一观点持中立态度的有 18.8% 的中共党员（含预备党员）、20.3% 的共青团员、30.9% 的群众；综合“比较反对”“非常反对”这两项指标，对这一观点持反对态度的有 1.9% 的中共党员（含预备党员）、4.8% 的共青团员、9.9% 的群众。此组数据显示，就对中国特色社会主义理论体系的价值性的把握状态而言，中共党员（含预备党员）优于共青团员，共青团员优于群众。

对“坚持中国特色社会主义理论体系意味着要坚持实事求是、与时俱进的实践的历史的思维方式”这一观点持非常赞成态度的有 54.6% 的中共党员（含预备党员）、42.1% 的共青团员、51.9% 的群众；比较赞成这一观点的有 36.2% 的中共党员（含预备党员）、40.8% 的共青团员、24.7% 的群众；对这一观点持中立态度的有 9.2% 的中共党员（含预备党员）、15.0% 的共青团员、19.8% 的群众；综合“比较反对”“非常反对”这两项指标，对这一观点持反对态度的有 1.5% 的共青团员、3.7% 的群众，没有中共党员（含预备党员）。这组数据显示，就对中国特色社会主义理论体系的创造性品质的把握而言，中共党员（含预备党员）优于共青团员，共青团员优于群众。

非常赞成“坚持贯彻中国特色社会主义理论体系的重要标志是坚持中国共产党的领导”这一观点的有 48.6% 的中共党员（含预备党员）、34.9% 的共青团员、32.1% 的群众；比较赞成这一观点的有 33.9% 的中共党员（含预备党员）、37.0% 的共青团员、27.2% 的群众；对这一观点持中立态度的有 16.5% 的中共党员（含预备党员）、24.7% 的共青团员、32.1% 的群众；综合“比较反对”“非常反对”这两项指标，对这一观点持反对态度的有 0.9% 的中共党员（含预备党员）、2.5% 的共青团员、8.7% 的群众。此组数据显示，对于维护中国共产党的权威之于中国经济社会发展的意义的把握上，中共党员(含预备党员)优于共青团员，共青团员优于群众。

非常赞成“要树立中国特色社会主义共同理想信念”的有50.9%的中共党员(含预备党员)、36.6%的共青团员、37.0%的群众；比较赞成这一观点的有33.0%的中共党员(含预备党员)、37.2%的共青团员、28.4%的群众；对这一观点持中立态度的有13.8%的中共党员(含预备党员)、24.3%的共青团员、33.3%的群众；综合“比较反对”“非常反对”这两项指标，对这一观点持反对态度的有1.8%的中共党员(含预备党员)、1.3%的共青团员、1.2%的群众。此组数据表明，在对“把人生理想融入国家和民族的事业中，才能最终成就一番事业”①的科学性的把握上，中共党员(含预备党员)优于共青团员，共青团员优于群众。

非常赞成“要树立远大的共产主义理想”这一观点的有49.1%的中共党员(含预备党员)、35.9%的共青团员、38.3%的群众；比较赞成这一观点的有30.3%的中共党员(含预备党员)、31.5%的共青团员、23.5%的群众；对这一观点持中立态度的有17.9%的中共党员(含预备党员)、27.3%的共青团员、30.9%的群众；综合“比较反对”“非常反对”这两项指标，对这一观点持反对态度的有2.8%的中共党员(含预备党员)、4.6%的共青团员、7.4%的群众。此组数据表明，对远大的共产主义理想的科学性、实践性的把握上，中共党员(含预备党员)优于共青团员，共青团员优于群众。

非常赞成“要坚持践行中国特色社会主义理论体系”这一观点的有45.4%的中共党员(含预备党员)、34.9%的共青团员、29.6%的群众；对这一观点持比较赞成态度的有34.9%的中共党员(含预备党员)、33.6%的共青团员、30.9%的群众；对这一观点持中立态度的有18.3%的中共党员(含预备党员)、26.4%的共青团员、38.3%的群众；综合“比较反对”与“非常反对”两项指标，反对这一观点的有1.4%的中共党员(含预备党员)、4.4%的共青团员、1.2%的群众。从整体上看，重视践行中国特色社会主义理论体系的共产党员的人数比例从高到低的顺序依次是中共党员(含预备党员)、共青团员、群众。

(三)思想政治理论课教学链的具体环节实效性分析

为了更详细地分析思想政治理论课具体环节所发挥的作用，我们在辨别力评分的基础上，对调查问卷相关命题进行了百分数统计与回归分析。从中可以发现，创新内容、关联式教学、以问题为导向的思考激发、参观考察类的实践教学、以历史的观点讲解理论问题等教学环节发挥了较好的教学实效。

数据显示，大多数受访对象对“思想政治理论课教师援引最新理论成果，对学生关心的热点、难点问题的讲解，对我解除认识疑惑、形成对中国特色社会主义理论体系的认同感具有重要作用”这一调查指标持赞成态度。80.2%的调查对象对这一调查指标给

① 勇做走在时代前面的奋进者开拓者奉献者[EB/OL].(2013-5-04). http://politics.people.com.cn/n/2013/0504/c1024-21365932.html.

予了赞成性评价，其中，39.3%的调查对象给出了非常赞成的评价，40.9%的调查对象给出了比较赞成的评价。以中国实际问题、中国正在做的事情为导向，教师在教学中贯穿中国特色社会主义理论体系的最新发展成果、党和政府的最新政策，讲述中国特色社会主义实践最新成就，建构反映时代精神、反映大学生实践诉求的具有新颖性、鲜活性、可信性的教学内容体系，可以使大学生更加认同理论的本质，使教学向深层次发展，激发学生理论创新思维，实现教学相长。80.1%的受访对象对“思想政治理论课教师采用关联式教学方式，从整体出发，结合现实对理论问题做出全面性的阐释，对我学习与应用中国特色社会主义理论体系具有重要作用”这一调查指标持赞成态度，其中，37.4%的大学生给出了非常赞成的评价，42.7%的大学生给出了比较赞成的评价。这说明运用关联式教学方式，帮助大学生从整体出发，全面系统地运用理论分析社会热点问题，认识中国特色和国际比较，认识自身作为社会主义接班人所肩负的时代责任和历史使命，对大学生的中国特色社会主义理论素养的培育具有重要作用。这同时也表明大学生中国特色社会主义理论体系教育需要坚持这一理论体系的整体性。引导与激发大学生对中国特色社会主义理论体系所包含的重大理论问题的科学思考，是大学生对系统地培养大学生的中国特色社会主义理论素养的思想政治理论课教学链给出积极评价的一个重要因素。78.3%的调查对象对“思想政治理论课教师以问题意识为导向，引导学生进行讨论、交流或演讲，可以激发我对中国特色社会主义理论体系的理性思考，从而形成对其的自觉性认同”这一调查指标给予了赞成性评价，说明“思考”是大学生将这一理论体系从一般性的科学知识转化为具有感染性的价值理想的重要桥梁。如何在教学中激荡起大学生的思想火花，促进其把感性认知上升为理性逻辑，是教师在教学过程中应始终关注的话题。大部分的受访对象认为思想政治理论课中的参观考察类的实践教学环节有助于其确证中国特色社会主义理论体系的现实价值。77.4%的受访对象对“在思想政治理论课的实践教学中，对具有典型意义的地点、事物、事迹等的参观、考察，有助于我确证中国特色社会主义理论体系的价值意义”这一调查指标持赞成态度，38.6%的大学生对此给出了非常赞成的评价，38.8%的大学生给出了比较赞成的评价。这说明借助这种拓展教学空间的生动直观的积极性质的具体事物形态直接影响大学生情感、激发大学生思考并对大学生进行感染感召，[①] 可以收获较好的动之以情的实践教学实效。75.6%的受访对象对“思想政治理论课教师在教学时，以历史逻辑为线索帮助学生弄清教材涉及重要理论问题的基本内涵、来龙去脉、地位作用、最新发展、实际应用，对提升我的中国特色社会主义理论体系的理论素养具有重要作用”这一调查指标持赞成态度。其中，对此项调查指标给出非常赞成评价的大学生占30.2%，持比较赞成态度的有45.4%。逻辑和历史相统一，是我们全面科学地认识事物发展运动所要坚持的一个基本原则。因而其也是大学生认识中国特色社会主义理论体系的本质及其发展创新规律所要坚持的一个基本原则。

① 张耀灿，郑永廷，吴潜涛，等. 现代思想政治教育学[M]. 北京：人民出版社，2006：301.

表 5-5　反映思想政治理论课教学链具体环节实效性的百分数统计

选题	非常赞成	比较赞成	总计
思想政治理论课教师援引最新理论成果，对学生关心的热点、难点问题的讲解，对我解除认识疑惑、形成对中国特色社会主义理论体系的认同感具有重要作用	39.3%	40.9%	80.2%
思想政治理论课教师采用关联式教学方式，从整体出发，结合现实对理论问题做出全面性的阐释，对我学习与应用中国特色社会主义理论体系具有重要作用	37.4%	42.7%	80.1%
思想政治理论课教师以问题意识为导向，引导学生进行讨论、交流或演讲，可以激发我对中国特色社会主义理论体系的理性思考，从而形成对其的自觉性认同	37.0%	41.3%	78.3%
在思想政治理论课的实践教学中，对具有典型意义的地点、事物、事迹等的参观、考察，有助于我确证中国特色社会主义理论体系的价值意义	38.6%	38.8%	77.4%
思想政治理论课教师在教学时，以历史逻辑为线索帮助学生弄清教材涉及重要理论问题的基本内涵、来龙去脉、地位作用、最新发展、实际应用，对提升我的中国特色社会主义理论体系的理论素养具有重要作用	30.2%	45.4%	75.6%

（四）日常思想政治教育链的具体环节实效性分析

调查显示日常思想政治教育链之于大学生对中国特色社会主义理论体系的认知、认同、坚信、践行的积极作用显著。为了更详细地分析其具体环节所发挥的影响，我们在辨别力评分的基础上，对调查问卷中的相关选题内容进行了百分数统计。

百分数统计显示，大多数调查对象对校外社会实践类的日常思想政治教育环节对大学生的中国特色社会主义理论素养的提升作用给予了肯定性评价，有 79.3% 的大学生认为劳动实践类的校外社会实践有助于其认识与认同中国特色社会主义理论体系所蕴含的价值理想，其中，对此项调查指标持非常赞成态度的调查对象的比例为 40.7%，持比较赞成态度的调查对象的比例为 38.6%；78.4% 的大学生认为深入基层调研民情的校外社会实践活动对其正确认识中国特色社会主义理论体系具有现实意义，其中，对此项调查指标持非常赞成态度的大学生占 41.8%，持比较赞成态度的大学生占 36.6%。这验证了中国特色社会主义理论体系既产生于人民的生产生活实践，也需要通过回归实践才能掌握群众的原理。这同时表明提高大学生理论素养的思想政治理论课要尽量贴近中国社会实际，贴近劳动人民的现实生活。数据显示，大学生对反映社会主义核心价值观的校园文化建设活动的教育实效的评价较为积极，有 76.6% 的调查对象认为这一校园文化建设活动有助于培养其对中国特色社会主义理论体系的认同；70.9% 的大学生认为学校党团活动有助于其不断学习中国特色社会主义理论体系，其中，对此项调查指标持非常赞成态度的调查对象有 31.6%，持比较赞成态度的调查对象有 39.3%；73.4% 的受访对象认为学校服务过程中贯穿共享理念对大学生坚信中国特色社会主义理论体系具有潜移默化的作用，其中，对此项调查指标持非常赞成态度的调查对象占33.6%，持比较赞成态度的调查对象占39.8%；73.0%的调查对象认为学校在日常管理中对以人为本理念的落实，对大学生认同与践行中国特色社会主义理论体系具有重要意义，其中，对此项调查指标持非常赞成态度的调查对象有33.2%，持比较赞成态度的调查对象占39.8%；75.1%的大学生认为在新媒体管理与教育平台中进行师生互动、生生互动的虚拟社会实践教育，有助于培养大学生对中国特色社会主义理论体系的认同，其中，对此项调查指标持非常赞成态度的调查对象有37.7%，持比较赞成态度的调查对象有37.4%。这说明日常实践教育的诸多环节对大学生的中国特色社会主义理论自觉、理论自信的形成具有显著的积极意义。

表5-6　反映日常思想政治教育链具体环节实效性的百分数统计

选题	非常赞成	比较赞成	总计
通过劳动实践，我对中国特色社会主义理论体系所蕴含的价值理想有了深刻的认识与情感的认同	40.7%	38.6%	79.3%
深入基层调研民情的社会实践活动，对我正确认识中国特色社会主义理论体系具有重要意义	41.8%	36.6%	78.4%
反映社会主义核心价值观的校园文化建设活动，对我认同中国特色社会主义理论体系具有重要意义	37.8%	38.8%	76.6%
党团活动的开展，对我不断学习中国特色社会主义理论体系具有重要意义	31.6%	39.3%	70.9%
学校在日常服务中对共享理念的秉承，对我坚信中国特色社会主义理论体系具有潜移默化的作用	33.6%	39.8%	73.4%
学校在日常管理中对以人为本理念的落实，对我认同与践行中国特色社会主义理论体系具有重要意义	33.2%	39.8%	73.0%
在新媒体等网络管理与教育平台中，展开师生互动、生生互动的实践，有助于我认同中国特色社会主义理论体系	37.7%	37.4%	75.1%

三、大学生中国特色社会主义理论体系教育链现存的主要问题

在整体状况良好的态势下，大学生中国特色社会主义理论体系教育链存在着几个突出问题：从目标链来看，部分大学生存在理论认识模糊、理论不自信现象；从流程链来看，思想政治理论课教学链表现出了一定程度的弱效，日常思想政治教育链对系统性的理论教育的巩固作用有所欠缺，思想政治理论课教学链与日常思想政治教育链的衔接度

有待提高。

（一）部分大学生存在理论认识模糊、理论不自信现象

本次调查在对大学生中国特色社会主义理论体系的认知、认同、坚信、践行的整体状况分析中发现，部分大学生存在理论认识模糊、理论认识模棱两可的理论不自信现象。这一问题的具体表征为：部分大学生对这一理论体系指导实践的有效性持“不相信”或存疑态度，对这一理论体系所蕴含的理想追求认识不清或表现出不支持的态度，对坚持党的领导表现出消极的或模棱两可的态度，对在具体实践中运用这一理论体系探索解答现实问题表现出模棱两可或不支持的态度。“价值是一种关系，客体能够满足主体需要，客体对主体需要有积极意义，就有价值。”①主体对客体的价值判断，带有从主体自身利益出发的立场。对中国特色社会主义理论体系的价值意义的判断，要从国家、民族、个人等的主体性需要是否被满足的价值事实出发。而这种价值事实是一种客观性存在，是主体运用这一理论体系指导实践的效果，而实践效果则是由主体的现实需要、能力与现实的本性所决定的。② 在本次调查中，对“中国特色社会主义理论体系对中国国家与民族发展十分有益”“中国特色社会主义理论体系对个人发展十分有益”的论断持模棱两可态度的大学生比例分别为 21.6%、31.2%，持否定态度的大学生比例分别为 1.2%、1.8%。从这一数据可以看出，本次调查中的大学生对中国特色社会主义理论体系的社会价值的认同度高于对这一理论体系的个人意义的认同度。这说明这部分大学生作为价值主体，对这一理论体系满足国家、民族、个人需要的价值事实没有客观、清晰、正确、全面的认识。他们仅仅在主观的“应该”性质的感受基础上对这一理论体系的价值进行评价，这将直接导致这部分大学生对这一理论体系的淡漠。本次调查显示，对树立中国特色社会主义共同理想持模棱两可态度的大学生比例为 22.5%，持否定态度的大学生有 1.5%，对树立共产主义远大理想持模棱两可态度的大学生有 25.1%，持否定态度的大学生比例为 4.3%。部分大学生对中国特色社会主义理论体系所蕴含的理想追求的模糊、不确定的态度，显示了其呈现出理想信念缺失的精神“缺钙”状态，这在一定程度上表征了当代大学生理想信念的特点。有学者指出，当前，大学生出现了一定程度的信仰迷茫，主要表现为理想信念的嬗变不定、理想目标的功利化、理想与实际行动相脱节，这使得国家主导信仰遭受到了挑战。③ 本次调查在一定程度上印证了这一观点。人们崇高理想信念的树立与坚定在很大程度上依赖于其对承载这一理想信念的科学理论的正确认知与深刻把握。理想信念缺失、精神“缺钙”现象的存在，充分表明部分大学生对于中国特色社会主义理论体系的学习处于非自觉的依从性阶段，对理论的依据与学习的必要性缺乏深刻认识，④ 缺乏对这一理论体系的理性认同与坚定信念，理论素养有待进一步提升。坚持中国特色社会主义理论体系的重要标志就是对中国共产党的领

① 林泰. 唯物史观通论[M]. 北京：高等教育出版社，2001：329.

② 李德顺. 价值论：一种主体性的研究 第3版[M]. 北京：中国人民大学出版社，2013：176.

③ 梅萍，罗佳. “90后”大学生理想信念的特点、困惑与引导：兼论学习习近平关于理想信念教育的重要论述[J]. 学校党建与思想教育：高教版，2016(5)：12.

④ 蓝维，杨芷英，王希永，等. 德育学科教学心理学[M]. 北京：人民出版社，2004：278.

导的坚持。而本次调查显示，对这一论断持模棱两可态度的大学生有23.3%，持反对态度的大学生比例为2.7%。这表明部分大学生对坚持党的领导的重要性有待进一步认识。近年来某项国家社科基金重大招标项目的调查结果也显示，大学生对共产党的领导是解决中国发展问题的关键的认同度有待提升。[①]“政党认同是政治认同的最高层次，执政价值认同是政党认同的终极指向。”[②]调查所获取的这项信息说明大学生对中国特色社会主义信仰现实政治载体的信任度有待提高。同时，这也从另一方面进一步表明部分大学生缺少对中国特色社会主义理论体系的坚定信念。

（二）思想政治理论课教学链的实效有待进一步提升

调查显示，思想政治理论课教学链对大学生的中国特色社会主义理论信念的形成的积极作用，需建立在使大学生形成深刻的理论认识与认同的基础上。大学生深刻的理论认识与认同的形成的前提条件在于其对中国特色社会主义理论的系统掌握、对理论精神实质的科学把握。[③] 然而，当前在一定范围内，系统地培养大学生的中国特色社会主义理论素养的思想政治理论课教学过程的中间环节在一定程度上存在教学内容与现实情况契合度不高、教学方法单一、教学话语体系陈旧的问题。这影响了大学生群体对这一理论体系的理解、接受与认同，使得部分大学生对这一理论体系的知识的掌握呈现出机械式记忆的特征。有同学在本次调查问卷的开放式意见表达区域写道：“大学课堂在中国特色社会主义理论体系的讲授上没有收到实效。‘概论’课等课程在讲授这一理论的时候应该与初高中的政治课程相衔接，就目前而言，大学的思想政治理论课显然没有达到这一要求，讲授理论时非常枯燥，有点小儿科的感觉。个人建议，对大学生进行中国特色社会主义理论体系的教育，教师应在课堂上对理论讲解得更加深入和透彻，多联系实际，多借助网络媒介，最为重要的一点还在于要多创造让学生将这一理论应用于实践的机会。”中国特色社会主义理论体系是置于中国现实基础之上、来源于中国具体实践、围绕探索解答当代中国面临的实际问题而形成发展的科学理论。教学内容空泛、教学内容与实际相脱离、缺乏问题导向的现象，影响了这一理论体系的可信性和可接受性[④]。理论脱离现实的教学内容只会对大学生认识中国特色社会主义理论体系的丰富性与科学性产生消极的影响。逻辑与历史的辩证统一，是大学生确证中国特色社会主义理论体系形成与发展的必然性、意识到这一理论体系的学习必要性的重要依据。若教学内容难以用历史与现实相结合的观点诠释理论问题，大学生缺乏深刻把握“三大规律”的牢固理论基础，大学生的科学理论思维就很难建构起来。教学方法单一在目前主要表现为教学课堂呈现出生硬式知识性讲授的单一状态。老师讲、学生听的模式贯穿于教学过程始终，

---

① 余双好．大学生对中国特色社会主义理论体系的认识和评价研究[J]．学校党建与思想教育：高教版，2015(11)：6.

② 代礼忠，蒋荣．高校思想政治理论课教育教学实效性实证研究：基于结构方程建模法(SEM)的分析[J]．高等建筑教育，2013(5)：20.

③ 李爱华，雷骥．论马克思主义理论教育与思想政治教育的关系[J]．新德育．思想理论教育：综合版，2006(4)：8.

④ 唐冰开，张玉琳．“概论课”教学内容认同度的提升及其教学改革[J]．现代教育科学：高教研究，2015(2)：34.

师生之间缺少思想交流、情感互动，部分学生对这一理论体系的学习状态始终处于为修学分、从众、服从权威等动机引起的知识性记忆的学习依从状态，其对理论的内在需要未被激发，对理论认识上的意义阻力与感受体验的情感障碍未被清除，这使得“教”与“学”的契合度与实效性难以得到提升。在教学中，好的理论若没有具有时代精神的话语表达，难以引起学生的情感共鸣。当前，教学话语缺乏时代感的一个重要表现在于政治宣讲过于浓重，这使得大学生对具有理论性与现实超越性的中国特色社会主义理论体系产生了一定的距离感。

（三）日常思想政治教育链的理论素养巩固作用有所缺失

目前，日常思想政治教育链在巩固与强化大学生中国特色社会主义理论素养方面发挥了积极作用，但在一定程度上仍存在着中间环节的针对性不强、持续性缺乏、教育引导性欠缺等现实问题。中间环节的针对性不强，主要是指日常思想政治教育链的中间环节的运行没有以大学生的中国特色社会主义理论素养的实际发展情况的差异性、层次性为依据。大学生因为学习与成长经历的不同，理论素养具有差异性特征，如，刚上完“概论”课的大学生与还未上“概论”课的大学生之间存在一定程度的理论素养表现差异，来自不同居住环境的学生因为信息资源与家庭环境的差异，也可能会有理论素养的水平上的差异与理论问题关切的不同。“人类的一切活动都是在满足需要的驱动中进行的，自然也都以其对需要的满足为基本的尺度”①，若日常实践养成教育环节不依据这些实际情况有针对性地对大学生进行教育，则会引起大学生的反感情绪，从而失去有效性的基本条件，最终处于流于形式的状态。持续性缺乏主要表现为某些实践养成教育活动开展的次数不多、时间周期短。据一项相关调查显示，当前许多高校的学生党团组织形同虚设，一个月难得开展几次活动，在心理健康咨询活动、网络思想政治教育管理活动上，许多高校都存在着主管部门不清、责任不明的状态，以致出现“最后谁也不管”的局面。② 日常思想政治教育链要较好地发挥其在巩固大学生理论素养、强化大学生理论信念方面的作用，须保持其中间环节的持续性、渗透性、拓展性。只有这样，才能使大学生理论素养的巩固、理论信念的强化在时空拓展的基础上与大学生的思想行为紧密关联。③ 如果实践养成教育活动疏于开展，日常思想政治教育链的实效将难以发挥。教育引导性的欠缺是指日常思想政治教育链的中间环节存在以管理代替教育引导的现象。这不利于教育者与大学生之间建立沟通交流的互动型教育关系，甚至会使二者处于对抗僵化的状态之中，以致弱化日常思想政治教育链通过实践养成教育培育大学生中国特色社会主义理论素养与理论信念的整体效能。

（四）思想政治理论课教学链与日常思想政治教育链的有效衔接不足

思想政治理论课教学链通过对大学生进行中国特色社会主义理论体系所坚持的马克思主义的本质立场、根本方法、核心观点的教育，培养大学生的理论素养，塑造大学生

① 沈壮海．思想政治教育有效性研究［M］．武汉：武汉大学出版社，2012：1.
② 郑自立．当代中国马克思主义大众化视阈中的大学生思想政治教育研究［D］．长沙：湖南师范大学，2011.
③ 张斌，骆郁廷．大学生日常思想政治教育长效机制的构建［J］．思想教育研究，2010(2)：23.

的马克思主义的理性逻辑思维。日常思想政治教育链通过校内实践、校外社会实践、虚拟社会实践等日常学习生活实践体验活动对大学生的理论素养进行巩固，以强化思想政治理论课教学链进行系统性理论教育的实效。这二者虽然有着不同的教育主体与教育特点，但基于共同的教育目标而存在，虽然各有侧重，但是应互补互动。二者的有效衔接、深度协同是大学生中国特色社会主义理论体系教育链的流程链的整体实效有效发挥的有力保障。思想政治理论课教学链与日常思想政治教育链的协同之于大学生对中国特色社会主义理论体系的认知、认同、坚信与践行的积极影响显著。但当前思想政治理论课教学链与日常思想政治教育链在一定范围内与一定程度上存在着具体的教育教学目标分离、教育教学过程分离、教育教学人员分离等各自为战的现象。① 具体的教育教学目标的分离主要表现为思想政治理论课教学链的理论灌输与日常思想政治教育链的实际工作缺乏双向互动与支持。教育教学过程的分离主要表现为思想政治理论课教师未结合大学生在日常思想政治教育链的中间环节表现出的思想实际与问题关切进行教学，教育者在日常思想政治教育链中多以具体事务为切入点，未结合思想政治理论课的教学情况对大学生进行理论素养的巩固与强化。教育教学人员的分离主要表现为思想政治理论课教师与从事理论素养的日常实践养成教育的辅导员等教育主体之间的有效沟通缺乏、相互配合不紧密。本次调查显示，79.1%的大学生认为思想政治理论课教师运用系统的理论知识理性指导大学生社会实践对其学习与应用中国特色社会主义理论体系具有积极意义。这在一定程度上证明了思想政治理论课教学链与日常思想政治教育链的互补互动在培养大学生中国特色社会主义理论素养过程中的重要性。如何使二者有效衔接与深度协同是我们当前应关注的一项重点工作。另一项调查的结论也指出，增强“主渠道”与“主阵地”的协同是今后大学生思想政治教育工作的重点任务。② 因此，为进一步优化大学生中国特色社会主义理论体系教育链，我们需要在思想政治理论课教学链与日常思想政治教育链的衔接度的提高上下足功夫。

四、大学生中国特色社会主义理论体系教育链现存问题的主要原因

探寻与透析大学生中国特色社会主义理论体系教育链现存问题的主要成因，有助于对这一教育链的进一步优化。

（一）教育主体对大学生理论素养实际与影响因素的科学认识不够

大学生对中国特色社会主义理论体系的认知、认同、坚信、践行的形成与发展是一个包含认识因素、情感因素、意志因素、行为因素的思想政治素质发展过程。对大学生

① 王炳林，张润枝. 关于思想政治理论课与日常思想政治教育相结合的思考[J]. 思想理论教育导刊，2009(5)：69.

② 沈壮海，段立国. 思想政治理论课的主渠道作用及其发挥：基于2014年度大学生思想政治教育状况调查数据的分析[J]. 中国高等教育，2015(10)：22.

进行的中国特色社会主义理论体系教育是一种培养大学生的理论信念的中国特色社会主义信仰教育过程。这一教育过程不是一蹴而就的，而是由多个中间环节有序衔接而成。其中，科学认识大学生的中国特色社会主义理论素养的实际水平与影响因素就是这一教育过程的一个重要环节。只有在全面清晰地把握大学生的理论素养的实际水平、科学地分析大学生理论素养形成与发展的影响因素的基础上，制定与大学生理论素养形成发展规律相匹配、符合大学生理论接受特点的教育方案，才能对大学生展开有针对性的中国特色社会主义理论教育活动，并收到相应的教育实效。对于在教育过程中全面清晰地把握大学生理论素养实际水平、分析大学生理论素养形成与发展的影响因素的重要性，各类教育教学主体已有所认知，并做出了积极的努力。如，教育部历年开展的全国大学生思想政治素质滚动调查，各类教育教学主体的相关具体调查都对大学生的中国特色社会主义理论教育产生了积极的影响。但由于受多种条件的限制，各类教育教学主体在对大学生进行中国特色社会主义理论体系教育的过程中，仍然不能实时、全面、细致地把握大学生中国特色社会主义理论素养的实际水平与影响因素。

（二）思想政治理论课教学链与日常思想政治教育链的沟通机制不健全

良好的沟通平台与健全的沟通机制是思想政治理论课教学链与日常思想政治教育链进行有效衔接、深度协同的重要条件。当前二者之间缺少紧密联系、深度协同的重要影响因素在于思想政治理论课教学链中的教学队伍与日常思想政治教育链中的工作队伍分属于不同的系统，从事的教育教学工作的具体任务与侧重点不同，相互之间沟通机会不多、沟通的便利度不高。要想使二者之间保持有效的衔接与深度的协同，必须准确把握这二者之间的衔接点，并依据衔接点搭建一个良好的沟通平台，建立健全的沟通机制，促进二者互补互动。思想政治理论课教学链与日常思想政治教育链的衔接点可以在教育教学目标、教育教学内容中探寻。二者有着共同的根本性目标，即帮助大学生牢固树立中国特色社会主义信仰。思想政治理论课教学链指向的教学内容与日常思想政治教育链指向的教育内容都是中国特色社会主义理论体系。依据准确的衔接点与良好的沟通机制，思想政治理论课教学链中的教学队伍与日常思想政治教育链中的工作队伍可以相互合作、有效互动。如，思想政治理论课教师可以从日常思想政治教育链的教育主体那里获取反映大学生中国特色社会主义理论素养实际水平与问题关切的数据信息，而日常思想政治教育链的教育主体也可以依据思想政治理论课教学链的中间环节的展开进度，有序开展相应的实践养成教育活动，帮助大学生在日常生活实践中运用中国特色社会主义理论分析问题、探索解答问题，获取积极的情感体验、实践经验，以巩固思想政治理论课教学链的理论教育效能。而在当前的教育教学条件下，能使思想政治理论课教学链的教学队伍与日常思想政治教育链的工作队伍依据准确的衔接点进行相互协同的沟通平台相对缺乏，沟通机制不健全，以至于虽然诸多相关教育教学主体已经意识到二者的重要性，但二者在大学生中国特色社会主义理论体系教育过程中还未在教育教学形式相互补充、教育教学内容有序衔接、教育教学考核相互参照等方面实现有序协同。

（三）外部环境条件存在一定程度的消极影响

影响大学生对中国特色社会主义理论体系的认知、认同、坚信、践行的形成与发展的因素除了由思想政治理论课教学链、日常思想政治教育链等构成的教育因素，受教育者个人的主体需要、知识、能力、性格、心理等内在规定性影响的因素以外，还包括外部环境因素。大学生中国特色社会主义理论体系教育链的外部环境可以分为社会环境、校园环境、家庭环境等。任何促进人的思想观念、行为习惯形成与发展的教育活动都离不开一定的时代条件、社会环境。在当前中国特色社会主义实践基本态势良好的社会环境下，同时存在着复杂、严峻的外部环境带来的长期考验。在西方资本主义意识形态渗透攻势不断加强的情势下，各种反马克思主义、非马克思主义的思潮充斥于大学生的成长环境。这给理论水平不高、理性逻辑思维不强、价值观尚未定型、心理归属感不强的大学生带来了诸多的认识与选择困惑。同时，社会主义市场经济的逐步发展，资本逻辑的适度放权，在带来经济繁荣的同时，也在一定程度上引起了文化价值的工业化、平面化。这使得狭隘的个人主义思想涌现，政治价值取向功利主义倾向生长。腐败滋生、贫富差距悬殊、劳资关系不协调等社会现实问题的存在，也在一定程度上影响了大学生对中国特色社会主义理论体系的直观情感体验。校园环境对大学生的中国特色社会主义理论信仰的形成与发展具有重要的现实影响。校园环境主要包括校容、校貌等物质形态以及校风、校训、校园文化生活、学术氛围等精神形态。① 良好的校园环境之于大学生对中国特色社会主义理论体系的认知、认同、坚信、践行的潜移默化的感染与强化作用显著。当前，随着高等教育的不断发展，我国高校校容、校貌整体反映出了中国特色社会主义的实践精神与现实成就。校风、校训、校园文化生活等文化环境也呈现出积极向上的整体态势。但作为社会信息的集散地与信息化前沿，② 高校的文化建设仍有待进一步加强。消费文化链中的个人主义、享乐主义、拜金主义等不良文化纷纷涌入，高校管理与服务环节的育人意识有所欠缺，人文素质的培养受到功利主义的侵蚀，③ 学术不端现象有所表现，部分研究人员在一些重大理论问题上是非界限模糊④等现实问题的存在，使得思想政治理论教学链与日常思想政治教育链的实效呈现出弱化迹象。家庭环境主要是指由家长的思想素质和行为规范造就的对家庭成员尤其是子女的思想政治品德的形成发展的影响。家庭环境影响具有普遍性、长久性、渗透性、权威性、亲和性。⑤ 当前，由经济收入、文化差异、居住条件等因素的不同引起的家庭环境的不同，使得大学生对中国特色社会主义理论体系的认知、认同、坚信、践行呈现一定的差异性。据一项相关调查显示，家庭收入与大学生中国特色社会主义理论体系的知晓度呈正态分布，家庭收入在中等水平的大学生对中国特色社会主义理论体系的认同度最高，随着家庭收入的增加，大学生中国特色社会主义理论体系的认同度呈现先增加后减少的趋势，⑥ 这从一定侧面反映出家庭环境影响的存在。

---

① 刘红霞. 校园文化建设：大学生思想政治教育的有效途径[J]. 黑龙江高教研究，2006(1)：56.

② 郑永廷. 大学生思想政治教育的现实反思与时代课题[J]. 学校党建与思想教育：高教版，2005(5)：8.

③ 谢和平. 大学的文化自觉与文化自信[M]. 成都：四川大学出版社，2012：14.

④ 王树荫. 净化社会文化环境，加强高校先进文化建设[J]. 思想理论教育导刊，2012(1)：10.

⑤ 陈万柏，张耀灿. 思想政治教育学原理[M]. 北京：高等教育出版社，2007：105-106.

⑥ 邢鹏飞. 大学生对中国特色社会主义理论体系认识和评价的特点分析[J]. 学校党建与思想教育：高教版，2015(21)：13.

本章在实证研究的基础上，结合相关文献分析，对大学生中国特色社会主义理论体系教育链的现状进行了剖析。从整体上来看，当前大学生对中国特色社会主义理论体系的认知、认同、坚信、践行的状态呈现积极态势；大学生中国特色社会主义理论体系教育链的流程链与目标链之间呈现正相关关系；思想政治理论课教学链展现了其通过对理论的彻底性的诠释培养大学生的科学理论思维与中国特色社会主义理论信念的优势；日常思想政治教育链展现了其通过日常教育在日常学习生活实践中把大学生的直观感受、个人体验升华为理论信念的积极作用。但通过调查研究与文献分析，我们也发现，大学生的理论素养水平有待进一步提高，大学生的理论信念有待进一步加强；系统地培养大学生中国特色社会主义理论素养的思想政治理论课教学链中的教学内容、教学方法、教学话语体系等需要进一步予以创新与丰富；日常思想政治教育链的针对性、持续性、引导性有待加强；思想政治理论课教学链与日常思想政治教育链的深度协同是我们在大学生中国特色社会主义理论体系教育过程中需要关注的重要话题。

第六章　大学生中国特色社会主义理论体系教育链的优化建议

本书在前面章节考察了大学生中国特色社会主义理论体系教育链的思想资源，在理论支撑下阐述了其主要环节之间的关系，并运用实证研究验证了这一教育链主要环节之间的关系，剖析了其现状。提出问题、分析问题的最终目的是解决问题。提出优化大学生中国特色社会主义理论体系教育链的具体建议，是本书的落脚点。

一、提升思想政治理论课教学链知识体系向信仰体系转化的实效

大学生对中国特色社会主义理论体系的透彻认识、深刻认同是大学生建立深层次的中国特色社会主义理论信念、树立牢固的中国特色社会主义信仰的重要基础。思想政治理论课教学链作为通过系统的理论教学建构大学生科学的理论思维、促进大学生理论认同的形成、培育大学生理论信念的主要渠道，要充分尊重大学生理论素养形成与发展的特点与规律，在对中间环节的有效优化中，逐步提升大学生中国特色社会主义理论体系教育过程的实效。

（一）以强烈的问题意识为导向推进教学内容体系的创新改革

教学内容的创新对大学生中国特色社会主义理论信仰的培养具有显著的积极作用。“理论创新过程是发现问题、筛选问题、研究问题、解决问题的过程。”①中国特色社会主义理论体系是一个与社会主义建设与改革的实践问题相伴相生的动态性理论，其作为时代的先导，反映着时代的声音。对大学生进行中国特色社会主义理论体系教育，就是要在引导大学生运用这一发展着的理论体系探索解答理论与现实问题带来的思想困惑的基础上，帮助大学生建构科学的理论思维，形成深刻的理论认同，树立坚定的理论信念。因此，以强烈的问题意识为导向创新教学内容体系，从“四个自信”的高度，改善系统地培养大学生中国特色社会主义理论素养的思想政治理论课教学链在一定范围内存在的教学内容重复、陈旧的境遇，是优化这一思想政治理论课教学链的重要步骤。这要求教师在相应的教学环节中，以“关注青年、关心青年、关爱青年”为原则，把准确把握大学生中国特色社会主义理论素养实际水平、理论接受特点与思想理论问题困惑摆在

① 习近平在哲学社会科学工作座谈会上的讲话[EB/OL].（2016-5-18）. http://news.xinhuanet.com/ttgg/2016-05/18/c_1118891128_3.htm.

重要位置。这是教师组织教学内容的理性前提。

把握大学生理论素养实际水平与其思想理论问题困惑，要在马克思主义认识论的基本方法指导下，借鉴现代社会科学的有益方法体系，运用调查访谈、模型推演、数量分析等研究方法，保障认识的科学性、全面性、真实性。对于思想政治理论课教师而言，除了可以在教学方案具体实施前，通过阅读大学生思想理论素质调查报告的方式或者采用问卷调查、大数据技术等手段掌握大学生所关心的现实问题与理论困惑，也可以在课程开始之时，运用思想政治教育质性研究方法，以具体问题情境为背景，在与发挥大学生主体性的师生互动交流、生生互动交流中，收集对大学生的中国特色社会主义理论素养现实水平与影响因素进行深入的、细致的、实时反映的描述性资料，持续性地关注大学生的中国特色社会主义思想理论素养水平的动态性变化，准确提炼归纳大学生的思想理论困惑，并在对所获取的描述性资料进行理性分析与详细解释的过程中，准确把握大学生理论素养的形成与发展规律或特点。汲取质性研究理论与方法的最新发展成果的营养的思想政治教育质性研究，是以马克思主义理论为基本遵循，以质性研究的中观理论为操作方法，通过教育者与受教育者的平等有序的深入性交流互动，进行思想的引导或教育、资料的开放式收集与归档式整理，教育对象的观点、行为或思维方式的分析、解释与总结，教育的现存问题的发现，教育的改进对策的提出等一系列思想政治教育活动的微观方法体系。①

教师可以通过以下方式将这一研究方法具体应用于系统地培养大学生中国特色社会主义理论素养的课堂教学：在课程开始之初，教师可通过自身与大学生的紧密互动，引导大学生对自身关于中国特色社会主义理论体系所包含的基本理论问题的看法进行深层次的、详细的自我表达，收集相应的描述性资料。教师在这一教学研究的开展中，可以以专题形式的问题情境为研究背景，如，在课堂上设置“请您谈谈对共产主义远大理想与中国特色社会主义共同理想及其阶段性目标的认识”“请您谈谈对社会主义初级阶段基本国情的长期性与阶段性相统一的特征的认识”等议题。教师在收集这一描述性资料之后，可以通过寻找这一资料中的各个重点概念之间的关联，建构相应的理论模型，分析与解释大学生中国特色社会主义理论素养的现状，找出大学生聚焦的理论难点与社会热点问题，关注大学生的生活和理想，并以此为基础创新教学内容体系。在课程结束之后，教师也可以通过收集反映大学生中国特色社会主义理论素养成长过程与现实水平的描述性资料，研究大学生理论素养形成与发展特点，总结思想政治理论课教学过程与大学生的中国特色社会主义理论素养、理论信念的变化发展之间的内在关联。思想政治教育质性研究方法，将大学生的自我表达与教学研究紧密结合起来，使教学研究更具具体性、直接性、鲜活性。这有助于教师科学把握与大学生中国特色社会主义理论素养各阶段发展相适应的知识内容，并采用大学生在该阶段的心理结构可同化的方式呈现。②

在把握大学生理论素养实际状况与形成发展特点的基础上，思想政治理论课教师需要结合自身对中国特色社会主义理论体系的形成发展过程、思想精髓、内在结构、最新

① 李红. 浅析思想政治教育质性研究[J]. 探索，2013(2)：126.

② 华东师范大学教育系，杭州大学教育系. 现代西方资产阶级教育思想流派论著选[M]. 北京：人民出版社，1980：361-362.

发展等内容的深刻认识，挖掘证实这一理论体系的科学性的现实实践新材料，组织与创新具有精确性、透彻性、契合性[①]的教学内容体系，以促进大学生在充分全面地认识这一理论体系的实践价值及其对于个体或社会的意义[②]的基础上，产生深厚的正向性质的理论情感，形成坚定的理论信念。精确性是指，教学内容结构要与思想政治理论课所使用的马克思主义理论研究和建设工程重点教材对中国特色社会主义理论体系的阐释所表达的基本精神相一致，忠实于这一理论体系的整体性、科学性，阐释这一理论体系“连续成长”的过程及规律，突出马克思主义中国化历史过程的根本原则与主要方法，体现这一理论体系各个组成部分之间的承接关系，呈现这一理论体系的哲学基础、基本原理、基本观点之间的内在逻辑联系。透彻性是指思想政治理论课教学内容的组织准确把握了这一理论体系的内在实质或根本尺度。“所谓彻底，就是抓住事物的根本。”[③]抓住中国特色社会主义理论体系的“根本”，要求教师在依据这一理论体系讲解大学生所关心的理论难点和社会热点问题时，能以逻辑与历史相统一的视角对这些具体问题进行全面性的、深层次的理论剖析与科学阐释，使学生在镶嵌于中国具体实际之中的教学过程中把握理论的本质。如，在讲述社会主义民主与法治问题的过程中，面对学生所提出的民主规范化、法制化不完善的问题，教师除了对这一问题进行具体解释以外，还需要通过回溯历史、探索本质的方法，以任何历史都是运动的，“运动本身就是矛盾”[④]的观点，回顾与解析中国社会民主与法治建设理论与实践的基本历程，使学生把握民主制度规范化、法制化不够完善是一个相对的概念，将这一问题放置于中国特色社会主义实践所面对的历史条件中去考察，以发展的眼光看待中国特色社会主义道路、理论、制度。契合性具有两层含义：一是指系统地培养大学生中国特色社会主义理论素养的思想政治理论课教学过程的中间环节的教学内容要明显呈现出与大学生实际的问题关切的紧密关联性，与大学生日常学习、生活、实践经验及其利益、需求、期待的具体对应性。大学生对理论迫切渴求的原因，在于理论应用于实际的价值，理论应用于大学生具体实际，与现实经验相映衬，必然使理论基于肥沃的土壤深深扎根于大学生的内心。需要说明的是，这里的利益、需求、期待具有鲜明的社会化特征，事关大学生在社会关系中思考与追求的价值与意义。如，教师在讲授全面深化改革这一战略举措提出的时代背景时，要结合当前中国经济社会发展所面临的贫富差距悬殊、收入分配秩序有待调整、利益固化藩篱有待突破等现实问题进行讲解，以彰显中国特色社会主义理论的创新与运用始终坚持以人民为中心这一出发点的理论品质。二是指系统地培养大学生中国特色社会主义理论素养的思想政治理论课教学过程的中间环节的教学内容要与大学生的理论认知能力、理论接受能力与心理特征相匹配。如，为刚进入大学生活的大学生编制的教学内容与为社会实践经验更为丰富、理论抽象思考能力更强的大学生编制的教学内容就应有一定的区别，后者要在前者的基础上进行深化与拓展，前者强调理论的全面性、系统性，后者强调对重点问题的深入分析与理性总结。

① 沈壮海. 思想政治教育有效性研究[M]. 武汉：武汉大学出版社，2012：86-89.
② 沈壮海. 思想政治教育有效性研究[M]. 武汉：武汉大学出版社，2012：114.
③ 马克思，恩格斯. 马克思恩格斯选集：第1卷[M]. 北京：人民出版社，1995：9.
④ 马克思，恩格斯. 马克思恩格斯选集：第3卷[M]. 北京：人民出版社，1995：160.

（二）以鲜明的信息化元素为线索推进教学方法体系的丰富完善

调查显示，运用新媒体技术与传统课堂的有机融合丰富完善思想政治理论课教学方法体系与大学生的中国特色社会主义理论素养的提升之间存在着正相关关系。教学方法体系在系统地培养大学生中国特色社会主义理论素养的思想政治理论课教学过程中是建立教师与大学生的教学关系的纽带，是联结教与学的主要形式，① 是教师引导大学生进入对中国特色社会主义理论体系的认识、思考等过程的中介。教学方法体系的适合与否，直接关系教学效果的好坏。对大学生进行理论教学，不仅要把中国特色社会主义理论知识传递给大学生，而且要帮助大学生树立科学的中国特色社会主义信仰。这决定了思想政治理论课教学过程的中间环节的教学方法的选择不仅要有助于大学生认知能力的发展，而且要对大学生的马克思主义理论思维的建构与大学生的理论情感、理论信念等精神动力的形成与深化具有积极意义。教学目标的综合性、教学内容的丰富性与教学对象的差异性，决定了思想政治理论课教学过程中间环节的教学方法的丰富性、发展性。这意味着教师在培育大学生中国特色社会主义理论信仰的思想政治理论课教学过程的各个中间环节中企图制定经常使用、数目有限的几种教学方法是错误的。② 因此，以鲜明的时代元素为线索丰富发展教学方法、完善教学方法体系是优化大学生中国特色社会主义理论体系教育过程中的思想政治理论课教学链的必然进路。2015 年中共中央办公厅和国务院办公厅印发的《关于进一步加强和改进新形势下高校宣传思想工作的意见》指出，高校宣传思想工作要“坚持改革创新、注重实效，准确把握师生思想状况，创新工作理念和方式方法，把解决思想问题与解决实际问题结合起来，不断增强针对性实效性”③。这为系统地培养大学生中国特色社会主义理论素养的思想政治理论课教学过程的各个中间环节的教学方法的丰富发展指明了方向。改革创新，要与时代接轨，以时代元素为参照。当前，要将新媒体等信息化媒介充分有效融入思想政治理论课教学链的教学方法体系中，以使系统性地提升大学生中国特色社会主义理论水平的教学活动的各个环节突破时空的限制，变得更加立体化、情境化、直观化、隐性化。以数字技术、网络技术、移动通信技术为支撑的新媒体以其交互合作、实时参与、自由开放的特点成了当今大学生学习与生活不可或缺的方式，为思想政治理论课教学过程的各个中间环节的教学方法的创新发展带来了新的历史机遇。新媒体技术为大学生中国特色社会主义理论体系的教与学提供了新的方法，拓展了思想政治理论课教学链的时空区域。借助新媒体技术的开放环境，建设数字精品课程、上传教学视频、安排课堂任务、布置课后作业，可以使教师与学生都能够在传统课堂之外进行教与学的活动。通过线上线下课堂的有机切换，教师与学生的碎片化时间都得到了充分的利用。与此同时，新媒体技术也提高了教师与学生的互动频率与互动实效，提升了教师教学的针对性与大学生学习的自主性，使大学生中国特色社会主义理论体系的教与学在平等互助的氛围下更加“入情”“入境”，

① 骆郁廷. 高校思想政治理论课程论[M]. 武汉：武汉大学出版社，2006：203.

② 巴班斯基. 论教学过程最优化[M]. 吴文侃，译. 北京：教育科学出版社，1982：9-10.

③ 中共中央办公厅、国务院办公厅印发《关于进一步加强和改进新形势下高校宣传思想工作的意见》[EB/OL]. (2015-01-19). http：//www. gov. cn/xinwen/2015-01/19/content_ 2806397. htm.

增强了教学的潜移默化、熏陶感染效果。[①] 值得注意的是，中国特色社会主义理论体系作为一个现实性、动态性较强的思想理论，新媒体这一新型教学工具的融入，可以使教师更加及时有效地将自己精心组织的与中国实践的最新成就、中国特色社会主义最新理论成果相关的教学内容推送至学生面前，使理论教学深深嵌入大学生思考与解决学习生活问题的日常生活之中，发展大学生独立自主运用这一理论体系探索解答现实问题的能力，使学生从细微处更直观地认识中国特色社会主义理论体系与日常生活需求的紧密契合性，从而形成对这一理论体系的强大生命力、感召力、创造力的坚信。[②]

（三）以现实的接受特点为参照推进教学话语方式的调整转换

系统地培养大学生的中国特色社会主义理论素养的思想政治理论课教学是一个用话语体现理论说服力的过程，也是一个用话语说事、实践性很强的过程，具有用语言进行交往、用话语说事达到教学目的、提升教学效果的特性。[③] 教学话语是包含“话语内容、话语方式、话语质量”[④]的体系。话语内容主要表现为教学内容，提升大学生中国特色社会主义理论素养的教学话语内容，即为这一理论体系的理论逻辑与中国实际问题的结合，良好的话语内容既不表现出脱离现实的空泛，也不表现出完全依附于现实的琐碎。话语方式展现的是“怎么说”的问题，包括话语范式、话语特征、话语形式，研究话语方式的目的在于改进思想政治理论课教学话语技巧，倡导具有感染力的话语表达。[⑤] 话语质量则是由话语内容与话语方式所共同实现的理论说服力状态。话语质量关系着话语权的获得。话语内容质量的提升与教学内容创新改革紧密相关，在前文已有所探讨，此处我们关注的重点是如何改进系统地培养大学生中国特色社会主义理论素养的思想政治理论课的教学话语“怎么说”的问题。要想使教学话语方式具有感染力，必然要以当前大学生的思维方式、理论接受特点为参照，合情合理地进行教学话语方式的调整与转换。当前，在信息技术迅猛发展、大众文化急速兴起的条件下成长的大学生，早已接受了反映时代精神的个性化表达和开放互动的交流方式，这要求我们的传统教学话语体系向更加艺术化、生活化的方向发展。具体而言，为实现这一目标，我们可以从以下两个方面着手：其一，实现教学话语方式政治性与生活性的有机结合。话语方式的政治性是指作为具有严密理论逻辑与一定的现实超越性特点的当代中国化马克思主义，中国特色社会主义理论体系的教学话语表达应始终保有以透彻的理论性掌握群众的社会主义“捍卫力”，不能为了迎合学生的话语接受习惯与喜好而削弱理论逻辑的魅力。在教学过程中，要避免用碎片化的语言剪裁理论逻辑，避免用庸俗化的话语表达侵蚀理论的政治性，避免用含糊性的话语表达降低理论的准确性。教学话语方式必须坚持正确的政治方向性原则，突出以中国化马克思主义为教学内容的课程的性质。[⑥] 如，在讲授中国特色

① 骆郁廷．高校思想政治理论课程论[M]．武汉：武汉大学出版社，2006：213.

② 陈锡喜．政治认同的理论思辨：与大学生谈实现中国梦的自信和自觉[M]．上海：上海人民出版社，2013：5.

③ 李宪伦．思想政治教育新话语探析[M]．重庆：重庆大学出版社，2007：1.

④ 郭凤志．高校思想政治理论课话语体系创新研究[J]．思想理论教育导刊，2014(4)：83.

⑤ 郭凤志．高校思想政治理论课话语体系创新研究[J]．思想理论教育导刊，2014(4)：83-84.

⑥ 梁桂麟，徐海波．当代高校公共理论课教育教学研究[M]．北京：中国社会科学出版社，2004：403.

社会主义理论体系的基本范畴时，要突出中国特色社会主义、实事求是、社会主义初级阶段、社会主义本质、社会主义市场经济等话语表达。只有使用这一理论体系独有的话语表达方式才能保持理论的彻底性。话语方式的生活性是指中国特色社会主义理论体系在思想政治理论课中的话语表达要坚持其实践性的本质特征，把学术性的理论语言合理转换为生动鲜活的大学生容易接受的生活语言。生活语言具有时代性、大众性、关切性的特点，在当前主要表现为反映这一时代人们个性发展特点的“网言网语”、社会“潮语”与传统中国话语的结合体。① 将话语风格为人们所熟悉的生活语言有选择地纳入思想政治理论课教学话语方式中，有助于增强系统地培养大学生中国特色社会主义理论素养的教学过程的亲和力、说服力。在运用人们易于接受的生活语言讲授中国特色社会主义理论体系方面，习近平总书记提供了需要我们认真学习与研究的良好范式，如，采用“中国梦”这一形象生动的语言和由个人到国家、由己及人的方式阐述中华民族伟大复兴的理想追求，将共产党人的理想信念形象化为“钙片”，用“和平、可亲、文明”这一质朴生动的语言呈现中国的外在形象，等等。② 其二，实现教学话语方式显性与隐性的结合。在当前的系统地培养大学生中国特色社会主义理论素养的思想政治理论课教学过程的各个环节中，具有直接导向性的显性教学话语方式占据重要地位，这是由这一教学过程的系统性理论教育的性质所决定的。显性教学话语方式的缺场将导致教师无法对工作过程进行动态控制，③ 失去教师在这一教学过程的主导地位。但过分重视显性教学话语方式的地位，就会使教学变得枯燥乏味，难以激发学生学习这一理论的自主性。思想政治理论课教学链的各个环节在运行过程中须合理地在显性的教学话语方式中贯穿含而不露的非“标签”式④的隐性化时代表达，建立教师与学生之间的良好关系，增强课堂感染力，使大学生在持续性的潜移默化的良性教学氛围中，不知不觉地产生思想变化，主动自觉地接受中国特色社会主义理论体系提供给人们的理性的思维逻辑、科学的理想追求与正确的价值导向，形成符合理性逻辑的理论自觉、稳定深刻的理论认同与持久坚定的理论信仰，⑤ 实现“随风潜入夜，润物细无声”的教学实效。

二、增强日常思想政治教育链对理论教育的巩固作用

日常思想政治教育链通过发挥其实践养成效应对系统地培养大学生的中国特色社会主义理论素养的理论教育具有巩固与强化作用，是促进大学生的理论认知与理论践行相统一的重要阵地。当前，现存的针对性、持续性、引导性有所欠缺的问题，可以从整合校内实践教育力量、推动校外社会实践教育基地稳定性与规范化建设、加强虚拟社会实

① 吴宏亮. 论高校思想政治理论课话语体系的“三个转换”[J]. 思想理论教育导刊，2014(6)：78.

② 佘双好. 中国特色社会主义理论体系宣传普及载体的新发展：学习习近平总书记系列讲话体会[J]. 思想政治教育研究，2014(4)：2-4.

③ 徐志宏. 思想理论教育教学论[M]. 北京：高等教育出版社，2006：240.

④ 佘双好，等. 大众化 时代化 中国故事：中国特色社会主义理论体系普及路径[M]. 武汉：武汉大学出版社，2014：78.

⑤ 佘双好，等. 大众化 时代化 中国故事：中国特色社会主义理论体系普及路径[M]. 武汉：武汉大学出版社，2014：78.

践教育平台的建构等几个主要方面进行具体优化。

(一)整合校内实践教育力量

日常思想政治教育链的校内实践教育力量的整合主要包括教育主体力量的集成与校内实践教育资源的细致全面挖掘、充分有效利用。目前，在日常思想政治教育链的校内实践教育环节中，教育主体力量包括以党政干部、共青团干部为主的领导力量，具体组织与开展校内实践教育活动的辅导员队伍，学生党团组织等学生主体力量，思想政治理论课教师这一依靠力量等,① 呈现多元化、分散性的主要特征。实现各类教育主体的优势互补，构建一支以党团组织为核心、以专职校内实践教育工作干部为中坚、以学生骨干为基础的校内实践教育队伍②是校内实践教育主体力量集成的主要目标。同时，在校内主体力量整合目标的实现过程中，我们还需要明确各类教育主体的具体职责，建立责任考评制度，促进各类教育主体尽心尽力地履行自身的本职责任，加强相互之间的沟通联系，以使教育主体力量保持一个“分工明确、权责清晰、沟通得当、良性衔接”的整体状态，从而推动校内实践教育各个中间环节的持续有效运转。具体而言，处于学校各个部门机构的党政干部与共青团干部要充分运用自身的理论素养、决策能力与领导校内实践教育的工作经验与资源，推动巩固大学生中国特色社会主义理论素养、深化大学生中国特色社会主义理论信仰的校内实践教育的政策、制度的科学合理的制定与活动模式的合理设计与有序组织。辅导员等大学生校内实践教育的专职力量，要扎实落实各项校内实践活动的具体实施，切忌“三天打鱼两天晒网”的现象发生，积极担负起在校内生活实践中促进大学生对中国特色社会主义理论体系的认知、认同、坚信、践行的形成与发展的职责。学生骨干力量，在大学生群体中具有较强的号召力，在大学生中国特色社会主义理论体系校内实践活动中具有榜样示范效应，应积极发挥自我管理、自我教育的主体性，以激发大学生群体对这一校内实践活动的内在自觉意识，自主地提升应用这一理论体系分析问题、解决问题的马克思主义学风。资源是关乎巩固大学生理论素养、深化大学生理论信仰的校内实践教育能否有效有序进行的一个关键性影响因素。资源的效用得到最大化开发利用，有助于校内实践教育模式的创新与发展。校内实践教育资源的积极开发利用要在充分发挥校园文化建设活动、党团活动、社团活动、班级活动等大学生中国特色社会主义理论体系实践教育的常规形式的作用以外，积极探索与利用现有资源构建与运行体现师生、生生之间多边互动的个性化校内实践教育新模式。这要求我们从促进大学生中国特色社会主义理论体系校内实践教育创新发展的角度树立校内实践教育资源的充分利用意识。美国学者哈耶克在谈论如何提升社会经济效能的问题时对资源有效利用的巨大作用进行了阐述，他指出：“要处理好在社会生存中所面对的经济问题，我们不仅要探寻如何有效合理地分配已有的现存资源，更要尽心尽力地把社会中的每一个成员所熟知的资源的各类效用充分全面地发挥出来。”③这说明资源的全面有效利用是解决现实问题的一个重要条件与牢固基础。树立资源利用最大化的意识以后，在此基础

① 骆郁廷，储著斌. 大学生日常思想政治教育的力量整合[J]. 学校党建与思想教育：高教版，2010(10)：8-10.

② 张斌，骆郁廷. 大学生日常思想政治教育长效机制的构建[J]. 思想教育研究，2010(2)：23.

③ 哈耶克. 个人主义与经济秩序[M]. 贾湛，等，译. 北京：北京经济学院出版社，1991：74-75.

上，积极探索校内实践教育新模式，丰富校内实践教育的形式，为学生提供更多的校内实践选择，可以增强大学生中国特色社会主义理论体系校内实践教育环节的针对性、持续性、引导性。如，大学生中国特色社会主义理论体系校内实践教育的主体力量，事先在中国特色社会主义理论体系的基本内容中选择适合校内实践的主题，依据大学生理论素养结构的不同特点，制定校内实践教育目标，在所在学校相关部门的大力支持与协助下，大学生根据自身所在的实践小组进行详细计划和事先安排，在可供选择的范围内，选择校内不同部门的不同工作岗位进行实践锻炼，与从事各类具体性工作的教职工一起深入细致地体验现实的社会工作，在持续性地探索解决现实问题、找寻推动社会进步的合理途径和科学方法的动态性过程中，自觉意识作为一个社会人所应承担的责任、所应完成的历史使命，就充分提高了学校资源的利用率，增强了师生、生生之间的沟通互动，有针对性地促进了参与校内实践的大学生的个人理论素养水平的提高、理论信仰的深化。①

（二）加强校外社会实践教育基地的稳定性与规范化建设

校外社会实践教育侧重于引导大学生在参与、调查与研究社会生产生活实际的过程中，深入把握国情、社情、民情，确立以研究现实问题和解决现实问题为内在实质的马克思主义学风。它是日常思想政治教育链中的重要环节。据本次研究的调查显示，大部分被调查者认为，校外社会实践类活动对其中国特色社会主义理论素养的培育具有现实意义。校外社会实践教育与大学生对中国特色社会主义理论体系的认知、认同、坚信、践行具有显著的正相关关系。这是对这一实践教育环节的重要性的现实反映。然而，当前，这一实践教育环节仍在一定程度上存在较多的现实问题。如，校外社会实践活动持续时间不长、开展次数不多，学生在其中的参与深度不够，学生与社会的融入度不高等。造成这些现实问题一个重要的原因在于稳定性与规范化的校外社会实践基地不够。市场经济背景下，由于各实践接收单位自主性增大、各利益诉求增加致使其对大学生社会实践的接纳规模缩小，社会对大学生社会实践认可程度急剧下降，人数大幅增长的大学生对社会实践资源要求普遍提高等原因，② 大学生校外社会实践教育资源呈现出难以满足理论教育现实诉求之状。一项相关调查显示，超过八成的被调查者认为大学生社会实践教育基地的缺乏是造成社会实践教育成效弱化的一个重要因素。③ 由于实践单位接收时间短，对大学生社会实践教育配合与支持度不高，在对大学生进行中国特色社会主义理论体系教育的校外社会实践环节的过程中，犹如蜻蜓点水、去去就回的现象频频发生，因此部分大学生经过几次这样的校外社会实践教育后仍然出现参与目的不明确、不能认清这一实践教育环节的实质意义、对其重要性认识不足的问题。据相关调查显示，部分大学生并没有怀揣“深入接触社会”“深入融入社会”“调查与分析社会现实问题”“为社会贡献一份力量”的目的参加校外社会实践活动，仅仅把校外实践教育当成了“尝

---

① 孟凤英. 校内第二课堂：高校思想政治理论课实践教育的重要环节[J]. 传承：学术理论版，2012(24)：52-53.

② 胡树祥，吴满意，等. 大学生社会实践教育理论与方法[M]. 北京：人民出版社，2010：228.

③ 周彩娇，林寒. 大学生社会实践活动现状调查与完善策略[J]. 高等教育研究，2012(9)：77.

鲜”与“游玩”的机会。[①] 这在很大程度上影响了校外社会实践教育环节引导大学生在服务社会、融入社会、观察社会的过程中运用思辨、分析、综合等方法，“正确认识社会主义建设的现状，理性剖析各种社会矛盾，深入把握基本国情”[②]，确证中国特色社会主义道路、理论、制度的社会与个人意义，树立中国特色社会主义理论信念的实效。因此，推动配合度高的校外社会实践教育基地的稳定性与规范化建设成为提升校外社会实践教育环节实效过程中一个亟待完成的任务。就目前而言，可以采用以下几种形式进行大学生中国特色社会主义理论体系校外社会实践教育基地的稳定性与规范化建设：一是由学校有关部门牵头，建立学校与反映中国革命与建设的历史实际的校外博物馆、纪念馆、档案馆的长期性资源共享关系，制定规范化、科学化的参观考察实践流程，促进规范化的参观考察类的社会教育实践基地的建立。在这种类型的校外社会实践教育基地展开实践教育活动，有助于大学生获取与爱国主义、改革创新有关的经验事实，增强民族自豪感，增强对社会主义道路的认同。二是由相关科研项目团队主导，通过与精心选择的反映中国特色社会主义实践成就、典型精神的基层社区的持续性联系，建立大学生中国特色社会主义理论体系校外社会实践教育基地。这一类社会实践教育基地，具有由中国特色社会主义理论素养较高的学者、教师构成的队伍人员，有固定的经费保障，稳定性、规范性较好。相关研究者、教师引导大学生按照一定的科学原则与方法在这一实践教育基地进行校外社会实践活动，可以使大学生在持续性、有序性的实践体验活动中树立科学的社会主义观。如，成都某高校依托相关科研项目的支持，在都江堰市向峨乡棋盘村建立了校外社会实践教育基地，这一校外社会实践教育基地已持续运转近十年。由思想政治理论课教师、学校团委与辅导员等主体力量定期带领不同年级的大学生在这一实践教育基地进行由多个中间环节构成的社会实践教育活动。大学生在社会实践教育活动中获取了灾后重建的第一手资料，考察了中国特色社会主义共同理想在新农村社会生活中的具体落实，体会了社会主义制度的优越性。这激发了大学生对“党、国、天下、家、个人”的理性思考，使大学生产生了对中国共产党人的敬佩、尊敬的情感，坚定了大学生的中国特色社会主义理想信念。[③] 三是由高等学校与其所在社区合作，建立社区型社会实践教育基地。在这类校外社会实践教育基地进行的实践教育具有日常性、持续性的特点。大学生利用业余时间在这一类型的校外社会实践教育基地中进行实践活动，可以使自身的日常学习生活与社会生活紧密衔接。大学生在深度融入社会的过程中，将自觉或不自觉地深化对国情、社情、民情的认识，深化对中国特色社会主义理论体系的认同。

（三）完善虚拟社会实践教育平台的构建

在“互联网+”时代，信息化成为生产生活方式的重要特征，网络阵地成为大学生获取文化信息的重要来源，虚拟社会实践教育成为日常思想政治教育链的重要环节。如何

① 周彩娇，林寒. 大学生社会实践活动现状调查与完善策略[J]. 高等教育研究，2012(9)：76.

② 吕有志，潘于旭. 马克思主义：当代理论与实践[M]. 杭州：浙江大学出版社，2008：146.

③ 戴钢书，等. 高校思想政治理论课实践教学论[M]. 北京：中国人民大学出版社，2015：254-307.

充分借助虚拟文化空间增强对大学生的吸引力、感染力，构建科学化的虚拟社会实践教育平台，以其现实超越性弥补现实空间实践教育的不足，将中国特色社会主义理论体系全面融入大学生日常学习生活，已经成为我们必须关注的重要话题。2015 年中共中央办公厅和国务院办公厅印发的《关于进一步加强和改进新形势下高校宣传思想工作的意见》指出，高校要“建设一支由学生和青年教师骨干组成的网络宣传员队伍，打造示范性思想理论教育资源网站、学生主题教育网站和网络互动社区，推进辅导员博客、思想政治理论课教师博客、校务微博、校园微信公众账号等网络新媒体建设”[①]，这为日常思想政治教育链的虚拟社会实践教育平台的构建提供了思想与政策保障。虚拟社会实践教育平台的构建在当前的大学生中国特色社会主义理论体系教育实践中已较为普遍，为大学生学习与运用中国特色社会主义理论体系的独立自主性的提升做出了积极的贡献，但还存在一个较为突出的现实问题，即“虚”脱离了“实”。虚拟社会实践教育有其现实超越性，但也应是现实基础的延伸，离开了现实，便会出现无序与失效。因此，当前，虚拟社会实践教育平台的构建要坚持的一个重要原则就是虚实结合。只有坚持了这一原则，才能实现虚拟社会实践教育与现实空间的社会实践教育的资源整合、功能互补，保证虚拟社会实践的有序状态。

虚实相结合的虚拟实践教育平台构建要在系统设计与要素规制上进行科学考量。系统设计分为五个阶段：一是聚焦理论教育教学规律，联系虚拟社会实践教育的理论与实践，凝练大学生中国特色社会主义理论体系虚拟社会实践教育经验，形成平台构建的理念指南。二是设定教育目标，基于教育教学研究的历年调查数据与分析，提炼归纳大学生主体的问题关切、理论思维特点、虚拟实践能力、理论认知发展规律，为虚拟社会实践教育的内容与结构的编制、设置提供导向。三是整合教育教学资源，有效利用已有的虚拟社会实践资源，结合虚拟社会实践教育平台的内容设计、版块模式进行资源的挖掘与整合。四是加强组织建设，组建职责明确的虚拟社会实践教育平台的高水平开发、应用、管理队伍，促进虚拟社会实践教育与现实空间的社会实践教育的有序衔接关系的形成。五是推动虚拟社会实践教育平台的具体化构建，借助于网络技术、数字技术、移动通信技术，在相关教育主体的实际指导下，推动以大学生中国特色社会主义理论体系教育要求与大学生虚拟社会实践诉求为基点的承载虚拟社会实践教育理念、教育环节、教育内容、教育资源的虚拟社会实践应用程序的自主设计与有效运行。

大学生中国特色社会主义理论体系虚拟社会实践教育平台的要素规制主要分为七个方面：一是主体要素。在虚拟社会实践教育中，既要发挥学生的主体性，也要坚持教师的主导性，教师作为引导主体应保持责任感和自信心，把握好虚拟社会实践教育的时、效、度。二是目标要素。要依据大学生中国特色社会主义理论体系教育链的实践教育环节的总体目标和大学生的诉求，分层次、分阶段设置具有时限性的虚拟社会实践目标，并及时依据效果反馈做出调整。三是动力要素。为增强学生自主学习的能动性，实现虚拟社会实践教育对现实空间的社会实践教育的互补互动，激活虚拟社会实践教育平台的

① 中共中央办公厅、国务院办公厅印发《关于进一步加强和改进新形势下高校宣传思想工作的意见》[EB/OL].(2015-01-19). http://www.gov.cn/xinwen/2015-01/19/content_2806397.htm.

内在活力与外在积极影响因子非常关键。四是方式要素。要根据中国特色社会主义理论体系这一教育内容的特点与大学生的自身规定性设定灵活、人文的虚拟社会实践教育环节，依据理论教育教学的具体情况，适当调整虚拟社会实践教育策略，使虚拟社会实践教育以融合情理的方式顺势嵌入大学生的生活学习之中。五是控制要素。对虚拟社会实践教育平台的使用进行宏观规划与管理，主动把握大学生的虚拟社会实践教育的时间，依据大学生中国特色社会主义理论体系教育教学过程的需要设置时间区间，确保虚拟社会实践教育平台使用效益达到最优状态。六是评估要素。适时对虚拟社会实践教育平台的使用情况进行评估，总结经验与教训，为下一阶段的虚拟社会实践教育的展开提供客观依据。七是保障要素。健全虚拟社会实践教育平台建构与运行的多元保障机制，不仅在物质、技术、人员的供给方面对其给予一定的保证，还要积极争取家庭、学校、社会的有序协同、合力生效。①

三、推进思想政治理论课教学链与日常思想政治教育链的有效协同

"协同"是指两个或两个以上的元素协调一致地实现某一目标的过程。思想政治理论课教学链、日常思想政治教育链作为大学生中国特色社会主义理论体系教育链的流程链中的两个主环，是理论教育与实践养成教育的关系，二者需要相互配合、有效融通、深度协同。

（一）健全有效协同的沟通机制

思想政治理论课教学链与日常思想政治教育链在大学生中国特色社会主义理论体系的认知体系向信仰体系转化的实现过程中协同深度不够的重要原因在于二者主体力量有效沟通的缺乏。建立二者深度协同的关系，首先要健全这二者有效协同的沟通机制，以促进二者的教育教学人员相互交流的便利度、及时性。思想政治理论课教学链与日常思想政治教育链的沟通机制是指二者的教育教学人员相互传达与大学生中国特色社会主义理论体系教育教学环节的具体实施进程，大学生理论水平、理论信念的实际状况与影响因素，大学生的思想理论困惑与关切，二者的合作与协调等内容相关的信息的过程与方式。信息的有效通连，可以促进二者在全面掌握信息资料、认识逐渐深化的基础上提升教育教学实效，也可以从整体上提高二者有效协同的深度、良性衔接的高度。

健全二者有效协同的沟通机制，可以从以下几个方面入手：一是从理论教育教学理念层面加深教育教学主体对二者深度协同的认识，这要求进行大学生中国特色社会主义理论体系教育教学的决策的相关部门制定相应的政策导向，如鼓励相关思想政治理论课教师深入辅导员工作实际，近距离了解大学生生活实际的政策。二是搭建有效沟通平台，如，借助发达的移动互联网、新媒体等交流工具，建立具有稳定性、安全性的信息化沟通载体。三是制定与沟通发起条件、沟通模式、沟通内容、沟通流程等内容相关的

① 吴超. 高校思想政治理论课"慕课"教学平台构建及对策研究[J]. 教育探索，2015(2)：147.

计划、方案与制度，以保证思想政治理论课教学链的队伍人员与日常思想政治教育链的主体力量的互动与联系的及时性、经常性、有效性。

（二）推动大学生理论素养实际与影响因素的科学化联动调查分析

理论思维、理论逻辑的科学建立是大学生树立中国特色社会主义理论信仰的前提条件。习近平指出："广大青年要坚持用邓小平理论、'三个代表'重要思想、科学发展观武装头脑，把理想信念建立在对科学理论的理性认同上，建立在对历史规律的正确认识上，建立在对基本国情的准确把握上，不断增强道路自信、理论自信、制度自信，增强对党的领导的信念，永远紧跟党高高举起中国特色社会主义伟大旗帜。"[①]这表明系统地对大学生进行中国特色社会主义信仰的学理基础教育，培养大学生科学的理论逻辑、理性的理论思维十分必要。

理论逻辑、理论思维是大学生在分析与解决问题过程中基于对中国特色社会主义理论体系所坚持的马克思主义的立场、观点、方法的掌握而呈现的一种抽象的、概括的理性思维，是一种本质思维。这一理性思维"在思想上把对象和现象的本质和非本质的东西区分开来，抽取本质的，舍弃非本质的，并将事物本质属性予以综合"[②]，从而使大学生在纷繁复杂、变动不居的信息浪潮中保持清醒的立场，做出正确的选择。这种理性思维的科学构建与思维在大脑中的信息表征、类别归纳、问题解决、顿悟等机制[③]相关，需要教育教学主体依据大学生现有的认知水平、思维特点、理论素养结构等实际，结合大脑思维机制奥秘，有针对性地制定教育教学策略、选择教育教学方法、展开相应的教育教学环节，以分层次、分类别地有效促进大学生科学理论思维的构建与强化。如，对中国特色社会主义理论素养较低的学生，可以增加思想政治理论课教学内容材料的具体性、生动性、直观性，而对于中国特色社会主义理论素养较高的学生，教学内容材料的具体性要求可以降低，但要提高教学目标的复杂性，加强教学环节的连贯性、序列性，以激活其大脑精细知觉加工区域，[④] 提升其对理论本质的抽象与概括思维水平。因此，进行大学生中国特色社会主义理论素养实际的厘清，使思想政治理论课教师与日常思想政治教育链中间环节的教育者在教育教学之初了解学生的思想理论实际水平、理论认知起点、问题关切，认清大学生中国特色社会主义理论素养的基本构成、层次关系、主要特点，了解之前的教育在大学生中国特色社会主义理论素养上的印记、社会经济基础与社会思潮对大学生中国特色社会主义理论素养的影响，是大学生中国特色社会主义理论体系教育活动的各个中间环节有序有效展开的重要条件。而全面、及时地实现对大学生中国特色社会主义理论体系素养的厘清，需要思想政治理论课教学链与日常思想政治教育链的联动协同，以保证所获信息既全面、系统地对大学生群体的理论思维特征进行整体的准确性反映，也有层次性、深入地对大学生理论思维的差异性特点进行客

① 习近平. 在同各界优秀青年代表座谈时的讲话[EB/OL]. (2013-05-04). www. xinhuanet. com/politics/2013-05/04/c_ 115639203. htm.

② 沈德立. 基于脑科学的教与学效能研究[M]. 北京：教育科学出版社，2013：276.

③ 沈德立. 基于脑科学的教与学效能研究[M]. 北京：教育科学出版社，2013：303-306.

④ 沈德立. 基于脑科学的教与学效能研究[M]. 北京：教育科学出版社，2013：303.

观描述。

推进大学生中国特色社会主义理论素养的联动调查分析，需要依据思想政治理论课教学链与日常思想政治教育链各自的优势与特点在资料搜集、统计分析、规律总结等方面进行详细分工与合作。在思想政治理论课教学链中，教师依据教学环节的展开，可以采用收集随堂反馈信息、开展问卷调查、收集大学生的“成长叙事”、引导大学生进行理论见解的自我表达等方式了解与大学生对中国特色社会主义理论体系的知晓程度、认同程度、坚信程度等内容相关的信息，总结大学生中国特色社会主义理论素养在教学过程中的变化发展情况，为下一阶段的教学展开作铺垫。同时，这也可以为日常思想政治教育链通过实践养成教育有针对性地发挥其对系统地培养大学生中国特色社会主义理论素养的理论教育的巩固与强化作用提供目标设定、流程制定的可参照的现实依据。日常思想政治教育链的中间环节的教育者则可以根据大学生校内实践教育、校外社会实践教育、虚拟实践教育的活动记录、进展描述、活动总结等材料，结合自身在实践养成教育工作中与大学生交流的基本情况对大学生中国特色社会主义理论素养实际及其影响因素进行分析、归纳，探寻日常思想政治教育链的优化途径，为思想政治理论课教师深刻、及时地把握学生的问题关切、思维特点，提供准确详细的线索。

（三）加强思想政治理论课教师对大学生日常实践教育的指导

调查显示，通过日常学习与生活实践活动获取直观感受、个人体验对大学生树立中国特色社会主义理论信仰具有显著的直接效应，若能采取积极有效的教育引导方式将这种直观体验心理与大学生的科学理性逻辑结合起来，建立在直观体验基础上的浅层次信仰将进一步向深层次信仰升华。在本次研究的实证调查中发现，79.1%的大学生认为思想政治理论课教师运用理论知识对大学生的社会实践进行指导对其学习与应用中国特色社会主义理论体系具有积极意义。这进一步从具体视角反映出具有较为深厚的理论功底的思想政治理论课教师运用科学理论思维对大学生日常实践教育进行指导产生了较为显著的积极效应。

思想政治理论课教学链与日常思想政治教育链相互配合度不高的重要原因在于二者分属于不同的教育渠道、二者的教育教学人员长期处于各自为战的状态。提高在理论层面培养大学生的理论素养的思想政治理论课教师在大学生中国特色社会主义理论体系日常实践教育环节中的参与度，是促进二者深度协同的有效方式。

教师运用科学的系统性理论思维对大学生日常实践教育活动的设计与安排进行指导，对大学生在日常实践教育过程中的所闻、所见、所感运用分析、比较、综合等方法进行意义阐释、科学点评、理性总结，可以产生理论学习与实践体验高度对接与融合的即时效应。在这一鲜活生动的实践情境下的师生交流互动，可以促进大学生以当下的实践感受注解与佐证理论逻辑的科学性，使大学生认识中国特色社会主义理论体系的实践价值，产生对理论的迫切需求和积极的情感体验，并在理论认识深化、理论认同强化的过程中，自觉自愿地对自身现已存在的理论思维进行科学重构，坚定自身的理论信仰。同时，在这一过程中，思想政治理论课教师也可以通过大学生在日常实践教育的各个环节中的言行举止，探寻大学生的理论素养实际，洞察大学生的内心世界，总结日常实践教育环节的现存问题并提出改进建议，为在教育教学的各个环节中进一步推动大学生对中国特色社会主义理论体系的认知、认同、坚信、践行的纵深发展提供可供依据的基础材料。

四、争取外部环境条件的支持与协助

教育取得实效离不开所处环境的积极影响。当前，外部环境条件因素对大学生中国特色社会主义理论体系教育链具有一定的消极影响。争取积极的外部环境条件的支持，“推动校内外协同配合，全社会支持参与”①，是对这一教育链进行优化的重要途径。

（一）净化社会文化环境

“坚持中国特色社会主义道路自信、理论自信、制度自信，说到底是坚持文化自信。文化自信是更基本、更深层、更持久的力量。”②文化形成与发展于人按照人的需要和理想改变自然界和改变人本身（又可称为“化人”），使自然界和人自己具有更多的属人性，从而变得美、善、益、雅的。文化具有具体历史性、民族性。③ 文化自信是指主体在对本民族或地区的文化的历史、现实、未来的发展有全面、充分的定位与认识的基础上，④ 对本民族或地区在长期的历史文化沉淀、积累、同构过程中形成的一整套反映本民族或地区的人们在生产生活中持有的文化价值心理的文化价值体系的充分认可，也是对本民族或地区的文化保持内在活力、持续发展的坚定不移的执着信念。⑤ 文化自信体现着主体的文化社会心理归属，是国家、民族、个人在本土文化与外来文化的交融、交流、交锋中保持积极开放的文化心态，坚持文化主体性的必要条件。在当前的中国，文化自信是以马克思主义的本质立场、核心观点、根本方法为基点，以中国的具体的历史实际为支点，反映中国人民价值追求与实现历程的中国特色社会主义文化自信，这种文化自信是在对具有创造性品质的中国具体实践进行意义阐释，对反映千百年来中国人民的独特精神世界的优秀传统文化资源进行现代性转化，对外来文化进行分析、比较、批判、借鉴的基础上形成的。⑥ 对中国文化自信的坚持，就是对中国特色社会主义实践所追求的价值、意义的认同与坚信。对中国实践所包含的价值、意义的认同必然促进以中国具体实践为基础的中国特色社会主义理论自信的形成与巩固。独特的精神文化环境造就独特的人，具备文化自信的良好的社会文化环境之于大学生对中国特色社会主义理论体系的认知、认同、坚信、践行的形成与巩固，之于培养大学生中国特色社会主义信仰的思想政治理论课教学链、日常思想政治教育链的实效性的提升的积极影响显著。

---

① 中共中央办公厅、国务院办公厅印发《关于进一步加强和改进新形势下高校宣传思想工作的意见》[EB/OL]. (2015-01-19). http://www.gov.cn/xinwen/2015-01/19/content_2806397.htm.

② 习近平在哲学社会科学工作座谈会上的讲话[EB/OL]. (2016-05-18). http://news.xinhuanet.com/ttgg/2016-05/18/c_1118891128_3.htm.

③ 孙美堂. 文化价值论[M]. 昆明：云南人民出版社，2005：15-26.

④ 谢和平. 大学的文化自觉与文化自信[M]. 成都：四川大学出版社，2012：8.

⑤ 韩震. 中国文化建设的历史方位：兼论文化自信[N]. 光明日报，2011-10-16.

⑥ 肖香龙. 文化自信视野中的马克思主义理论教育[J]. 马克思主义研究，2014(6)：131.

当前，我们可以主要从以下两个方面提升全社会的文化自信，净化社会文化环境。

其一，加强社会主义核心价值观的培育。社会主义核心价值观是中国特色社会主义核心价值意义的凝练，是中国人民文化自觉、文化自信的体现，具有抵御各种错误思潮、建立全社会的中国特色社会主义文化价值认同的重要作用。要使反映中国具体实践的核心价值意义的价值意识全面融入社会生产生活的每个角落，首先要让处于各种社会关系中的人们确证这一共同价值意识是对现实的核心价值意义追求的客观描述与准确阐释，具有真实可靠的现实基础，能满足人们的现实需要。“理论被广大人民群众理解、接受、认同以至自觉应用的程度，与这种理论是否能满足人们的心理期待与现实需要、能否实际地帮助人们解决现实所面临的窘境与难题息息相关，人们对理论的迫切需要是以人们希望自身的问题关切能得到理论的解答为前提条件的。”①社会主义核心价值观的培育不是为理论而理论、为培育而培育，其主要作用在于解释主流价值追求之于国家、民族、个人在当前历史条件下的核心意义。增强社会主义核心价值观的实践解释力，要从以改革推进分配机制的完善的社会利益关系的调整着手，从深入群众具体化生活化解价值迷失问题着手，保证群众正确把握与考量各类社会文化思潮，形成健康积极的文化心理。在全社会培育和践行社会主义核心价值观，还可以基于日常生活精髓、优秀制度规范文化、先进典范文化等现实文化对反映中国具体实践的核心价值意义的价值意识进行编码，以推进这一培育与践行活动的生活化、艺术化、隐性化。值得注意的是，网络文化是社会文化的重要组成部分，在自由开放、反权威式的网络文化环境中，社会主义核心价值观的培育可以积极利用具有交互性特点与承载平等、民主、自由等价值的新媒体技术与文化。将反映中国具体实践的核心价值意义的价值意识的文化资源融入新媒体平台，推动新媒体平台文化建设和发展与社会主义核心价值观培育的有序配合、相互衔接，有助于反映中国实践的核心价值意义的价值意识快速渗透于社会生产生活之中，提升人们对社会主义核心价值观的认同，培养人们的中国特色社会主义文化自信。

其二，为文化事业的发展提供有力的保障条件。当前，强势文化的霸权干扰带来的消极影响、消费主义文化链之下的文化工业化影响是社会文化环境问题凸显的两个重要原因。但除了这两个重要原因以外，文化事业自身发展的困境带来的消极效应也是造成社会文化环境问题产生的一个根本性影响因素。要疏通文化发展问题、破解文化事业困境，从深层着手排除不良文化的消极影响，必须基于中国特色社会主义文化建设的政策指南，在建立系统、健全的文化产业制度，大力发展公益性文化事业，建设一支高素质的文化人才队伍等方面做出努力，② 为群众积极向上的文化生活提供丰富的资源，为保障物质文明与精神文明的平衡发展提供可供依托的基础力量。

（二）营造良好的校园文化环境

校园文化不同于一般的随意性的社会文化，具有比较明确的教育目的。建设校园文化的根本目的在于塑造在精神品质、智慧能力和体魄诸方面充分发展的合格的社会主义

① 刘云山. 架起科学理论与人民大众的桥梁 用马克思主义最新成果掌握群众[N]. 人民日报，2010-03-29.

② 谢和平. 大学的文化自觉与文化自信[M]. 成都：四川大学出版社，2012：17-18.

接班人。[①] 具有主流价值导向功能的良好的校园文化环境是大学生中国特色社会主义理论体系教育链不断优化的阳光与雨露。它可以为大学生中国特色社会主义理论体系的认知、认同、坚信、践行的形成与巩固带来重要的积极影响，也可以为思想政治理论课教学链与日常思想政治教育链的运行与实效提升提供反馈与支持。

当前，高校校园文化建设整体态势趋于良好。高校日趋完善的技术设备和建筑设施、优良传统品质和大学精神、健康有益的校园活动，促进了大学生的学习，陶冶了大学生的情操，对主流意识形态影响力的发挥产生了重要的积极影响。[②] 但文化具有具体历史性，任何文化都与其所处的历史环境息息相关，人们从具体的社会历史条件出发，建构和创造出与社会环境、历史条件相适应的文化和人，[③] 校园文化也不例外，带有其所处时代的历史印记。校园文化的具体历史性决定了其在物质文明得到快速发展，炫耀化、符号化、抽象化欲望肆虐，全球化趋势加强，信息浪潮来势汹涌的今天，必将面临大众消费主义文化、西方自由主义思潮等社会文化带来的不良影响。如何在校园文化建设中抵制其他社会文化带来的消极影响对良好的校园文化的侵蚀，关乎大学生中国特色社会主义理论体系教育活动各个环节的成败。就目前而言，我们可以在以下三个方面做出相应的努力。

其一，制定科学化、规范化的校园文化政策与制度，保证校园文化建设的积极走向。政策与制度具有指导性、规范性，其包含着一定的文化价值观念，是构想、制定、执行、改革政策与制度的主体对反映中国特色社会主义理论体系基本精神的校园文化政策与制度的执行与遵循，对引导校园文化建设走向、形成校园文化建设的共同价值心理、抵制不良文化的渗透具有重要作用。“培养学生对某些文化价值的坚定执着的信念并不是一件非常简单的事情，它不仅仅关涉计划的制定、方案的具体执行、理念的有效落实，还关乎环境的建设。学生只有生活在各个角落都体现了这些价值的机构中，才能真正稳定性地建立对这些价值的坚实信任。因此，在对学生进行此项教育时，应制定出反映这些价值的实质意义的整体性的学校政策。学校的全部课程和学校的组织都会反映这些价值……这是因为组织将依据这些价值在现实的生活中指导学生。”[④]

其二，建立校园文化建设的需求分析与引导机制。“高校校园文化是大学师生根据学校的特殊条件，在长期的校内外实践活动中所创造的精神财富以及承载这些精神财富的规章制度、组织活动和物质形态。”[⑤]从这一定义中我们可以看出，高校校园文化是教师、学生共同实践的结果，实践必然体现着一定的需求。符合客观规律的积极向上的需求，有助于反映主流意识形态指导思想的校园文化的良性建设；立场错误的消极腐朽的需求，如果不及时纠正，任其肆意生长，会使得校园文化的建设走向深渊。因此，我们要对师生的文化需求内容及发展倾向进行科学定位、正确引导。高校师生的文化需求具有多元化、动态化、复杂化的特点，要想对其进行全面准确的把握，需要建立健全的校

① 陈秉公．思想政治教育学原理[M]．北京：高等教育出版社，2006：280.
② 罗昊宇．高校思想政治教育环境影响因素分析与优化研究[D]．北京：中国矿业大学，2013.
③ 孙美堂．文化价值论[M]．昆明：云南人民出版社，2005：22-23.
④ 帕特丽夏·怀特．公民品德与公共教育[M]．朱红文，译．北京：教育科学出版社，1998：18.
⑤ 陈秉公．思想政治教育学原理[M]．北京：高等教育出版社，2006：279.

园文化建设的需求分析与引导机制。建立这一机制要培养一支高素质的工作队伍，采取问卷调查、叙事访谈、网上交流等方式及时获取反映学生、教师的思想文化需求的信息，以以人为本的原则进行文化需求引导，以科学的理论对社会思潮进行分析，发挥中国特色社会主义理论体系的世界观、方法论的积极导向作用，提高高校师生对各种社会思潮、价值观念的比较与鉴别能力。①

其三，将管理育人、服务育人、教书育人、科研育人、组织育人与文化育人进行有机融合。高校管理人员、服务人员良好的职业操守，各门课程教师的言传身教，都是学校文化环境的重要组成部分，反映着中国特色社会主义实践的精神面貌，对大学生中国特色社会主义理论体系的认知、认同、坚信、践行具有潜移默化的权威性影响。充分借助管理育人、服务育人、教书育人、科研育人、组织育人的优势，可以将反映中国特色社会主义理论体系基本精髓的思想文化，渗透到学校生活的各个方面、各个环节，从而防止不良文化风气的滋生，营造良好的校园文化氛围。

（三）优化家庭教育环境

具有天然性特征、情感性特征、依赖性特征的家庭成员之间的血缘关系的存在，使得家庭教育对家庭成员的感染力、说服力、感召力非常巨大。家庭教育，不仅是使人掌握基本的社会规范的启蒙性质的教育，而且是对人的一生都有深远影响的终身教育。②研究表明，家庭教育不仅对公民的道德行为规范的养成具有较大影响，而且关乎公民的理论认同、政治认同、情感认同，关乎国家与民族的命运走向。据一项相关调查的结果显示，家庭教育被高校青年教师认为是除教师给学生带来的影响以外的对人的思想政治观念的形成与发展影响最大的因素。③ 中国传统社会家国同构的特征，使得家庭教育自古以来在中国人的世界观、人生观、价值观形成与发展中占据重要地位。中国特色社会主义理论体系抽象于中国人民生产生活实践的特征决定了与大学生学习生活息息相关的家庭这一教育资源在大学生中国特色社会主义理论体系教育实践中的重要作用。积极争取家庭教育对大学生中国特色社会主义理论体系的认知、认同、坚信、践行的形成与巩固的积极支持，是优化大学生中国特色社会主义理论体系教育链的必要举措。

那如何争取环境条件各异的家庭教育的支持、促成家庭教育与学校教育合力的形成呢？这要求我们在大学生中国特色社会主义理论体系教育实践中构建家庭教育与学校教育的协同关联机制。建立家庭教育与学校教育在大学生中国特色社会主义理论体系教育实践环节中的协同关联机制，要以学校为基点，加强学校与家庭的沟通联系平台的建设，以使双方在这一平台上及时了解大学生的思想理论素质形成与发展的实际，相互配合地进行相应的具有针对性的教育实践。如在思想政治理论课教学链的教学评价环节中，教师可以借助新媒体平台，邀请学生家长参与对学生所撰写的“成长叙事”进行评阅的活动，逐一与学生家长分享其子女在思想政治理论课教学过程中的各个环节的知识掌握、情感体验、思想转变与升华情况，促进家长与老师、学生进行及时有效的沟通，

① 郝文清．现代思想政治教育学[M]．合肥：合肥工业大学出版社，2008：335.
② 郝文清．现代思想政治教育学[M]．合肥：合肥工业大学出版社，2008：333.
③ 王平，贺成立．我国高校青年师生马克思主义理论教育研究[M]．长春：东北师范大学出版社，2005：9.

形成家庭教育与课堂教学的合力效应。一般来说，以学校为基点的大学生中国特色社会主义理论体系教育链的流程链重在对大学生进行系统性的学理性教育与体验式的实践养成教育，以培养大学生的理论素养，坚定大学生的理论信仰，而家庭教育则偏重于用以家长与学生之间情感关系为纽带的以情动人式的感染型教育，使大学生形成大学生中国特色社会主义理论认同、政治认同。但值得注意的是，作为教育资源的家长在大学生中国特色社会主义理论体系教育实践中具有积极的态度、采用了科学方法是家庭教育对大学生中国特色社会主义理论体系的认知、认同、坚信、践行产生正面影响的关键性前提条件。个人基于自身的内在规定性经过判断、分析、综合等过程对某一对象所抱有的观点、看法或行为意图谓之态度。一般而言，态度包括个人对态度对象的认知、情感体验和意向(即个人作用于态度对象的行为准备状态)。家长对于大学生中国特色社会主义理论体系教育实践的基本态度是家长对于这一教育实践的看法、情感和行为意向的选择。① 方法则是主体在实践过程中的工具，是人的活动的法则，是思维方式、行为方式以及程度和准则的集合。② 方法的有效性决定了有效的实践结果的产生。从某种意义上，争取家庭教育对大学生对中国特色社会主义理论体系的认知、认同、坚信、践行的积极影响的核心任务在于引导家长对这一教育实践形成科学认识、情感认同，帮助家长在这一教育实践中运用科学合理的方法。然而当前，一部分家庭的经济收入不高、家庭成员的文化素质较低等现实情况的存在，影响了这一核心任务的完成。上海交通大学舆情研究实验室及社会科学文献出版社共同发布的《民调蓝皮书：中国民生调查报告(2015)》显示，有超过三成的受访者明确表示对自身的收入状况持“不满意”态度，仅有三成多的受访者对自身的收入状况明确表示出“满意”的态度。人的思想动机真实反映了人对物质的内在渴望、对经济利益的现实需要。③ 对经济收入的不满意，在很大程度上引致了家庭教育与学校教育的不协调状态。家长文化素养的水平与家庭文化生活环境息息相关，家长文化素质较低的家庭的活动多由扩大经济收入来源的活动、单调的休闲娱乐活动构成。文化素质较低的家长对中国特色社会主义理论体系的关注度不高，理论自信、政治认同的教育理念较为缺乏，在一定程度上引致子女对这一理论体系的淡漠。另外，家庭教育方式的不科学是家庭教育难以成为大学生中国特色社会主义理论体系教育实践的支持力量的一个重要原因。当前的大学生多为独生子女，家庭宠溺行为的存在，造成了部分大学生个人主义、拜金主义、享乐主义思想观念严重，沉浸于消费主义与自由主义的旋涡中，对“义利统一”的中国特色社会主义价值导向不认同，对中国特色社会主义理论体系不自信、不坚定。因此，要真正促进学校教育与家庭教育在大学生特色社会主义理论体系教育实践中的正向合力，建构二者协同关联的长效机制，还需要在利益分配机制的完善、提高大学生家长的文化素质水平、改变家庭教育方式等方面下功夫。

本章结合大学生中国特色社会主义理论体系教育链的现状、问题、原因，从理论分析、实际操作、案例解读几个层面，探讨了这一教育链的具体优化措施，这也是全书的落脚点。

---

① 王平，贺成立. 我国高校青年师生马克思主义理论教育研究[M]. 长春：东北师范大学出版社，2005：40.

② 陈向明. 质的研究方法与社会科学研究[M]. 北京：教育科学出版社，2000：5.

③ 林泰. 唯物史观通论[M]. 北京：高等教育出版社，2001：316.

参考文献

[1] 马克思，恩格斯. 马克思恩格斯文集：第1~10卷[M]. 北京：人民出版社，2009.
[2] 列宁. 列宁选集：第1~4卷[M]. 北京：人民出版社，1995.
[3] 毛泽东. 毛泽东选集：第1~4卷[M]. 北京：人民出版社，1991.
[4] 毛泽东. 建国以来毛泽东文稿：第1~13卷[M]. 北京：中央文献出版社，1998.
[5] 邓小平. 邓小平文选：第1~3卷[M]. 北京：人民出版社，1993.
[6] 江泽民文选：第1~3卷[M]. 北京：人民出版社，2006.
[7] 胡锦涛. 胡锦涛文选：第1~3卷[M]. 北京：人民出版社，2016.
[8] 习近平. 习近平谈治国理政：第1卷[M]. 北京：外文出版社，2014.
[9] 习近平. 习近平谈治国理政：第2卷[M]. 北京：外文出版社，2017.
[10] 习近平. 习近平总书记系列重要讲话读本[M]. 北京：学习出版社、人民出版社，2016.
[11] 习近平. 习近平新时代中国特色社会主义思想三十讲[M]. 北京：学习出版社，2018.
[12] 习近平. 习近平新时代中国特色社会主义思想学习纲要[M]. 北京：学习出版社，2019.
[13] 陈万柏，张耀灿. 思想政治教育学原理[M]. 北京：高等教育出版社，2007.
[14] 张耀灿，等. 思想政治教育学前沿[M]. 北京：人民出版社，2006.
[15] 邱柏生，董雅华. 思想政治教育学新论[M]. 上海：复旦大学出版社，2012.
[16] 张耀灿，郑永廷，吴潜涛，等. 现代思想政治教育学[M]. 北京：人民出版社，2006.
[17] 刘建军. 马克思主义信仰论[M]. 北京：中国人民大学出版社，1998.
[18] 韩庆祥. 哲学思维方式与领导工作方法[M]. 北京：红旗出版社，2018.
[19] 孙正聿. 哲学通论[M]. 上海：复旦大学出版社，2018.
[20] 蒋笃运. 德育系统论[M]. 郑州：郑州大学出版社，2007.
[21] 苗东升. 系统科学大学讲稿[M]. 北京：中国人民大学出版社，2007.
[22] 石云霞. 马克思主义理论教育思想发展史：上[M]. 北京：中国社会科学出版社，2012.
[23] 沈壮海. 思想政治教育的文化视野[M]. 北京：人民出版社，2005.
[24] 周德昌. 中国古代教育思想的批判继承[M]. 北京：教育科学出版社，1982.
[25] 冯友兰. 中国哲学简史[M]. 北京：北京大学出版社，2013.
[26] 黄济. 教育哲学通论[M]. 太原：山西教育出版社，1998.
[27] 黄甫全，王本陆. 现代教学论学程：修订版[M]. 北京：教育科学出版社，2003.
[28] 高峰. 西方思想政治教育史[M]. 北京：首都师范大学出版社，2015.
[29] 张建文，童贤成. 思想政治(品德)课程与教学概论[M]. 北京：人民出版社，2013.
[30] 刘群，张迎春，吴云志. 高校思想政治理论课教育教学研究[M]. 长春：吉林大学出版社，2007.
[31] 秦刚. 中国特色社会主义理论体系研究[M]. 北京：中共中央党校出版社，2014.
[32] 秦宣. 中国特色社会主义重大问题研究[M]. 北京：中国人民大学出版社，2019.
[33] 李屏南. 选择与创新：科学社会主义观在中国[M]. 北京：人民出版社，2006.
[34] 李向国，李晓红. 主流意识形态建设新论：中国特色社会主义理论体系指导地位研究[M]. 北京：

人民出版社，2013.
[35] 王学俭，李东坡. 十八大以来党的治国理政思想研究[M]. 北京：人民出版社，2017.
[36] 高放，李景治，蒲国良. 科学社会主义的理论与实践[M]. 北京：中国人民大学出版社，2014.
[37] 董振华，等. 治国理政思想方法十讲[M]. 北京：人民出版社，2017.
[38] 辛向阳. 治国理政新布局[M]. 北京：中国人民大学出版社，2016.
[39] 游惠敏. 中国化马克思主义与当代中国[M]. 北京：新华出版社，2017.
[40] 孙其昂. 思想政治教育学前沿研究[M]. 北京：人民出版社，2013.
[41] 熊建生. 思想政治教育内容结构论[M]. 北京：中国社会科学出版社，2012.
[42] 林泰. 唯物史观通论[M]. 北京：高等教育出版社，2001.
[43] 王让新. 唯物史观在中国的运用与发展[M]. 成都：电子科技大学出版社，2014.
[44] 骆郁廷. 高校思想政治理论课程论[M]. 武汉：武汉大学出版社，2006.
[45] 李德顺. 价值论：一种主体性的研究 第3版[M]. 北京：中国人民大学出版社，2013.
[46] 沈壮海. 思想政治教育有效性研究[M]. 武汉：武汉大学出版社，2012.
[47] 陈锡喜. 政治认同的理论思辨：与大学生谈实现中国梦的自信和自觉[M]. 上海：上海人民出版社，2013.
[48] 乔建中. 情绪研究：理论与方法[M]. 南京：南京师范大学出版社，2003.
[49] 蓝维，杨芷英，王希永，等. 德育学科教学心理学[M]. 北京：人民出版社，2004.
[50] 冯刚，张东刚. 高校马克思主义中国化 时代化 大众化研究 2011[M]. 北京：光明日报出版社，2011.
[51] 赵连文. 思想政治理论课教育教学与青年学生马克思主义信仰问题研究[M]. 郑州：河南大学出版社，2012.
[52] 顾海良. 高校思想政治理论课程建设研究[M]. 北京：中国人民大学出版社，2016.
[53] 李辉，许文贤，等. 中国化马克思主义教育概论[M]. 北京：人民出版社，2005.
[54] 欧阳康. 社会认识论导论[M]. 北京：中国社会科学出版社，1990.
[55] 鲁杰，王逢贤. 德育新论[M]. 南京：江苏教育出版社，1994.
[56] 戴钢书，等. 高校思想政治理论课实践教学论[M]. 北京：中国人民大学出版社，2015.
[57] 刘川生. 大学生日常思想政治教育实效性研究[M]. 北京：北京师范大学出版社，2009.
[58] 李金松. 系统论、信息论、控制论与教育改革[M]. 武汉：湖北教育出版社，1989.
[59] 谢和平. 大学的文化自觉与文化自信[M]. 成都：四川大学出版社，2012.
[60] 王伯鲁. 技术化时代的文化重塑[M]. 北京：光明日报出版社，2014.
[61] 李宪伦. 思想政治教育新话语探析[M]. 重庆：重庆大学出版社，2007.
[62] 梁桂麟，徐海波. 当代高校公共理论课教育教学研究[M]. 北京：中国社会科学出版社，2004.
[63] 徐志宏. 思想理论教育教学论[M]. 北京：高等教育出版社，2006.
[64] 佘双好，等. 大众化 时代化 中国故事：中国特色社会主义理论体系普及路径[M]. 武汉：武汉大学出版社，2014.
[65] 王平，贺成立. 我国高校青年师生马克思主义理论教育研究[M]. 长春：东北师范大学出版社，2005.
[66] 丁俊萍，佘双好. 思政课多元立体教学模式探索[M]. 武汉：武汉大学出版社，2017.
[67] 代黎明. 高校思想政治教育实效性研究[M]. 北京：北京理工大学出版社，2018.
[68] 傅敏，田慧生. 课堂教学叙事研究：理论与实践[M]. 北京：教育科学出版社，2009.
[69] 沈德立. 基于脑科学的教与学效能研究[M]. 北京：教育科学出版社，2013.
[70] 马庆国. 中国神经科学与社会科学交叉学科研究进展[M]. 北京：科学出版社，2012.

[71] 王炳林. 思想政治理论教学方法创新研究[M]. 北京：北京师范大学出版社，2011.
[72] 罗洪铁. 大学生成才理论与实践[M]. 北京：人民出版社，2010.
[73] 孙美堂. 文化价值论[M]. 昆明：云南人民出版社，2005.
[74] 耿超. 中国特色社会主义文化自信论[M]. 桂林：广西师范大学出版社，2017.
[75] 孙成武. 中国共产党文化建设史论[M]. 北京：人民出版社，2013.
[76] 司马云杰. 论文化复兴：关于中国现代变革的历史哲学思考[M]. 北京：社会科学文献出版社，2013.
[77] 张岱年，方克立. 中国文化概论[M]. 北京：北京师范大学出版社，1994.
[78] 陈秉公. 思想政治教育学原理[M]. 北京：高等教育出版社，2006.
[79] 刘力. 协作与共赢：教师教育实践教学研究[M]. 北京：北京师范大学出版社，2012.
[80] 张耀灿. 中国共产党思想政治教育史论[M]. 北京：高等教育出版社，1999.
[81] 张启华，张树军. 中国共产党思想理论发展史：下[M]. 北京：人民出版社，2011.
[82] 李剑农. 中国近百年政治史[M]. 北京：商务印书馆，2019.
[83] 马啸原. 西方政治思想史纲[M]. 北京：高等教育出版社，2014.
[84] 陈向明. 质的研究方法与社会科学研究[M]. 北京：教育科学出版社，2000.
[85] 郝文清. 现代思想政治教育学[M]. 合肥：合肥工业大学出版社，2008.
[86] 昆体良. 昆体良教育论著选[M]. 任钟印，译. 北京：人民教育出版社，2001.
[87] N. 维纳. 控制论：或关于在动物和机器中控制和通信的科学[M]. 郝季仁，译. 北京：科学出版社，1963.
[88] 哈耶克. 个人主义与经济秩序[M]. 贾湛，等，译. 北京：北京经济学院出版社，1991.
[89] 约翰·杜威. 民主主义与教育[M]. 王承绪，译. 北京：人民教育出版社，1990.
[90] 帕特丽夏·怀特. 公民品德与公共教育[M]. 朱红文，译. 北京：教育科学出版社，1998.

附　录

大学生中国特色社会主义理论体系教育链调查问卷

亲爱的同学：

您好！

为深入了解大学生中国特色社会主义理论体系教育链的现状，改进与完善大学生思想政治教育工作，我们设计了此次的调查问卷。您对于问卷的真实填写，对我们的研究与工作具有重要的现实意义。

本次调查采取匿名方式，将对所有问卷资料严格保密，恳请您真实作答，谢谢！

说明：请根据您的态度、观点与自身情况在选项上标记“√”或在相应空白处填写答案。

一、单项选择题

序号	题　目	非常赞成	比较赞成	中立	比较反对	非常反对
1	中国特色社会主义理论体系对个人发展十分有益。					
2	中国特色社会主义理论体系对中国国家与民族发展十分有益。					
3	中国特色社会主义理论体系是对中国特色社会主义实践的理论总结。					
4	中国特色社会主义理论体系是对中国人民价值追求与价值实现的历史描述。					
5	中国特色社会主义理论体系是科学指导中国社会发展的主流意识形态。					
6	坚持贯彻中国特色社会主义理论体系的重要标志是坚持中国共产党的领导。					
7	坚持中国特色社会主义理论体系意味着要坚持实事求是、与时俱进的实践的历史的思维方式。					
8	要树立中国特色社会主义共同理想信念。					
9	要树立远大的共产主义理想。					

序号	题目	非常赞成	比较赞成	中立	比较反对	非常反对
10	要坚持践行中国特色社会主义理论体系。					
11	思想政治理论课教师在课程开始之时，对所教授的学生的中国特色社会主义理论体系的理论素养的实际情况进行调查，据此提出有针对性的教学方案，有助于我学习这一理论体系。					
12	思想政治理论课教师在教学时，以历史逻辑为线索帮助学生弄清教材涉及重要理论问题的基本内涵、来龙去脉、地位作用、最新发展、实际应用，对提升我的中国特色社会主义理论体系的理论素养具有重要作用。					
13	思想政治理论课教师援引最新理论成果，对学生关心的热点、难点问题的讲解，对我解除认识疑惑、形成对中国特色社会主义理论体系的认同感具有重要作用。					
14	思想政治理论课教师采用关联式教学方式，从整体出发，结合现实对理论问题做出全面性的阐释，对我学习与应用中国特色社会主义理论体系具有重要作用。					
15	思想政治理论课教师以问题意识为导向，引导学生进行讨论、交流或演讲，可以激发我对中国特色社会主义理论体系的理性思考，从而形成对其的自觉性认同。					
16	师生之间、生生之间共同探索问题解答的交流互动的教学过程，可以促进中国特色社会主义理论体系进入我的头脑和心中。					
17	在思想政治理论课上，阅读经典书目并在课堂上进行感想分享，有助于我对中国特色社会主义共同理想信念形成认同。					
18	在思想政治理论课的实践教学中，对具有典型意义的地点、事物、事迹等的参观、考察，有助于我确证中国特色社会主义理论体系的价值意义。					
19	在思想政治理论课的实践教学中，听取反映中国特色社会主义实践成就的学术报告、讲座、演讲，对我坚定中国特色社会主义理论体系的信仰具有意义。					
20	在思想政治理论课的实践教学中，对基层社区居民进行访谈、对基层社情进行具体调查，有助于我在深入把握中国的具体实际中树立科学的社会主义观。					
21	在思想政治理论课的实践教学中，组织、参与反映中国特色社会主义实践成就的情景模拟、角色扮演等文艺汇演活动，使我的中国特色社会主义共同理想信念得到了强化。					

序号	题　目	非常赞成	比较赞成	中立	比较反对	非常反对
22	通过参与思想政治理论课的实践教学中的志愿服务活动、文明教育等帮扶行动，提升了我运用中国特色社会主义理论体系进行实践的能力。					
23	在思想政治理论课教学过程中记录自身思想变化、情感感受、实践体验，有助于我进行思想矫正，对我坚定中国特色社会主义理论体系的信仰有重要意义。					
24	学校老师为中国特色社会主义事业奋斗的坚定态度与高尚品格，对我认同与践行中国特色社会主义理论体系具有潜移默化的影响。					
25	参加社团活动有助于我学习中国特色社会主义理论体系。					
26	学校在日常服务中对共享理念的秉承，对我坚信中国特色社会主义理论体系具有潜移默化的作用。					
27	学校在日常管理中对以人为本理念的落实，对我认同与践行中国特色社会主义理论体系具有重要意义。					
28	参加志愿服务形式的社会实践活动，对我认同与践行中国特色社会主义理论体系具有重要意义。					
29	深入基层调研民情的社会实践活动，对我正确认识中国特色社会主义理论体系具有重要意义。					
30	通过劳动实践，我对中国特色社会主义理论体系所蕴含的价值理想有了深刻的认识与情感的认同。					
31	反映社会主义核心价值观的校园文化建设活动，对我认同中国特色社会主义理论体系具有重要意义。					
32	通过在社会实践活动中的反映中国社会发展成就的文艺汇报演出，我对中国特色社会主义理论体系的认同度有所提升。					
33	党团活动的开展，对我不断学习中国特色社会主义理论体系具有重要意义。					
34	班级活动使我在中国特色社会主义理论体系的理论学习与实际应用中，学会了实事求是的实践方法。					
35	在新媒体等网络管理与教育平台中，展开师生互动、生生互动的实践，有助于我认同中国特色社会主义理论体系。					
36	校园文化建设活动、党团活动、班级活动等校内日常学习与生活实践，有助于我在探讨问题、辨别是非的过程中发展运用中国特色社会主义理论体系的分析问题、解决问题的能力。					

序号	题　目	非常赞成	比较赞成	中立	比较反对	非常反对
37	思想政治理论课的传统课堂教学与新媒体等网络教育管理平台的衔接，有助于我充分利用碎片化时间学习中国特色社会主义理论体系。					
38	思想政治理论课教学与党团活动的结合有助于提升我对中国特色社会主义理论体系的学习兴趣与学习成效。					
39	思想政治理论课教师在新媒体管理与教育平台上，搜集学生的思想理论疑惑，并在教学中给出解答，对我学习与运用中国特色社会主义理论体系具有重要意义。					
40	思想政治理论课教师对校园文化建设活动的指导，有助于提升我对中国特色社会主义文化价值意义的认识。					
41	思想政治理论课教师运用理论知识指导大学生社会实践，对我理性践行中国特色社会主义理论体系具有重要意义。					

二、个人基本情况

42. 您的性别：A. 男　　B. 女

43. 您所就读的专业：A. 文科类　　B. 理科类　　C. 工科类　　D. 艺体类　　E. 其他

44. 您的政治面貌：A. 中共党员（含预备党员）　　B. 民主党派　　C. 共青团员　　D. 群众

45. 您的生源地：A. 农村　　B. 乡镇　　C. 县级市　　D. 地级市　　E. 省级市（或直辖市）

46. 您所在的年级：A. 大一　　B. 大二　　C. 大三　　D. 大四　　E. 研究生

47. 您所在的学校是____________________

问卷到此结束。再次感谢您的耐心作答和大力支持！